인프라
인문학
텍스트

이 저서는 2025년 대한민국 교육부와 한국연구재단의 지원을 받아 수행된 연구임
(NRF-2025S1A6B5A02003910)

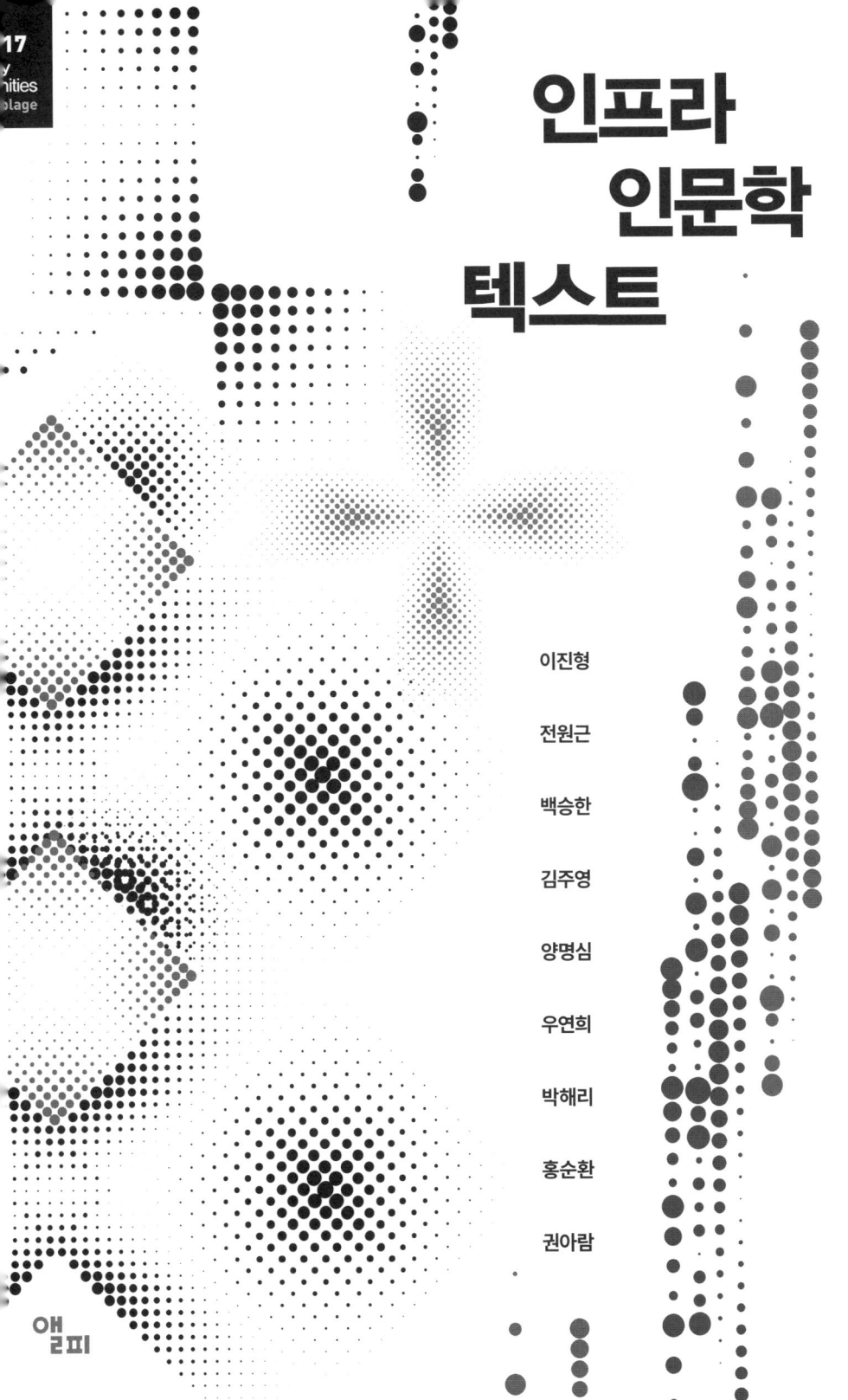

인프라
인문학
텍스트

이진형

전원근

백승한

김주영

양명심

우연희

박해리

홍순환

권아람

앨피

모빌리티인문학 Mobility Humanities

모빌리티인문학은 기차, 자동차, 비행기, 인터넷, 모바일 기기 등 모빌리티 테크놀로지의 발전에 따른 인간, 사물, 관계의 실재적·가상적 이동을 인간과 테크놀로지의 공-진화co-evolution라는 관점에서 사유하고, 모빌리티가 고도화됨에 따라 발생하는 현재와 미래의 문제들에 대한 해법을 인문학적 관점에서 제안함으로써 생명, 사유, 문화가 생동하는 인문-모빌리티 사회 형성에 기여하는 학문이다.

모빌리티는 기차, 자동차, 비행기, 인터넷, 모바일 기기 같은 모빌리티 테크놀로지에 기초한 사람, 사물, 정보의 이동과 이를 가능하게 하는 테크놀로지를 의미한다. 그리고 이에 수반하는 것으로서 공간(도시) 구성과 인구 배치의 변화, 노동과 자본의 변형, 권력 또는 통치성의 변용 등을 통칭하는 사회적 관계의 이동까지도 포함한다.

오늘날 모빌리티 테크놀로지는 인간, 사물, 관계의 이동에 시간적·공간적 제약을 거의 남겨두지 않을 정도로 발전해 왔다. 개별 국가와 지역을 연결하는 항공로와 무선 통신망의 구축은 사람, 물류, 데이터의 무제약적 이동 가능성을 증명하는 물질적 지표들이다. 특히 전 세계에 무료 인터넷을 보급하겠다는 구글Google의 프로젝트 룬Project Loon이 현실화되고 우주 유영과 화성 식민지 건설이 본격화될 경우 모빌리티는 지구라는 행성의 경계까지도 초월하게 될 것이다. 이 점에서 오늘날은 모빌리티 테크놀로지가 인간의 삶을 위한 단순한 조건이나 수단이 아닌 인간의 또 다른 본성이 된 시대, 즉 고-모빌리티high-mobilities 시대라고 말할 수 있다. 말하자면, 인간과 테크놀로지의 상호보완적·상호구성적 공-진화가 고도화된 시대인 것이다.

고-모빌리티 시대를 사유하기 위해서는 우선 과거 '영토'와 '정주' 중심 사유의 극복이 필요하다. 지난 시기 글로컬화, 탈중심화, 혼종화, 탈영토화, 액체화에 대한 주장은 글로벌과 로컬, 중심과 주변, 동질성과 이질성, 질서와 혼돈 같은 이분법에 기초한 영토주의 또는 정주주의 패러다임을 극복하려는 중요한 시도였다. 하지만 그 역시 모빌리티 테크놀로지의 의의를 적극적으로 사유하지 못했다는 점에서, 그와 동시에 모빌리티 테크놀로지를 단순한 수단으로 간주했다는 점에서 고-모빌리티 시대를 사유하는 데 한계를 지니고 있었다. 말하자면, 글로컬화, 탈중심화, 혼종화, 탈영토화, 액체화를 추동하는 실재적·물질적 행위자agency로서의 모빌리티 테크놀로지를 인문학적 사유의 대상으로서 충분히 고려하지 못했던 것이다. 게다가 첨단 웨어러블 기기에 의한 인간의 능력 향상과 인간과 기계의 경계 소멸을 추구하는 포스트-휴먼 프로젝트, 또한 사물 인터넷과 사이버 물리 시스템 같은 첨단 모빌리티 테크놀로지에 기초한 스마트 도시 건설은 오늘날 모빌리티 테크놀로지를 인간과 사회, 심지어는 자연의 본질적 요소로 만들고 있다. 이를 사유하기 위해서는 인문학 패러다임의 근본적 전환이 필요하다.

이에 건국대학교 모빌리티인문학 연구원은 '모빌리티' 개념으로 '영토'와 '정주'를 대체하는 동시에 인간과 모빌리티 테크놀로지의 공-진화라는 관점에서 미래세계를 설계하기 위한 사유 패러다임을 정립하려고 한다.

3부
인프라 미학

인프라, 인문학, 텍스트

| 이진형 |

건국대학교 모빌리티인문학 연구원은 지난 7년 동안 '모빌리티 인문학' 이라는 어젠다를 중심에 두고 연구 및 출판 활동을 전개해 왔다. 한국연구재단이 인문한국플러스(HK+) 지원 사업을 통해 우리 연구 활동을 뒷받침해 준 덕분에 '모빌리티 인문학'과 '모빌리티'는 이제 국내외 학계에서 하나의 연구 분야로 어느 정도 자리를 잡게 된 듯하다. 모빌리티인문학 연구원은 이를 토대로 2026년부터 2031년까지 6년간 '인프라 인문학'을 주제로 학술 활동을 전개하려고 한다. 한국연구재단은 이번에도 인문한국3.0(HK3.0) 지원 사업을 통해 우리 연구 및 출판 활동에 재정적 뒷받침을 해 줄 예정이다. '모빌리티 인문학'이 그랬듯이, '인프라 인문학' 또한 6년 뒤 국내외 인문사회학자들에게 가치 있는 연구 분야로서 인정받을 수 있기를 기대한다.

앨피출판사와 함께 기획·출판하는 세 권의 학술연구서(《인프라, 인문학, 텍스트》,《인프라 담론과 공간 정치》,《인류세의 인프라》)는 국내에서 '인프라 인문학' 연구가 본격적으로 시작되었음을 알리는 출판물이다. 해외의 경우는 2000년 무렵 발표된 수전 레이 스타Susan Leigh Star의 여러 논문들, 그 가운데서도 〈인프라의 에스노그라피The Ethnography of

Infrastructure〉(1999)가 인문학적 인프라 연구의 출발점으로 자주 언급된다. 이 논문의 첫 구절, 즉 "이 논문은 어떤 면에서는 무미건조한 것들을 연구하라는 요청이다(This article is in a way a call to study boring things)"[1]라는 문장은 그와 관련하여 특히 암시적이다. 여기에는 숫자와 사양仕樣을 중심으로 한 기술적·공학적 접근법 대신 인프라의 복합적인 면모를 미학, 정의正義, 변화 등의 견지에서 접근해야 할 필요성과 이를 위한 새로운 연구 방법론에 대한 요구가 담겨 있다.

이후 브라이언 라킨Brian Larkin의 논문 〈인프라의 정치학과 시학The Politics and Poetics of Infrastructure〉(2013)은 인프라를 근대사회 이해의 핵심 요소로 간주하는 가운데, 그 기술적 기능과는 별도로 인프라의 미학과 정치학에 관한 설득력 있는 논의를 전개함으로써 인문학적 인프라 연구의 획기적 전기를 마련한 것으로 평가받는다. 그리고《현대 소설 연구Modern Fiction Studies》특집호 '인프라주의Infrastructuralism'(2015),《소셜 텍스트Social Text》특집호 '인프라를 위한 읽기: 건설된 세계와 붕괴된 세계Reading for Infrastructure: Worlds Made and Broken'(2022),《비판: 현대 소설 연구Critique: Studies in Contemporary Fiction》특집호 '반란적 인프라와 반란의 인프라Insurgent Infrastructures and Infrastructures of Insurgency'(2025) 등 여러 학술지들이 기획·출판한 일련의 특집호들은 2010년대 이후 인프라 연구가 인문학자들의 관심의 대상이 되었음을 잘 보여 준다.

국내의 경우 인문학적 인프라 연구는 2020년 무렵 이희은의 〈5G 이동통신과 미디어 테크놀로지의 물질성: 인프라로서의 미디어 네트워크를 향한 탐색적 연구〉(2019), 민수홍의 〈혁신을 가능하게 하는 오래된

---

1 Susan Leigh Star, "The Ethnography of Infrastructure," *American Behavioral Scientist* 43, 1999, p. 377.

것들에 대한 재고: 인프라스트럭처의 문화적 관성과 영향을 고찰함을 중심으로〉(2019), 김수철 등의 《모빌리티 인프라스트럭처와 생활세계》 (2020) 등이 출판되면서 간헐적으로 이루어지기 시작했다. 그러나 이후 발표된 몇몇 논문을 보면 그 수도 많지 않을 뿐더러 연구 분야 또한 인문학보다 사회과학 쪽에 많이 치우쳐 있는 게 사실이다.

그렇다고 해서 고속도로, 항만, 공항, 철도 등을 비롯한 여러 물질적 인프라들이 인문학 분야 학자들에게 전혀 관심의 대상이 되지 않은 것은 아니었다. 그와 같은 인프라의 역사는 역사학자들의 주요 관심사 가운데 하나였고, 문학·예술·문화 분야 연구자들 역시 그의 예술적 재현 양상을 분석하는 데 적지 않은 노력을 기울여 왔다.

인문학적 인프라 연구, 정확히 말하면 인프라 인문학이란 기본적으로 물질적 인프라와 비물질적/은유적 인프라를 포함하는 "보다 확장된 인프라 관념들more expansive notions of infrastructures"[2]을 제시한다는 점에서 물질적 인프라와 그 기술적 기능에만 초점을 맞춘 인프라 연구와 구별된다. 그와 동시에, 인프라 인문학은 물질적 인프라의 문학적·예술적 재현을 상징, 은유, 비유 같은 수사적 장치로 취급함으로써 그 인프라적 성질과 기능을 삭제해 버리는 데도 동의하지 않는다. 이와 관련하여 라킨은 인프라가 순수한 기술적 기능과 구별되는 '형식'으로 존재할 수 있고, 그래서 '수신자를 향해 있는 기호학적·심미적 매개체'로서 분석될 필요가 있음을 주장한 바 있다.[3] 인프라는 어떤 배경이나 보조적 대상

---

2 Peter Adey, Jinhyoung Lee, Giada Peterle, and Tania Rossetto, "Mobility, Infrastructure and the Humanities," *Mobility Humanities* 3(1), 2024, p. 5.

3 Brian Larkin, "The Politics and Poetics of Infrastructure." *Annual Review of Anthropology* 42(1), 2013, p. 329.

이 아니라 사회 형성적 기능을 수행하는 동시에 그 자체로서 특정한 의미 또한 내포하고 있는 물질 또는 비물질로서 존재한다는 것이다. 이는 인프라 인문학이 인프라가 수행하는 기술적 기능보다 그 정치적 기능과 심미적 기능, 정확히 말하면 "물리적 인프라의 정동적, 상상적, 허구적 등록부"[4]에 더 관심이 있음을 의미한다. 이와 더불어 인프라 인문학은 인프라가 정치, 경제, 문화 등 사회의 각 부분뿐만 아니라 물리적인 것과 비물리적인 것, 실재하는 것과 상상된 것 등의 경계 또한 횡단하면서 존재한다는 데도 주목한다.

인프라 인문학은 궁극적으로 '인프라의 상징적 · 문화적 가치, 은폐된 사회적 성향과 배제, 인프라가 상정하는 실행, 그리고 인프라 시스템이 배태되고 정초되는 방식'[5] 등의 측면에서 인프라에 접근한다. 그리고 "인프라의 정의로운 변형을 위해 때로는 창의력과 상상력을 동원하기도 하면서 인프라의 존재론에 인식론적으로도 정치적으로도 개입"[6]한다. 이에 인프라 인문학은 "인프라의 복합적 성향과 개념적 잠재력을 토대로 세계의 (재)형성에 관한 학문-횡단적 연구를 수행하는 학문"[7]임을 주장한다.

《인프라, 인문학, 텍스트》는 텍스트를 매개로 이루어진 국내 인프라

---

4 Adriana Michele Campos Johnson and Daniel Nemser, "Introduction: Reading for Infrastructure," *Social Text* 40(4), 2022, p. 8.

5 Aaron Pinnix, Axel Volmar, Fernando Esposito, and Nora Binder, "Introduction," *Rethinking Infrastructure Across the Humanities*, edited by Aaron Pinnix, Axel Volmar, Fernando Esposito, and Nora Binder, transcript Verlag, 2023, pp. 13.

6 Peter Adey, Jinhyoung Lee, Giada Peterle, and Tania Rossetto, "Mobility, Infrastructure and the Humanities," *Mobility Humanities* 3(1), 2024, p. 6.

7 Jinhyoung Lee, "Infrastructure Humanities and Infrastructural Text Studies," *International Journal of Diaspora & Cultural Criticism* 15-2, 2025, p. 103.

인문학 연구 성과들을 묶어 놓은 연구서다. 여기 실린 논문들은 대부분 문학 및 예술 분야 텍스트를 연구 대상으로 삼고 있다. 이 중에는 애초에 인프라 연구임을 의식적으로 표명하는 논문도 있지만, 그와 큰 관련 없이 집필된 논문도 있다. 그러나 이 책은 인프라 인문학 연구서로서 "보다 확장된 인프라 관념들"을 추구하기 때문에 논문 집필 의도와 무관하게 인프라에 관한 확장된 이해를 담고 있는 연구 성과는 충분히 인프라 인문학 연구의 토대이자 자원이 될 수 있다고 본다. 예컨대, 백승한의 〈판단 유보의 미학, 그리고 방법으로서의 형식 분석〉, 홍순환의 〈현대미술에서 재점화된 알레고리〉, 권아람의 〈디지털 매체 예술에서 스크린 활용의 미학적 고찰〉 등은 그런 이유로 이 연구서에 포함되었다.

이 책은 '인프라 인문학', '인프라 텍스트 연구', '인프라 미학' 등 총 세 부분으로 구성되어 있다. '인프라 인문학'에서는 인프라 인문학에 대한 개념적 논의와 더불어 인프라 공간에 관한 텍스트 분석을 시도함으로써 인프라 인문학의 이론적 토대를 검토한다. '인프라 텍스트 연구'에서는 인프라 개념을 활용한 문학작품 분석 사례를 제시함으로써 인프라의 개념적 유용성을 시험한다. 그리고 '인프라 미학'에서는 현대 예술작품 제작 및 공연에서 인프라가 작동하는 방식을 탐구함으로써 인프라의 행위성 또는 역량을 논의한다.

◆ ◆ ◆

1부 '인프라 인문학'은 〈인프라 인문학과 텍스트 연구 시론〉, 〈연안마을 인프라의 연쇄와 폐허의 생산: 애월항의 모래, LNG, 마을 목욕탕을 중심으로〉, 〈판단 유보의 미학, 그리고 방법으로서의 형식 분석:《라스베이거스의 교훈》의 독해를 통한 도시 이미지에 대한 사유〉로 편성되어 있다. 여기서는 인프라 인문학의 개념과 그 실천 방법으로서 인프라 텍스트 연구에 대한 시론적 논의, 2010년대 제주도 애월항의 경관(LNG 기지 및 관련 인프라 구축 과정)에 대한 비판적 분석, 도시 인프라 경관을 분석하기 위한 이론적 토대와 연구 방법론 탐구가 이루어진다.

우선 이진형의 〈인프라 인문학과 텍스트 연구 시론〉은 최근 인문학 분야의 인프라 연구 성과를 토대로 '인프라 인문학'을 신흥 연구 분야로서 제안하고, 그 실천 방법으로 인프라 텍스트 연구 방법을 논의한다. 저자는 인프라 인문학을 인프라의 복합적 성향과 개념적 잠재력을 토대로 세계의 (재)형성에 관한 학문-횡단적 연구를 수행하는 학문으로 정의하고, 그 이론적 기반으로서 인프라의 네 가지 핵심적 차원(공간적 차원, 시간적 차원, 심미적 차원, 허구적 차원)을 검토한다.

인프라의 공간적 차원과 시간적 차원은 인프라가 특정한 공간과 시간 속에서 세계의 (재)형성에 참여하는 '시공간적 프로젝트'로 실재한다는 점에서 중요하다. 그리고 이 '시공간적 프로젝트'란 인간적 실천과 관련해서만 구체화된다는 점에서 인프라와 인간의 감각적 관계(심미적 차원)와 비감각적 관계(허구적 차원) 또한 인프라 인문학의 핵심 관심사다. 이 논문에서 인프라의 공간적 차원은 인프라 공간의 이중적·역설적 (재)생산을 말한다. 인프라는 사회적 공간의 (재)생산에 참여한다는 점에서 모든 구성원이 나누는 '공유재'지만, 그 사회적 공간을 분할(배제/포함)의 논리에 따라 생산한다는 점에서 '계획된 폭력과 지배의 도구'이기도 하다. 인프라의 시간적 차원은 인간-너머-존재의 시간성(인간의 신체로는 다 경험할 수 없는 인프라의 시간성)과 '지금'이라는 시간성(과거, 현재, 미래의 역농적 복합체로서 '현재'의 시간성)의 혼송적 조합을 가리킨다. 인프라의 심미적 차원은 인프라가 세계의 (재)형성 과정에 참여하는 구체적인 경로다. 인프라의 (물리적) 형식은 하나의 '기호'로서 '상징적 의미의 과잉생산'에 기반한 정치적 주체 구성과 '인프라와 사람들 간 깊은 정동적 관계' 형성을 통해 정치적 효과를 생산한다. 인프라의 허구적 차원은 인프라와 관련한 모든 상상과 사유 형식, 즉 인프라의 상상적이고 담론적인 구성 형식을 통칭한다. 여기서 저자는 허구(적 이야기)에 인프라와 인프라 공간의 성향을 바꾸어 놓는 힘이 있음을 주장한다.

이진형은 이와 같은 이론적 검토 작업을 토대로 텍스트를 매개로 한 인프라 인문학의 실천 방법으로서 인프라 텍스트 연구를 제안하고, 그 세부 분야로서 인프라 서사론, 인프라 정동론, 인프라-텍스트 문화정치론을 논의한다. 여기서 인프라 서사론은 문학, 예술, 문화 콘텐츠 등을 대상으로 인프라의 서사적 재현을 연구한다. 인프라란 많은 경우 일상생활에서 비가시적으로 존재할 뿐만 아니라 서사적 텍스트에서도 역시 주변화되거나 배경화되어 제시된다. 그런 까닭에 독자들이 보통 간과하거나 무시하는 '비가시적 인프라'를 텍스트가 어떻게 재현하는지 고찰함으로써 재현의 정치와 '인프라 전도'의 재전도를 실천한다는 것이다. 인프라 정동론은 사람들과 인프라의 접촉 또는 정동적 마주침을 연구하고, 인프라-텍스트 문화정치론은 텍스트적 실천이 물질적 수준에서 어떻게 세계의 (재)형성에 '인프라로서' 참여하는지 탐구한다.

이 논문은 제목에도 드러난 것처럼 인프라 인문학과 그 실천 방법에 관한 시론적 논의를 전개한다. 인프라 개념을 활용한 인문학 연구가 초기 단계인 국내 학계의 상황을 고려할 때, 인프라 인문학의 개념적 틀을 제시하고 이를 활용한 텍스트 연구 방법을 논의하는 것은 후속 연구를 촉진하는 하나의 계기가 될 것이다.

다음으로 전원근의 〈연안마을 인프라의 연쇄와 폐허의 생산: 애월항의 모래, LNG, 마을 목욕탕을 중심으로〉는 모래, 가스, 마을 목욕탕을 중심으로 다종적 모빌리티와 정동적 관계가 인프라의 연쇄적 구축에 미치는 영향을 분석하고, 이를 통해 발생하는 다양한 사회적 효과(불평등)를 탐구한다. 그리고 인프라가 약속하는 희망과 미래가 지연되고 연기되는 것이 동시적 현상임을 주장하는 한편, 그러한 동시적 현상이란 사실상 기존의 애월항 연안 경관과 생태적 경관을 폐허화하는 것이기도 함을 논의한다. 이때 폐허화란 인프라 구축이 완벽할 수 없음을 보여 주는 것이자 그 구축에 저항하는 과정이기도 하다는 점에서 정치적 의미를 얻는다.

저자는 우선 1965년 한일협정 이후부터 현재까지 전개된 애월항 개발 과정을 역사적으로 개괄한 뒤, 미래지향적 발전경관으로서 기획·건설 완료된 애월항의 LNG 기지에 관한 본격적 논의를 전개한다. 특히 저자가 주목하는 것은, LNG 기지 건설 후 발생한 모래의 비산현상이 '제주와 애월의 미래 번영을 약속하는 인프라'라는 LNG 기지의 시간성을 '삭막한 고통과 불안의 시간성'으로 바꾸어 놓았다는 점이다. 이와 같은 폐허화의 첫 번째 모습은 이후 모래 비산현상과 소음을 막기 위해 이루어진 두 차례의 투명 방음방진벽 건설로 이어진다. 이와 같이 연쇄적으로 구축된 인프라는 '삭막한 경관'을 만들어 낼 뿐만 아니라 야생조류의 죽음을 낳는 '죽음의 벽'으로 기능함으로써 두 번째 폐허화('(제도적으로) 관리되고 있는 폐허')를 낳았다. LNG 기지의 폐허화 현상은 여기에 그치지 않는다. LNG 기지는 제주의 일부 아파트 단지를 위한 에너지 공급원으로 기능함으로써 도시가스 공급에 따른 혜택과 위험의 불평등한 분배 구조를 생산하는 가운데 애착과 함께 박탈감과 배신감을 유발하는 독특한 정동적 인프라로 기능하고 있기 때문이다. 더 나아가 마을 목욕탕 또한 애월항의 LNG 기지 건설 과정에서 마을 주민의 '더 나은 삶'을 위해 약속된 것이었지만 최종적으로는 대규모 주차장, 수영장, 헬스장, 생활문화센터, 돌봄센터 등을 포함한 다기능 복합 시설로 건설됨으로써 결국 애증의 대상이 되고 말았다. 요컨대, 인프라가 약속하는 더 좋은 삶이라는 미래는 그것과 얽혀 있는 다종적·정동적 관계들에 의해 연기되고, 그 연기를 관리하기 위해 건설된 다른 인프라들은 애초의 이상을 마모시키는 폐허화의 과정으로 연결되기도 한다는 것이다.

이 논문은 LNG 기지를 품은 애월항의 경관을 하나의 텍스트로서 독해한다. 인프라와 인프라 간 관계, 인프라와 사람들 간 관계, 그리고 그 관계를 통해서 순환하는 정동과 권력은 그 경관을 형성하는 부분들이다. 저자는 인프라가 지역 경관뿐만 아니라 사회적 관계 또한 형성하는 능동적 행위자로서 기능하는 방식을 포착함으로써 인문학적 인프라 이해의 중요한 지향점을 잘 보여 준다.

백승한의 〈판단 유보의 미학, 그리고 방법으로서의 형식 분석: 《라스베이거스의 교훈》의 독해를 통한 도시 이미지에 대한 사유〉는 도시 일상을 표류하는 각종 이미지와 이를 마주하는 행위주체('나')의 관계 맺기를 연구하기 위한 방법론으로서 '판단 유보'의 미학과 '방법으로서의 형식 분석'을 제시한다. 판단 유보의 미학이 도시를 선입견 없이 마주하려는 열린 태도를 뜻한다면, 방법으로서의 형식 분석은 그러한 태도에 따라 마주하는 도시 이미지를 분석하는 방법론을 말한다. 이 논문이 특징적인 것은 분과학문으로서의 도시 연구에서처럼 통계 수치를 포함한 각종 도시 데이터를 연구 자료로 사용하는 대신 건축학, 미술사학, 시각문화 연구 등의 전통을 따라 드로잉, 그림, 사진 등 각종 시각자료를 주요 분석 대상으로 삼는다는 데 있다. 여기서 '이미지'는 온갖 시각자료들을 포괄하는 용어로 사용된다.

이를 위해 저자는 우선 미술사학자 아론 비니거Aron Vinegar의 2008년 책 《나는 기념비다: 라스베이거스의 교훈에 대하여I am a Monument:

On Learning from Las Vegas》에서 도출해 낸 '회의주의'(대상에 대해 끊임없이 의심하는 태도)와 '일상성'(거리두기와 수용) 개념을 토대로 '판단 유보의 미학'을 구상한다. 그리고 이어서 서울 대학로에 위치한 김수근의 1979년 작품 〈아르코미술관〉과 그 벽면에서 이루어진 최정화의 2006년 설치작업 〈아무나 아무거나 아무렇게나〉를 가로지르며 서로 상이한 두 층위가 공존하면서 만들어 내는 도시적 분위기에 주목한다. 특히 최정화의 작품은 버려진 현수막들을 한데 모아 익숙하면서도 낯선 영역을 형성한 것인데, 쓰레기로서의 현수막은 주목과 무심함을 불러일으키는 이미지가 되어 개인적 경험과 공적 영역을 표류하게 된다. 이처럼 익숙한 사물을 다른 방식으로 설치하는 최정화의 작업은 그 참조 대상의 명확함 때문에 어느 정도 안정적인 공유 지점을 형성할 수 있고, 더 나아가서는 일종의 공론장을 형성할 수도 있다. 물론 이 공론장은 긴장, 갈등, 불일치의 감각으로 충만한 곳이고, 그래서 파편화되고 굴절되는 도시 풍경을 끊임없이 재구성하면서 느슨하고 파편적인 함께하기의 감각을 형성하는 곳이다. 이 논문은 이와 같은 장소 감각을 장-뤽 낭시 Jean-Luc Nancy의 '무위의 공동체' 논의로까지 확장한다.

이 논문은 이미지를 중심으로 건축 인프라에 접근하는데, 이는 아르코미술관이라는 건물이 전시와 감상이라는 실용적 기능을 담당하는 인프라이기도 하지만 도시경관을 문화적으로 형성하는 심미적 형식이기도 함을 잘 보여 준다. 그러므로 이 논문은 인프라의 문화적 변용과 재기능화, 그리고 이를 통한 도시 공간의 재형성까지도 사유하게 해 주는 의미 있는 사례 분석이라고 할 수 있다.

· · ·

2부 '인프라 텍스트 연구'는 〈인프라 분석을 통한 미야모토 유리코의 《노부코伸子》 재해석〉, 〈인프라는 인간을 어떻게 윤리적으로 형성하는 가?: 히라노 게이치로(平野啓一郎)의 〈한 남자ぁる男〉를 중심으로〉, 〈사회적 인프라로서의 공장: 이시무레 미치코《고해정토》를 중심으로〉로 구성되어 있다. 여기서는 인프라 개념을 통해 미야모토 유리코의《노부코 伸子》(1928), 히라노 게이치로의 〈한 남자〉(2018), 이시무레 미치코의《고해정토》에 대한 작품 분석을 수행함으로써 인프라 개념의 유용성을 검토한다.

김주영은 〈인프라 분석을 통한 미야모토 유리코의《노부코伸子》 재해석〉에서 기존《노부코》 연구가 대부분 여성주의 방법을 통해 남성과의 관계성 혹은 대립 구도를 탐구하는 방식으로 전개되었다는 데 문제를 제기하고, 인프라의 관점에 입각한 새로운 작품 읽기를 제안한다. 남성 중심 사회에서 이루어지는 여성의 주변화라는 구조 너머 그 주변화가 공간·사물·조명·문서·가구 등 인프라의 물질적 배치를 통해 감각적·신체적으로 발생하는 방식을 탐구해야 한다는 것이다.

구체적으로 이 논문은 주인공 노부코가 미국에서 경험하는 부정적 감정의 근원에 세 가지 인프라 요인이 작용한다는 데 주목한다. 일본 사회와 미국 사회에서 공통된 것으로 여성을 자연스럽게 배제하도록 배치된 남성 중심적 공간 인프라, 유학생 사회에서 노부코의 소외감을 유발하는 미국 유학생 공동체의 폐쇄된 인적 네트워크(인적 인프라), 뉴욕이라는 도시의 지하철·거리·미술관·호텔 등이 구성하는 생경한 물질적·감각적 인프라 등이 그것이다. 말하자면, 미국 (유학생) 사회에 대한 노부코의 부적응은 이와 같은 세 가지 인프라적 요인에 기인하는 것으로서 인프라의 부조화를 표상한다. 구체적으로 저자는 문학 텍스트의 인프라를 '고정된 배경이 아니라 인물의 신체를 배치하고 관계를 형성하며 감각적 경험을 조율하는 작동적 구조'로 규정하고, 이에 근거해서 작품 속 주요 장면들에 대한 분석 작업을 수행한다. 노부코가 아버지의 작업실에서 경험하는 여성 신체의 주변화, 노부코가 뉴욕 유학생 모임에서 느끼는 소외감, 노부코가 아버지와 함께 미술관 내부에 진입했을 때 경험하는 공간적·감각적 이질성, 노부코가 호텔에서 나와 지하철역으로 향할 때 겪는 감각적 혼란·공간적 오류·리듬의 불일치 등은 그 대표적인 분석 사례들이다.

이 논문은 문학작품 분석에서 인프라 개념이 얼마나 확장적이면서도 다양하게 활용될 수 있는지 보여 준다. 특히 인프라와 인간의 관계를 중심으로 한 작품 분석 방법은 서사 작품에서 형성되는 사회적 관계(배제와 포함을 비롯한 권력관계)와 거기서 작동하는 구조(계급, 인종, 성별 등)를 (비)물질적 인프라의 견지에서 논의하는 데 중요한 참조가 될 것이다.

한편, 양명심의 〈인프라는 인간을 어떻게 윤리적으로 형성하는가?: 히라노 게이치로(平野啓一郎)의 〈한 남자ある男〉를 중심으로〉는 인프라의 기능적·물질적 이해 너머 인프라 텍스트 연구 사례로서 문학작품을 매개로 한 인프라 텍스트 연구를 시도한다. 이 논문에서 '호적 제도'는 일상생활에서 가시적으로 드러나지 않지만 일본 사회에서 국민을 안정적으로 관리하고 사회질서를 유지하기 위해 사용되는 제도적 기반, 즉 사회적 인프라로 간주된다. 그리고 〈한 남자〉는 '호적'이라는 비물질적 인프라가 인간의 삶을 지배하고 억압하는 양상, 그리고 인프라와 인간의 상호작용과 그 관계 맺음을 통해 드러나는 상징적 인프라의 윤리와 정치성을 보여 주는 사례로서 제시된다.

저자에 따르면, 〈한 남자〉는 'X'의 정체를 파헤치는 미스터리 소설 구조를 갖고 있지만, 호적제도가 사회적 인프라로 기능하는 방식에 따라 한 인간의 정체성이 어떻게 재형성될 수 있는지에 관한 윤리적 물음을 던지는 열린 결말 소설이다. 저자는 특히 작품 속에서 이루어지는 '호적 매매' 행위에 주목하는 가운데, 한 인간의 정체성이란 개인의 축적된 경험, 기억, 감정 등이 아니라 공식 문서에 기록된 정보에 의해 규정될 수 있음을 주장한다. 호적 제도가 인간 존재를 국가가 정해 놓은 기준에 따라 구성하고 제한하는 강력한 인프라 기술로 작동할 수 있다는 것이다. 이는 호적이라는 제도적 인프라가 한 인간의 삶에 깊숙하게 관여하며 권력, 불평등, 폭력, 배제의 도구로 활용될 수 있음을, 그리고 비물질적 인프라로서의 호적이 물리적으로 작동하는 기술의 문제에서 윤리적, 정치적 문제로 확장될 수 있음을 의미한다. 이와 같은 분석에 기초해서 저자는 〈한 남자〉가 호적 제도의 서사적 재현을 통해 인간의 정체성이 제도에 의해 고정될 수 있는지, 아니면 한 인간이 살아온 경험과 실체의 관계 속에서 새롭게 구성될 수 있는지에 관한 존재론적 질문을 던지는 작품임을 주장한다.

양명심의 논문은 문학작품 분석을 통해 '호적'이라는 제도가 일종의 인프라로서 기능하는 방식을 탐구한다. 이를 통해 다양한 형식의 서사 작품 속 스토리월드가 어떻게 구성되는지, 그리고 거기에 배치되는 인물들의 정체성이 어떻게 (재)형성되는지 논의하는 데 인프라가 중요한 키워드로 기능할 수 있음을 잘 보여 준다.

다음으로 우연희의 〈사회적 인프라로서의 공장: 이시무레 미치코《고해정토》를 중심으로〉는 '공장'이 사회적 인프라로 기능하는 방식을 중심으로 전후 일본 사회에서 '공장'이 문학 텍스트에서 어떻게 사회적 인프라로 재현되는지를 고찰한다. 특히 산업 인프라(공장)가 고도성장기

경제성장을 견인한 핵심 기반으로서 사회구조와 삶의 양식을 구성하고 재편하는 장치임과 동시에 특정 집단에 대한 배제와 억압의 매개로 기능한다는 데 주목한다.

저자는 우선 일본 전후 고도성장기에 공장이 삶을 조직하는 인프라로서 기능하는 방식을 역사적으로 고찰한다. 특히 저자는 작품 분석과 관련하여 메이지시대 말기 수력발전 회사로 출발한 짓소가 전기를 생산하는 카바이트 공장을 미나마타시에 설립한 후 일본의 중요한 화학회사로 성장하는 과정을 검토한 뒤, 짓소의 확장과 더불어 도로, 병원, 주택 등이 정비되는 등 '공장을 중심으로 재조직된 도시企'로서 미나마타시의 재편성에 주목한다. 그리고 이와 같은 공장 중심 질서가 미나마타의 행정 및 경제뿐만 아니라 어민들의 감각과 삶의 양식에도 스며들게 되었음을 강조한다. 이는 《고해정토》의 등장인물 센스케 노인이 공장 사이렌에 맞춰 자명종의 태엽을 감으며 일상의 리듬을 조정하는 방식으로 재현된다. 다른 한편, 저자는 '흙탕물을 뒤집어쓴 미나마타병의 사망자 장례 행렬'에 주목한다. 이는 고장난 사회적 인프라에 의해 피해를 입은 존재, 정확히 말하면 사회구조적 형태로 자행되는 '인프라 폭력'의 상징적 사례에 해당한다. 이와 같은 논의를 거쳐 저자는 결론적으로 미나마타의 삶을 지탱하는 기반으로서 짓소라는 공장이 고용과 지역 경제를 유지하는 핵심 인프라로 기능하기도 하지만, 다른 한편으로는 신체와 공동체를 파괴하는 장치로 작동하기도 함을 강조한다.

이 논문은 문학작품을 통해 물질적 인프라의 역설적 작동 방식을 포착한다. 이는 인프라 텍스트 연구가 물질적 인프라를 작품의 배경이나 소재가 아니라 작품 속 세계를 구성하는 중요한 행위자로 간주함을, 그래서 일상적으로는 표면화되지 않는 인프라의 가시화를 실천함을 의미한다.

‧ ‧ ‧

3부에는 〈알고리즘적 통치성의 무대화: 애니 도르센의 〈The Great Outdoors〉와 〈Prometheus Firebringer〉〉, 〈현대미술에서 재점화된 알레고리: 티노 세갈, 피에르 위그, 마이클 크레버를 중심으로〉, 〈디지털 매체 예술에서의 스크린 미학〉 등 세 편의 논문이 실려 있다. 이 논문들은 각각 인프라적 힘으로서의 알고리즘, 현대미술을 형성하는 문학적 기법이자 인프라로서의 알레고리, 포스트-미디어 시대를 조건짓고 형성하는 인프라로서의 스크린에 관한 논의를 담고 있다.

〈알고리즘적 통치성의 무대화: 애니 도르센의 〈The Great Outdoors〉와 〈Prometheus Firebringer〉〉에서 박해리는 알고리즘이 현대사회 전반의 질서를 재구성하는 인프라적 힘으로 자리 잡았을 뿐만 아니라 텍스트 생성, 음향 및 이미지 구조화, 공연의 실시간 조정 등 다양한 방식으로 연극적 실천에도 개입하고 있음을 주목한다. 이 논문은 특히 애니 도르센의 '알고리즘 연극'을 중심으로 논의를 전개한다. 알고리즘 연극이란 알고리즘이 '하나의 생성적 주체로 작동하는 동시에, 그 작동 방식 자체가 비판적 탐구의 대상이 되는 공연 방식'을 말한다. 알고리즘 연극에서는 알고리즘이 단순한 제작 도구나 드라마투르기적 보조 장치로 기능하지 않는 대신, 알고리즘적 과정 그 자체가 연극적 창작과 관객 경험의 중심에 자리 잡게 된다.

이 논문에서 저자는 '알고리즘적 통치성' 개념을 통해 도르센의 알고리즘 연극에 접근함으로써 알고리즘이 정동과 인식에 작동시키는 통치적 힘을 분석하고, 연극이 알고리즘 권력의 보이지 않는 인프라를 어떻게 감각적 경험으로 드러내는지 탐구한다. 여기서 통치성이란 알고리즘적 메커니즘이 인간의 감정과 사고를 데이터로 전환하여 표준화함으로써 주체성 및 정치적 의식을 재구성함을 의미한다. 이와 같은 알고리즘적 통치성 개념을 토대로 저자는 애니 도르센의 두 작품, 〈The Great Outdoors〉와 〈Prometheus Firebringer〉에 대한 분석 사례를 제시한다. 〈The Great Outdoors〉는 정동적 통치성이 무대화되는 사례, 즉 플랫폼 알고리즘이 집단적 정동을 분류하고 조율하는 방식을 감각적으로 드러내는 사례로 제시되고, 〈Prometheus Firebringer〉는 AI가 지식, 해석, 저자성의 조건을 재구성하는 과정을 통해 알고리즘적 통치성의 인식론적 측면을 부각하는 작품으로 제시된다. 결론적으로 저자는 도르센의 알고리즘 연극이 알고리즘적 통치 메커니즘의 단순한 재현이 아니라, 인간의 정동과 인지에 대한 알고리즘적 통치 메커니즘의 영향을 관객의 신체적 체감(미학적 경험)으로 전환함으로써 디지털 권력의 보이지 않는 구조를 가시화하고 있음을 주장한다. 아울러 알고리즘 연극이란 알고리즘 권력의 작동에 대한 인식뿐만 아니라 '그 속에서 감각하고 사고하며 응답하는 인간의 능력'을 재확인하는 비판적 공간 또한 제공함을 강조한다.

박해리의 논문은 자동화 기술의 급격한 발전과 그에 따른 인공지능의 영향력 확장이 인간의 인지적 활동에 초래한 영향을 알고리즘, 즉 인프라의 견지에서 탐구한다. 특히 인공지능을 활용한 예술 작품 제작이 향후 증대될 것으로 예상되는 상황에서 알고리즘 인프라에 관한 논의는 향후 관련 연구를 촉진할 것으로 예상된다.

홍순환의 논문 〈현대미술에서 재점화된 알레고리: 티노 세갈, 피에르 위그, 마이클 크레버를 중심으로〉는 '다르게 보고 다르게 해석하기'라는 의미로 통용되는 알레고리가 현대미술을 복잡한 형태로 이끄는 주제어 가운데 하나임을 주장하면서 논의를 시작한다. 특히 저자는 알레고리를 다의성 또는 의미 다변성의 견지에서 이해하고, 현대미술이 보여 주는 불확실한 이미지 기호에 의한 의미 모호성을 알레고리가 현대미술의 구성

원리임을 보여 주는 근거로 제시한다.

저자에 의하면, 현대미술에서 알레고리는 대부분 돌발적으로 나타나거나 일시적 흔적으로 나타나기를 반복하기 때문에 기표를 추적하고 기의를 고정시키는 행위를 무의미하게 만든다. 티노 세갈, 피에르 위그, 마이클 크레버 등이 보여 주는 불완전하고 불명확한 조형언어들은 이를 잘 보여 주는 사례들이다. 우선 세갈은 물질성을 넘어선 작품을 통해 알레고리적 화면 구성을 실천하는 작가다. 예를 들어, 그의 대표작 〈키스〉에서는 다수의 행위자들이 자신의 개별적 충동을 억제하는 가운데 특정한 행위(키스)를 기계적으로 반복한다. 세갈은 특히 작품과 관련한 어떤 기록도 남기지 않기 때문에, 이 작품은 오직 참여자와 관람자의 기억을 통해서만 전수되고 보존될 뿐이다. 그 결과 관람자들은 세갈의 작품에서 끊임없이 미끄러지는 기표들의 극단만을 확인하게 된다. 한편 위그는 설치, 비디오, 영화 등 다양한 조형 형태를 활용해서 미술을 형이상학의 극단으로 밀어붙인다. 실재와 환영 사이의 경계를 넘나드는 그의 탈구성적 텍스트는 무언가를 실제로 지시하는 것이 아니라 언제나 보는 이들에 의해 임의적으로 생산되는 것으로서 존재한다. 그리고 크레버는 '멈춤과 머뭇거림'을 지속적으로 시험한다. 크레버는 자신의 회화가 덜 그려졌거나 그리기를 머뭇거리고 있다는 사실을 명확하게 표명하는 방식으로 작업을 함으로써 작가가 창작기계로서의 노고를 중단할 수 있음을, 더 나아가서는 창작의 주체인 작가 그 자체를 해체할 수 있음을 보여 준다. 저자는 이를 예술과 사회(환경)의 관계를 새롭게 정비하려는 시도로 규정한 뒤 메타회화로 명명한다.

알레고리는 보통 수사법으로 간주되지만, 이 논문은 알레고리가 현대미술을 그 기저infra에서 논리적으로 뒷받침하는 지반으로 기능할 수 있음을 보여 준다. 이 점에서 현대미술은 알레고리 위에 서 있다고도 표현할 수 있다. 따라서 이 논문은 비록 인프라에 관한 직접적 논의를 전개하고 있지는 않지만, 현대미술에서 알레고리의 인프라적 기능을 논의하도록 해 준다.

마지막 논문은 권아람의 〈디지털 매체 예술에서의 스크린 미학〉이다. 이 논문은 1990년대 이후 포스트-미디어 시대 매체 기술의 변화 속에서 영화와 비디오아트의 복합적 유사성을 중심으로 스크린을 해부적 구조로 분석하여 미적 대상으로 고찰한다. 이와 관련하여 저자가 특히 주목하는 것은, 사물로서의 스크린과 그 안팎에서 나타나는 현상적 특징, 그리고 디스플레이 장치의 다양화에 따른 스크린 외부 차원에서의 변화다.

팬데믹을 거치며 네트워크 환경이 더욱 중요해짐에 따라 스크린은 소통의 경로로서 더욱 두드러지게 되었다. 스크린은 '물리적 공간과 디지털 공간을 매개하며 영상 예술의 형식적 경계를 규정하는 핵심 요소'로서 단순히 상을 투사하는 고정된 사물이 아니다. 오히려 오늘날 스크린은 '가상과 물리적 현실을 연결하는 교차로이자 소통 과정을 담는 장치'로 자리 잡게 되었다. 이와 같은 변화를 입증하기 위해서 저자는 특히 영상 이미지 생산 및 전시와 관련하여 '스크린 내부'와 '스크린 외부' 양상에 관해 논의한다. 우선 스크린 내부의 경우 프레임 속 장면 제작 방식은 크게 두 가지로 구분된다. 하나는 카메라로 현실을 촬영하거나 기존 이미지를 디지털 파일로 변환·재활용한 영상 이미지('재생산 이미지')이고, 다른 하나는 디지털 환경을 모태로 삼아 탄생한 순수 디지털 이미지(2D, 3D 그래픽과 알고리즘 이미지)다. 스크린 외부의 경우 영상 예술 연구는 '스크린의 설계'와 '스크리닝 방식'을 통해서 이루어진다. 화이트 큐브 공간에서 TV 브라운관이나 LED 스크린을 조각처럼 배치한 비디오 설치가 전자에 해당한다면, 공간을 암전된 블랙 큐브로 전환해 빛을 투사하는 비디오 프로젝션은 후자에 해당한다. 이와 같은 논의를 통해 저자는 최종적으로 스크린이 영상 예술의 생산·전달·수용 과정 전체의 '미적 형식을 결정짓는 중요한 틀'임을 주장한다.

이와 같은 스크린에 관한 논의는, 예술에 부차적인 것처럼 보이는 다양한 형태의 예술 인프라들이 사실은 단순한 예술 보조수단이나 도구가 아니라 예술의 성격 그 자체를 조건 짓고 형성하는 요인으로 기능할 수 있음을 잘 보여 준다. 스크린 없는 영상 예술을 상상할 수 없는 것처럼, 인프라 없는 예술 또한 상상할 수 없을 것이다.

◆ ◆ ◆

이 책에 실린 9편의 논문은 문학이론, 지리학, 건축학, 여성문학, 일본문학, 현대 연극, 현대미술, 영상 예술 등을 가로지르며 인문학적 인프라 연구를 실천하고 실험한다. 인프라 인문학 이론의 시론적 제안, 텍스트로서의 건축물이나 정경에 대한 인프라적 분석, 인프라 개념을 활용한 문학 및 예술 작품 분석을 시도하면서 말이다.

이 책은 '인프라 인문학' 연구를 표방한 최초의 국내 서적이다. 그런 만큼 여기 실린 논문들을 전체적으로 살펴보면 개념이나 방법론에서 적지 않은 균열과 불일치의 흔적을 발견할 수 있다. 향후 연구가 진전되면서 개념적·방법론적 합일이 이루어질지도 모르지만, "보다 확장된 인프라 관념들"을 추구하는 인프라 인문학에게 그와 같은 균열과 불일치는 어쩌면 학문적 잠재력과 풍요를 증명하는 다른 징표일지도 모른다. 향후 인프라를 사유하는 더 다양한 방법들이 발명되고, 그를 통해 인문학 연구의 폭을 넓혀지고 깊이가 더해지기를 기대한다. 이 책이 그 첫걸음으로 기능할 수 있기를 바란다.

참고문헌

김수철 · 이희은 · 김영욱 · 정은혜 · 고민경 · 백일순 · 파라 셰이크 · 이병하 · 이용
균, 《모빌리티 인프라스트럭처와 생활세계》, 앨피, 2020.
이희은, 〈5G 이동통신과 미디어 테크놀로지의 물질성: 인프라로서의 미디어 네트워
크를 향한 탐색적 연구〉, 《문화와 정치》 6-2, 2019.

Adey, Peter, Jinhyoung Lee, Giada Peterle, and Tania Rossetto, "Mobility,
Infrastructure and the Humanities," *Mobility Humanities* 3(1), 2024.

Johnson, Adriana Michele Campos, and Daniel Nemser, "Introduction: Reading
for Infrastructure," *Social Text* 40(4), Dec. 2022.

Larkin, Brian, "The Politics and Poetics of Infrastructure," *Annual Review of
Anthropology* 42-1, 2013.

Lee, Jinhyoung, "Infrastructure Humanities and Infrastructural Text Studies,"
International Journal of Diaspora & Cultural Criticism 15-2, 2025.

Pinnix, Aaron, Axel Volmar, Fernando Esposito, and Nora Binder, "Introduction,"
Rethinking Infrastructure Across the Humanities, edited by Aaron Pinnix, Axel
Volmar, Fernando Esposito, and Nora Binder, transcript Verlag, 2023.

Star, Susan Leigh, "The Ethnography of Infrastructure," *American Behavioral
Scientist* 43, 1999.

1부

인프라 인문학

인프라 인문학과
인프라 텍스트 연구 시론

| 이진형 |

이 글은 *International Journal of Diaspora&Cultural Criticism* vol. 15, no. 2 (2025. 9.)에 게재된 원고를 수정 및 보완하여 재수록한 것이다.

인프라 연구의 인문화와
인문학의 인프라적 전환

이 글의 목적은 최근 인문학 분야에서 부상한 인프라 연구 성과를 토대로 새로운 연구 분야로서 인프라 인문학을 제안하고, 그 실천 방법으로서 인프라 텍스트 연구를 시론적으로 논의하는 데 있다. 특히 이 글은 인프라의 복합적 성향과 개념적 잠재력을 토대로 세계의 (재)형성에 관한 학문─횡단적 연구를 수행하는 학문으로서 인프라 인문학을 정의하고 그 이론적 기반을 설명한다. 그리고 텍스트를 매개로 한 인프라 인문학의 실천 방법으로서 인프라 텍스트 연구를 구상하고 그 세부 분야로서 인프라 서사론, 인프라 정동론, 인프라─텍스트 문화정치론을 제시한다.

인프라는 인프라스트럭처infrastructure의 줄임말로서 보통 기반시설로 번역되어 사용된다. 대한민국의 「국토의 계획 및 이용에 관한 법률」에 따르면, 기반시설은 교통시설(도로, 철도, 항만, 공항, 주차장), 공간시설(광장, 공원, 녹지 등), 유통·공급시설(유통업무설비, 수도·전기·가스 공급설비, 방송·통신시설, 공동구 등), 공공·문화체육시설(학교, 공공청사, 문화시설, 공공 필요성이 인정되는 체육시설 등), 방재시설(하천, 유수지遊水池, 방화설비 등), 환경기초시설(하수도, 폐기물 처리 및 재활용시설, 빗물 저장 및 이용시설 등) 등을 가리킨다. 이처럼 인프라는 그 종류와 스케일이 다양하지만 공통되게 인간의 생물학적 삶과 사회적 삶을 유지하는 데 필요한 물리적 구조물 또는 시설을 가리킨다. 교육인프라, 보육인프라, 교통인프라, 산업인프라 등 일상생활에서 쓰이는 인프라의 용법도 그러한 의미 범위를 크게 벗어나지 않는다.

인프라를 물리적 구조물 또는 시설로 보는 견해는 인프라 연구를 주도했던 건축, 도시계획, 정보과학, 공학 분야 연구자들의 기술중심적 시각을 반영한다. 이들은 도구주의적 또는 목적론적 견지에서 인프라의 유지, 보수, 혁신에 주로 관심을 가졌기 때문에 대부분 인프라를 "사회의 각 기능이 정상적으로 작동하게 하고 사회구조를 지탱하는 기술적 수단"[1]으로 이해한다. 그와 달리, 인문학자들은 행위성, 수행성, 역동성 같은 속성들을 중심으로 인프라를 사유하는 경향이 있다.[2] 이는 "삶을 조직하는 것의 살아 있는 매개체",[3] "다른 물질의 운동을 가능하게 하는 물질",[4] "사회적 삶의 리듬과 층위를 형성"[5]하는 인프라 같은 표현들에서 쉽게 확인할 수 있다. 여기서 인프라가 중요한 이유는 그 기술적 기능이 아니라, 물이나 음식 같은 생필품의 분배뿐만 아니라 계급, 성별, 인종, 친족 관계 같은 사회구조('삶을 조직하는 것')의 물질적 활성화 또한 '가능하게' 해 주는 인프라의 행위성에 있다. 그러므로 인프라는 특정한 기능을 수행하는 한낱 기술적 대상이 아니라 인간의 생물학적·사회적 삶을 가능하게 해 주는 대상, 정확히 말하면 우리 세계의 형성과 재형성에 역동적으로 참여하는 행위자라는 견지에서 폭넓게 다루어질 필요가 있다.[6]

----

1 전원근, 〈연안마을 인프라의 연쇄와 폐허의 생산: 애월항의 다종적 모빌리티를 중심으로〉, 《사회와 이론》 49, 2024, 94쪽.

2 Cymene Howe, Jessica Lockrem, Hannah Appel, Edward Hackett, Dominic Boyer, Randal Hall, Matthew Schneider-Mayerson, Albert Pope, Akhil Gupta, Elizabeth Rodwell, Andrea Ballestero, Trevor Durbin, Farès el-Dahdah, Elizabeth Long, and Cyrus Mody, "Paradoxical Infrastructures: Ruins, Retrofit, and Risk," *Science, Technology, & Human Values* 41-3, 2015, p. 2.

3 Lauren Berlant, "The Commons: Infrastructures for Troubling Times," *Environment and Planning D: Society and Space* 34-3, 2016, p. 393.

4 Brian Larkin, "The Politics and Poetics of Infrastructure," *Annual Review of Anthropology* 42-1, 2013, p. 329.

5 Hannah Appel, Nikhil Anand, and Akhil Gupta, "Temporality, Politics, and the Promise of Infrastructure," *The Promise of Infrastructure*, Anand, Nikhil, Akhil Gupta, and Hannah Appel eds., Duke University Press, 2018, p. 6.

6 이 글에서 "infrastructure"를 '기반시설'이 아니라 '인프라'로 사용하는 이유도 여기에 있다.

인프라의 행위성, 즉 "세계-형성 능력world-making capacities"[7]은 '무언가를 일어나게' 하거나 '안 일어나게' 하는 식으로 현실화한다는 점에서 '자동사'가 아니라 '타동사'적이다.[8] 이와 같은 인프라의 타동사적 성격은 인프라에 대해 결정론이 아닌 관계론의 견지에서, 즉 '성향disposition'의 견지에서 접근할 것을 요구한다. 이때 '성향'이란 보통 '잠재력들 사이에서 전개되는 관계'를 나타내는 용어로서 '(안) 일어나게' 하는 인프라의 능력(잠재력)이란 '무엇인가'와 관련해서만 전개되는 것임을 보여 준다.[9] 그러므로 인프라는 언제나-이미 정해져 있는 특정한 기능이나 역할만을 담당하는 사물이나 대상이 아니다. 오히려 인프라는 잠재력들의 배치가 달라지면 그 세계 형성 능력 또한 다른 방식으로 현실화하는 '복합적 성향'을 지닌 행위자다.[10] 다시 말해, 인프라의 성향은 누군가의 계획에 의해 미리 결정되어 있는 것이 아니라 상충하는 이해관계와 능력을 갖춘 다양한 행위자들 간 상호작용을 통해서, 그리고 그 과정에서 구체화되는 복합적인 것이다.[11] 따라서 '무언가를 (안) 일어나게' 하는 인프라의 능력은 어떤 특정 분야나 영역에만 한정되지 않는다. 그 능

기반시설이 말 그대로 '물리적 시설이나 구조물'을 의미한다면, '인프라'는 그와 동일한 의미로 사용되고 있음에도 불구하고 그 음차 및 축약 형태 때문에 한글 표기에서 좀 더 큰 의미론적 유연성을 갖는다.

7   Adriana Michele Campos Johnson and Daniel Nemser, "Introduction: Reading for Infrastructure," *Social Text* 40-4, 2022, p. 6.

8   Jennifer Wenzel, "Forms of Life: Thinking Fossil Infrastructure and Its Narrative Grammar," *Social Text* 40-4, 2022, p. 169.

9   Keller Easterling, *Extrastatecraft: The Power of Infrastructure Space*, Verso, 2016, p. 72.

10   Keller Easterling, *Extrastatecraft: The Power of Infrastructure Space*, pp. 72-73.

11   Penelope Harvey, Casper Bruun Jensen, and Atsuro Morita, "Introduction: Infrastructural Complications," *Infrastructures and Social Complexity: A Companion*, Harvey, Penelope, Casper Bruun Jensen, and Atsuro Morita eds., 2016, Routledge, p. 10.

력은 우리의 일상생활부터 정치, 경제, 사회, 문화까지, 그리고 더 나아가서는 정동이나 상상력 같은 인간의 (비)감각적 영역까지 우리 세계의 모든 영역을 횡단하며 복합적으로 현실화한다.

최근 인프라에 대한 인문학의 관심, 즉 인프라의 행위성과 복합적 성향에 대한 인문학자들의 주목은 물론 행위자 네트워크 이론, 신물질주의, 포스트휴머니즘, 인류세론 등 인간중심주의를 비판하고 세계의 (재)형성과 관련하여 물질, 비인간, 인간-너머-존재[12] 등의 행위성을 중요하게 숙고하고자 하는 사상적 흐름의 일환으로 볼 수 있다.[13] 그러나 그에 못지않게 중요한 요인으로서 데보라 코웬Deborah Cowen이 진단했던 현대 정치의 변화, 즉 현대사회의 통치성이 "국가 영토와 인구의 안전〔보안〕"에서 "사물의 순환의 보안"으로 이동한 사실을 들 수 있다.[14] 말하자면, 오늘날 인프라는 인간의 "불안정한 삶"을 가능하게 하는 유력한 행위자가 되었고, 우리 세계는 인프라를 매개로 권력이 생명의 포함/배제를 실행하는 "생명정치"적 공간이 되었다는 것이다.[15] 다른 한편, 로

---

[12] 잘 알려져 있는 것처럼, 비인간non-human이 식물, 동물, 기타 유기체 모두를 포함하는 용어라면, 인간-너머-존재more-than-human는 오늘날 우리 세계의 다종적 변화에 참여하는 모든 존재들의 실존을 가리킨다(Catherine Price and Sophie Chao, "Multispecies, More-Than-Human, NonHuman, Other-Than-Human: Reimagining Idioms of Animacy in an Age of Planetary Unmaking," *Exchanges: The Interdisciplinary Research Journal* 10-2, pp. 180-181). 그로 인해 인간-너머-존재는 비인간의 행위성뿐만 아니라 물질적 인프라 같은 비유기체적 존재의 행위성까지도 인정한다. 이 글에서 인간-너머-존재와 비인간은 이와 같은 기본적인 의미로 사용된다.

[13] Hannah Appel, Nikhil Anand, and Akhil Gupta, "Temporality, Politics, and the Promise of Infrastructure," 2018.; Brian Larkin, "Promising Forms: The Political Aesthetics of Infrastructure," *The Promise of Infrastructure*, Anand, Nikhil, Akhil Gupta, and Hannah Appel eds., Duke University Press, 2018.

[14] 데보라 코웬, 《로지스틱스: 전지구적 물류의 치명적 폭력과 죽음의 삶》, 권범철 옮김, 갈무리, 2017, 32쪽.

[15] 코웬은 인프라의 생명정치적 중요성을 다음과 같이 설명하기도 한다. "인프라는 집단적으로

런 벌랜트Lauren Berlant는 삶의 재생산에 '결함glitch'이 발생했다는 집단적 감각을 오늘날 정치의 특징으로 규정한 뒤 "인프라의 실패"야말로 그 결함의 본질이라고 주장하기도 했다.[16] '노후화', '기후변화', '공공성 위기'[17]가 오늘날 "인프라의 실패"를 표현하는 용어들이라면, 여기에는 노후화된 인프라가 인간의 생물학적 삶을 위태롭게 만들고 있고, 인프라 투자에 따른 결과로서 기후변화가 인간을 절멸의 위기로 몰아넣고 있으며, 사유화된 인프라가 지역적·지구적 수준에서 생명의 불평등을 고착화하고 있다는 인식이 담겨 있다. 요컨대, 인프라의 성공적 작동이 인간의 "불안정한 삶"을 결정하는 요인으로 간주되든, "인프라의 실패"가 그와 같은 "불안정한 삶"의 원인으로 지목되든, 결국 문제는 인프라인 것이다.

인류학자 수전 레이 스타Susan Leigh Star가 25년 전 동료 연구자들에게 "무미건조한 것들boring things을 연구하라"[18]고 촉구한 이후 인문학적 인프라 연구는 조금씩 그 영역을 확장해 가고 있다. 다우가르드 등Daugaard et al.에 따르면 그 연구는 크게 '인프라 드러내기'와 '인프라 연구 영역

건설된 시스템으로서 인간의 생명도 또한 만들고 유지시킨다. "우리"는 인프라를 만들고, 인프라는 "우리"를 만든다. … 인프라는 (기술정치적인 것 대신) 정치적인 것이라기보다는 기술적인 것처럼 보이는 시스템상 부정의를 견고하게 만들 수 있고, 그래서 그런 관계를 무력화할 수 있다."(Deborah Cowen, "Infrastructures of Empire and Resistance," 2017. 01. 25, Verso. https://www.versobooks.com/en-gb/blogs/news/3067-infrastructures-of-empire-and-resistance?srsltid=AfmBOoojI5K5SFd1-iNniCReI__LqUqMJk1CCXLZ8rbUYE7Z5-hLiyB6 접속일 2025년 8월 20일)

16　Lauren Berlant, "The Commons: Infrastructures for Troubling Times," p. 393.

17　이정, 〈기반 시설, 혹은 사회생태 기간망을 통한 생태적 역사학〉, 《개념과 소통》 33, 2024, 320쪽.

18　Susan Leigh Star, "The Ethnography of Infrastructure," *American Behavioral Scientist* 43, 1999, p. 377.

확장하기'라는 두 가지 흐름으로 전개되고 있다.[19] 우선 '인프라 드러내기'는 '인프라 전도infrastructural inversion'의 관점에서 비가시적 인프라의 가시화를 추구한다. '전경'과 '후경'의 역전을 통해 '비가시적 배경'에 머물고자 하는 인프라를 표면화하는 식으로 '물질적 관계들의 복잡한 사슬'이 어떻게 신체와 사회, 그리고 지식과 담론을 (재)형성하는지 탐구한다.[20, 21] 다음으로 '인프라 연구 영역 확장하기'는 인프라의 감각적·심미적 차원을 중심으로 인프라 연구 영역을 확장한다. 예를 들어, 인프라를 "구체적인 기호학적·심미적 매개체"[22]로서 다루기도 하고, "물질적 인프라의 정동적, 상상적, 허구적 등록부"[23]에 주목하기도 하는 것이다. 이와 같은 인문학적 인프라 연구의 두 흐름은 무엇보다도 기술중심적 인프라 접근법에 분명한 거리를 둔다는 점에서, 또한 인프라의 복합적 성향에 기초하여 세계(인간, 사회, 담론 등의 복합적 구성체)의 (재)형성 문제를

---

19 Solveig Daugaard, Cecilie Ullerup Schmidt, and Frederik Tygstrup, "Introduction: Surfacing Infrastructures in the Arts." *Infrastructure Aesthetics*, Daugaard, Solveig, Cecilie Ullerup Schmidt, and Frederik Tygstrup eds., Walter de Gruyter GmbH & Co KG, 2024, p. 6.

20 Penelope Harvey, Casper Bruun Jensen, and Atsuro Morita, "Introduction: Infrastructural Complications," p. 3.

21 리치 등Rich et al.은 "Reading Infrastructure"에서 스타의 '가시성' 이론이 인프라의 정치적 측면에 무관심함을 비판하며 '가독성' 이론을 제안한 바 있다. 인프라 연구는 숨겨진 인프라를 찾아내서 '가시화하는' 데 그쳐서는 안 되고, 인프라의 시간성, 공간성, 정치성을 '읽어 내야' 한다는 게 그들의 주장이다(Kelly Mee Rich, Nicole M. Rizzuto and Susan Zieger, "Reading for Infrastructure," *The Aesthetic Life of Infrastructure: Race, Affect, Environment*, Rich, Kelly M., Nicole M. Rizzuto, and Susan Zieger eds., Northwestern University Press, 2022, pp. 3-4). 그러나 이러한 '가독성' 이론 역시 세계 (재)형성 과정에 대한 인프라의 '은폐된' 참여 활동을 시간성, 공간성, 정치성의 견지에서 설명하려는 시도라는 점에서 인프라 연구의 '가시성' 흐름에 포함되는 것으로 볼 수 있다.

22 Brian Larkin, "The Politics and Poetics of Infrastructure," p. 329.

23 Adriana Michele Campos Johnson and Daniel Nemser, "Introduction: Reading for Infrastructure," p. 8.

다룬다는 점에서 '인프라 연구의 인문화'로 폭넓게 범주화할 수 있다.

'인문학의 인프라적 전환' 또한 인문학적 인프라 연구의 중요한 흐름이다. 이는 "인프라의 표현적이고 창조적인 잠재력"[24]에 기초해서 인프라를 '읽기'를 위한 '개념'이나 '방법'으로 활용함으로써 문학, 문화, 예술 논의에 개입하려는 시도다. 이 흐름에 참여하는 연구자들은 인프라를 "공공의 상상계, 사회적 실천, 역사적 변화 같은 다양한 문화적 양상들에 의해 형성되는 것"으로 인식하는가 하면, 언어, 개념, 이데올로기, 종교, 장르 등을 "상징적 인프라"로 범주화해서 논의하기도 한다.[25] 말하자면, 비물질 담론, 시각적 재현, 예술적·상징적 실천 또한 세계의 '모방'이 아닌 '세계 형성'에 참여하는 인프라로 간주하는 것이다.[26] 이처럼 인프라의 문화적 형성과 문화적 구성물의 인프라화에 주목하는 것은 문화적 실천(개입)에 의한 세계의 형성과 재형성(변형, 개정, 대체 등)을 인프라의 견지에서 다루도록 해 주는 한편,[27] 인프라의 개념적 잠재력을 해방함으로써 '인프라의 복수화'[28]를 허용한다.

그동안 인프라 연구는 인프라 개념의 적용 범위를 계속 확장함으로써 정치, 사회, 지리, 문학, 문화, 예술, 철학, 역사 등 다양하고 이질적

---

24 Peter Adey, Jinhyoung Lee, Giada Peterle, and Tania Rossetto, "Mobility, Infrastructure and the Humanities," *Mobility Humanities* 3-1, 2024, p. 6.

25 Aaron Pinnix, Axel Volmar, Fernando Esposito, and Nora Binder, "Introduction," *Rethinking Infrastructure Across the Humanities*, Aaron Pinnix, Axel Volmar, Fernando Esposito, and Nora Binder eds., transcript Verlag, 2023, pp. 12-13.

26 Adriana Michele Campos Johnson and Daniel Nemser, "Introduction: Reading for Infrastructure," p. 12.

27 Kelly M. Rich, Nicole M. Rizzuto, and Susan Zieger, "Reading for Infrastructure," p. 15.

28 Peter Adey, Jinhyoung Lee, Giada Peterle, and Tania Rossetto, "Mobility, Infrastructure and the Humanities," p. 9.

인 학문적 배경을 가진 연구자들의 참여를 유도해 왔다. 이 글은 '인프라 연구의 인문화'와 '인문학의 인프라적 전환'을 토대로 인프라 인문학을 제안하고, 인프라 텍스트 연구를 그 실천 방법으로서 제시한다. 이를 위해 세계의 (재)형성에 관한 학문-횡단적 이해를 추구하는 학문으로서 인프라 인문학의 이론적 기반을 설명하고, 그 실천 방법으로서 인프라 텍스트 연구를 시론적으로 논의한다. 인프라가 인간의 생물학적·사회적 삶에서 담당하는 결정적 역할에 비해 그에 대한 인문학자들의 관심이 여전히 부족함을 고려할 때, 인프라 인문학은 인간과 사회, 그리고 우리 세계의 (재)형성에 관한 새로운 논의의 장이 될 수 있다.

인프라 인문학

'인프라 연구의 인문화'가 인프라에 의한 세계의 (재)형성 문제에 탈기술중심적 관점에서 접근한다면, '인문학의 인프라적 전환'은 인간의 인지적·문화적 실천이 일종의 인프라로서 세계의 (재)형성에 참여하는 현상에 주목한다. 이와 같은 인프라에 대한 인문학자들의 관심에는 비인간 또는 인간-너머-존재가 세계의 (재)형성 과정에 인간과 더불어 또는 인간 이상으로 참여하고 있으므로 인간중심적 설명으로는 그에 대한 충분한 해명이 불가능하다는 반성, 그리고 인간의 인지적·문화적 실천 또한 세계의 (재)형성 과정에서 인프라 역할을 담당할 수 있으므로 인프라 개념과 그 적용 범위를 확장할 필요가 있다는 인식이 담겨 있다.

그러면 우선 '인프라란 무엇인가'라는 질문을 던지는 데서 시작할 수도 있을 것이다. 하지만 이는 적절한 대답을 구하기 어려운 질문이다. 앞에서 언급한 「국토의 계획 및 이용에 관한 법률」의 경우는 법률적 목적을 충족하기 위해 특정한 물리적 형태와 기능을 갖춘 여러 시설들을 인프라로 분명하게 규정할 수 있었지만, 인프라 인문학은 인프라의 복합적 성향과 그 표현적·창조적 잠재력에 더 관심이 있기 때문에 그와 같은 단일한 인프라 정의를 허용하지 않는다. 예를 들어, 하비 등Harvey et al.은 인프라를 한편으로 "제작된 (예를 들면, 계획되어서 의도적으로 만들어진) 활동이든 제작되지 않은 (계획되지 않은 채 등장한) 활동이든, 그를 통해서 효과를 생산하고 사회적 관계를 구조화하는 연장된 물질적 아상블라주"[29]로 범주화하면서도, 다른 한편으로는 그 범주화의 한계와 더불어 인프라의 개념적 규정 불가능성을 단언하기도 한다.

우리의 잠정적 범주화에도 불구하고, 인프라에 관한 **명확한 정의**는 발견하기 힘들다. 오히려 **다른 행위자들에 의해** 인프라로 취급되는 장소들이 계속해서 변화하고 또 창발하는 것을 보면, 그 분명한 내역을 찾으려는 열망은 개념적으로나 경험적으로 역효과를 내는 것으로 볼 수 있다. 최소한의 것이나마, 위에서 제시한 정의로 인해 우리는 이런 시스템들의 "인프라infra" 특질들, 그 시간적·공간적 범위, 그리고 중요하게는 그 열린-결말의 관계적 역량에 관여하는 복합성과 복잡함을 분명한 초점을 갖고 탐구할 수 있다. 그렇다고 해도 그런 정의로 인해 사람들이 그들 삶에 적절한 것으로서의 인프라를 어떻게 받아들이고 이해할지, 심지어 **그들이** 인프라를 무엇으로 인식할지 우리가 예견할 수 있는 것은 아니다. 그리고 그런 정의로 인해 근본적으로 새로운 형태의 인프라가 어디서 어떻게 중요한 물리력으로 창발할 수 있을지 알 수 있는 것도 아니다.

---

29 Penelope Harvey, Casper Bruun Jensen, and Atsuro Morita, "Introduction: Infrastructural Complications," p. 5.

그러므로 우리는 인프라에 주목함으로써 제시되는 다양한 가능성들
을 가장 넓은 의미에서 받아들인다.[30]

　모든 인프라 정의는 연구의 수행을 위해서 필요하지만 언제나 다른
방식의 정의에 문을 열어 두지 않으면 안 된다. 그러나 인프라의 개념
적 규정 불가능성이 모든 인프라 정의의 부적합성과 허위성을 주장하
는 것은 아니다. 인프라의 복합적 성향을 고려한다면, 그 규정 불가능성
은 오히려 인프라의 "다양한 가능성들"에 대한 증언으로 볼 수 있다. 인
프라는 언제나-이미 주어져 있는 것이 아니라 **다른 행위자들**"과의 관계
속에서 "계속해서 변화하고 또 창발하는 것"이므로 인프라가 참여하는
상황이나 맥락이 다양한 만큼 그 정의 역시 다양할 수밖에 없다. 그렇다
면 연구자 수만큼이나 많은 인프라 정의들은 '인프라'의 개념적 모호성
이라기보다 "인프라 개념의 어마어마한 잠재력"[31]을 입증하는 사례들로
볼 필요가 있다.

　브라이언 라킨Brian Larkin의 〈인프라의 정치학과 시학The Politics and
Poetics of Infrastructure〉은 인문학적 인프라 연구에 커다란 영향을 끼친
논문으로 평가받고 있다. 그 이유는 물론 "재화, 사람, 관념의 흐름을
가능하게 하고 그것들의 공간적 이동을 허용하는 건조 네트워크built
networks"[32]라는 유명한 인프라 정의를 제공한 데 있다. 하지만 더 중요한

30　Penelope Harvey, Casper Bruun Jensen, and Atsuro Morita, "Introduction: Infrastructural
　　Complications," pp. 5-6. 원문 강조.

31　Christian Meyer, "From Structure to Infrastructure: Some Glimpses on a Theoretical
　　Movement in the Social Sciences and Humanities," *Rethinking Infrastructure Across the
　　Humanities*, Aaron Pinnix, Axel Volmar, Fernando Esposito, and Nora Binder eds., transcript
　　Verlag, 2023, p. 49.

32　Brian Larkin, "The Politics and Poetics of Infrastructure," p. 328.

이유는 인프라 개념을 기술중심적 맥락에서 떼어 내 미학(시학)과 정치학의 맥락에 재배치함으로써 그 개념적 잠재력을 활성화한 데 있을 것이다. 이 논문에서 라킨은 인프라 개념이 기술정치학(미셸 푸코), 심리학(지그문트 프로이트), 시학(로만 야콥슨), 문화 연구(발터 벤야민), 미학(자크 랑시에르) 등을 횡단하면서 얼마나 다양한 방식으로 활용될 수 있는지, 그리고 그 과정에서 다른 의미들을 얼마나 풍부하게 생산할 수 있는지 보여 주었다. 이처럼 분과학문들을 횡단하면서 하나로 모으는 라킨의 연구는 인프라 인문학의 학문적 성격, 즉 학문-횡단적인cross-disciplinary 성격을 잘 보여 준다. 학문-횡단적 연구가 기존 분과학문들의 경계에서 미지의 영토를 탐색함으로써 '새로운 연구 분야'를 창조하는 것이라면,[33] 인프라 인문학은 인프라의 개념적 잠재력을 토대로 다양한 분과학문들의 경계를 횡단하며 세계의 (재)형성 문제를 탐구하는 '새로운 연구 분야'임을 주장하기 때문이다. 이 점에서 라킨의 연구는 인프라 인문학의 학문-횡단적 성격을 구현한 중요한 선례라고 할 수 있다.

이 글에서는 어떤 명확한 인프라 정의를 추구하는 대신 인프라 인문학의 이론적 기반을 설명한다. 이는 인프라의 네 가지 핵심 차원, 즉 공간적 차원, 시간적 차원, 심미적 차원, 허구적 차원에 관한 것이다. 인프라란 많은 경우 특정한 공간과 시간 속에서 세계의 (재)형성에 참여하

---

[33] Apostolos Argyris, Emilio Hernández-García, and Maxi San Miguel, "A Cross-Disciplinary Research Framework at Institution Level and Beyond," *Nature Communications* 15-1, 2024, p. 1. 이 글에서 아르기리스 등은 학문-횡단적 연구cross-disciplinary research를 다학제적 연구multidisciplinary resarch와 비교하며 설명한 바 있다. 그 설명에 의하면, 다학제적 연구가 '상이한 학문들의 공존'을 내포하는 반면 학문-횡단적 연구는 '새로운 학문이 창발하는 용광로'를 추구한다. 다학제적 연구에서는 다양한 분야의 전문가들이 자기 전공 분야 연구를 각자 수행함으로써 어떤 문제의 상이한 측면들을 논의한다면, 학문-횡단적 연구는 기존 학문 분야들의 경계에 있는 미지의 영토를 탐색함으로써 많은 경우 '새로운 연구 분야의 창조'로 이어진다.

는 '시공간적 프로젝트'[34]로서 실재함을 고려할 때, 인프라의 공간적 차원과 시간적 차원은 인프라 인문학 연구를 구성하는 필수적인 부분이 된다. 그리고 그 '시공간적 프로젝트'란 무엇보다도 인간적 실천과 '관련'해서만 구체화될 수 있는 것이기 때문에,[35] 인프라가 인간과 감각적으로 또는 비감각적으로 맺는 관계는 인프라 인문학의 핵심적인 관심사가 된다. 이때 감각적 관계가 인프라의 심미적 차원에 의존한다면, 비감각적 관계는 인간의 상상력과 사변에 기반하는 인프라의 허구적 차원을 보여 준다.

앙리 르페브르Henri Lefebvre가 말한 것처럼 '사회적 공간'이 '사회적 생산물'이라면, 인프라는 '사회적 공간'을 '사회적 생산물'로 만드는 데 결정적 역할을 수행한다.[36] 우리 세계는 인프라로 가득하고, 인프라는 인간, 담론, 정동뿐만 아니라 다른 인프라들과도 관계를 맺으며 우리 세계를 형성하고 재형성한다. 인프라가 세계의 (재)형성과 사회적 관계의 역동적 편성에서 수행하는 핵심적 역할 때문에 인프라적 실천이 광범위한 사회적 변화의 역학에 연루되는 방식은 연구자들의 중요한 관심사였다.[37] 쉽게 말하면, 인프라는 어떤 것은 가능하게 하고 다른 것은 불가능하게 하는 방식으로 사회적 공간의 생산에 참여한다.[38] 이 점에서 사회적 공간은 본질적으로 인프라 공간이다. 한편, 인프라적 실천은 보

---

34 Hannah Appel, Nikhil Anand, and Akhil Gupta, "Temporality, Politics, and the Promise of Infrastructure," p. 17.

35 Susan Leigh Star, "The Ethnography of Infrastructure," p. 380.

36 앙리 르페브르, 《공간의 생산》, 양영란 옮김, 에코리브르, 2011.

37 Penelope Harvey, Casper Bruun Jensen, and Atsuro Morita, "Introduction: Infrastructural Complications," p. 2.

38 Keller Easterling, *Extrastatecraft: The Power of Infrastructure Space*, p. 14.

통 이동의 편리, 생명과 노동 시스템의 지속, 기타 편의 제공 등을 목적으로 하는 공익사업처럼 보이지만, 인간의 생물학적·사회적 삶을 인프라로 인해 혜택을 보는 집단과 피해를 보는 집단으로 분할하는 생명정치의 물질화이기도 하다. 사회적 공간 또는 인프라 공간에서 어떤 한 사람의 '인프라'가 다른 사람에게 '난관'으로 경험되는 이유가 여기에 있다.[39] 하우 등Howe et al.은 이와 같은 인프라의 이중성 또는 양면성을 '역설적 인프라'로 명명한 바 있다.[40] 인프라는 한 개인의 삶이 아니라 사회적 공간의 생산에 참여한다는 점에서 '공유재'지만, 그 사회적 공간을 분할(배제/포함)의 논리에 따라 생산한다는 점에서 '계획된 폭력과 지배의 도구'이기도 한 것이다.[41] 이와 같은 인프라의 역설성 혹은 양면성 때문에 인프라의 공간적 차원은 "국가, 시민, 범죄, 에스니시티Ethnicity, 계급 같은 광범위하고도 추상적인 사회질서가 일상적 실천의 수준에서 구체적으로 어떻게 전개되는지", 그리고 "그런 권력·위계 관계가 감지 가능한 물리적·정서적 피해 형식으로 어떻게 번역되는지" 보여 주는 '이상적 장소'가 된다.[42] 그러므로 인프라 공간의 이중적·역설적 (재)생산은 인프라 인문학의 핵심적인 이론적 기반이 된다.

인프라 인문학이 인프라가 어떻게 세계의 (재)형성에 참여하는가를

---

39 Susan Leigh Star, "The Ethnography of Infrastructure," p. 380.

40 Cymene Howe, Jessica Lockrem, Hannah Appel, Edward Hackett, Dominic Boyer, Randal Hall, Matthew Schneider-Mayerson, Albert Pope, Akhil Gupta, Elizabeth Rodwell, Andrea Ballestero, Trevor Durbin, Farès el-Dahdah, Elizabeth Long, and Cyrus Mody, "Paradoxical Infrastructures: Ruins, Retrofit, and Risk," 2015.

41 Elleke Boehmer and Dominic Davies, "Planned Violence: Post/Colonial Urban Infrastructures, Literature and Culture," *Planned Violence: Post/Colonial Urban Infrastructures, Literature and Culture*, Elleke Boehmer and Dominic Davies eds., Palgrave Macmillan, 2018.

42 Dennis Rodgers and Bruce O'Neill, "Infrastructural Violence: Introduction to the Special Issue," *Ethnography* 13-4, 2012, p. 402.

탐구하는 한, 인프라의 시간적 차원은 그 공간적 차원 못지않게 중요한 이론적 관심사다. 다음과 같은 아펠 등Appel et al.의 서술을 보자.

인프라의 시간성을 사유하게 되면 우리는 인간 너머를 사유하는 다른 방식으로 나아가게 된다. 이는 다른 시간 스케일들, 즉 그 스케일이 인간의 삶에 맞게 조정되지(축소되지) 않는 시간들, 그리고 오로지 다른 시간 스케일의 삶에서만 의미를 얻게 되는 그런 시간들과 관련이 있다. 인간을 탈중심화하는 것은 어느 정도는 다른 시간 범위, 즉 행성 위의 삶을 형성하는 다른 사물들의 생애를 사유하는 것이고, 그래서 인프라는 이런 재사유에서 하나의 중요한 요소가 된다.[43]

새로운 인프라는 우리 미래에 관해 현재 이루어진 약속이다. 새로운 인프라는 많은 경우 완성되지 않는데—그 잠재력을 발휘할 만큼 그 재료들이 충분히 실현되지 않는데—, 그런 한에서 인프라는 약속의 폐허처럼 보인다.[44]

인프라는 많은 경우 인간의 시간성(수명)을 초월한 시간, 즉 인간의 신체로는 다 경험할 수 없는 '인프라의 시간성'을 산다.[45] 인프라는 그 종류가 다양한 만큼 수명도 다를 수밖에 없지만, 일단 만들어지면 파괴,

---

43 Hannah Appel, Nikhil Anand, and Akhil Gupta, "Temporality, Politics, and the Promise of Infrastructure," p. 20.

44 Hannah Appel, Nikhil Anand, and Akhil Gupta, "Temporality, Politics, and the Promise of Infrastructure," p. 27.

45 Hannah Appel, Nikhil Anand, and Akhil Gupta, "Temporality, Politics, and the Promise of Infrastructure," p. 19.

변형, 복구, 재건 등의 과정을 거치며 오랜 기간 사회적 공간의 생산과 재생산에 참여한다. 이는 사회적·제도적·물질적 인프라뿐만 아니라 문화적·상징적·인지적 인프라의 경우도 마찬가지다. 인간의 시간 너머 인프라의 시간이 존재하는 것이다. 이 점에서 인프라 시간은 탈인간 중심주의적 시간관의 구체화라고 말할 수 있다. 한편, 인프라 시간은 인간의 시간을 초월하기 때문에 오히려 '현재의 고고학에 대한 새로운 주목 양식'[46]이 될 수 있다. 예를 들어, 인프라의 '약속'이라는 표현을 보자. 인프라의 '약속'은 우선 인프라의 시제를 '미래완료' 또는 '예측 상태'로 설정함으로써 '단선적 시간성'의 생산에 기여하는 것처럼 보인다.[47] 하지만 인프라의 '미래완료' 시제가 '현재 이루어진 약속'에 의존함을 고려한다면, 인프라는 '열린-결말의 과정', 즉 '지금이라는 시간성, 과거와 미래 사이, 잠재력과 현실성 사이' '유예의 시간'을 사는 것으로 볼 수 있다.[48] 다시 말해, 인프라는 '완성의 약속'(미래)을 '약속의 폐허' 또는 '미완성'(현재)으로서 사는 것이다. 그러므로 인프라는 과거, 현재, 미래로 이어지는 단선적 시간을 살지 않는다. 그 대신 '지금'이라는 시간성, 즉 과거, 현재, 미래의 역동적 복합체로서 '현재'의 시간성을 살아간다. 그렇다면 인프라의 시간적 차원이란 인간-너머-존재의 시간성과 '지금'이라는 시간성의 혼종적 조합이라고 말할 수 있다.

---

46 Hannah Appel, Nikhil Anand, and Akhil Gupta, "Temporality, Politics, and the Promise of Infrastructure," p. 27.

47 Kregg Hetherington, "Surveying the Future Perfect: Anthropology, Development and the Promise of Infrastructure," *Infrastructures and Social Complexity: A Companion*, Penelope Harvey, Casper Bruun Jensen, and Atsuro Morita eds., 2016, Routledge, p. 40.

48 Akhil Gupta, "The Future in Ruins: Thoughts on the Temporality of Infrastructure," *The Promise of Infrastructure*, Nikhil Anand, Akhil Gupta, and Hannah Appel eds., 2018, Duke University Press, p. 62, 70.

라킨이 일찍이 주목한 것처럼, 인프라의 심미적 차원은 인프라에 대한 탈기술중심주의적 접근을 가능하게 해 준다는 점에서 인문학적 인프라 연구의 중요한 이론적 기반이 된다. 인프라의 심미적 형식에 관한 라킨의 논의를 인용하면 다음과 같다.

하지만 인프라는 순전히 기술적인 기능에서 분리된 형식으로도 존재한다. 그래서 인프라는 수신자를 향해 있는 구체적인 기호학적·심미적 매개체로서 분석될 필요가 있다. 이 매개체는 욕망과 환상의 형식으로부터 창발하고, 그 내부에 욕망과 환상의 형식을 저장하고 있다. 그래서 때로는 기술적 기능에서 완전히 자유로울 수 있는 물신-같은 양상을 취할 수 있다. 형식 문제, 또는 인프라 시학에 초점을 맞추면 정치적인 것이 어떻게 서로 다른 수단을 통해서 구성될 수 있는지 이해하게 된다.[49]

라킨에 따르면, 인프라의 심미적 차원은 인프라가 기술적 기능에서 분리된 채 그 자체로서 정치적 효과를 생산할 수 있도록 해 준다. 인프라는 기술적 기능을 통해서 사회적 공간의 생산에 참여하기도 하지만, '기호학적·심미적 매개체'로서 '수신자'에게 말을 걸고 수신자의 욕망과 환상을 촉발함으로써 정치적-심미적 주체를 구성하는 방식으로 세계의 (재)형성에 참여하기도 한다. 이때 인프라의 (물리적) 형식은 수신자에게 전달할 내용('기의')을 담고 있는 '기호'로서 '상징적 의미의 과잉생산'을 통해 정치적 주체를 구성할 수도 있고, '인프라와 사람들 간 깊은 정동적 관계'를 조장함으로써 그와 같은 정치적 효과를 낳을 수도

---

49   Brian Larkin, "The Politics and Poetics of Infrastructure," p. 329.

있다.[50] 예를 들어, 1970년대 한국의 경부고속도로는 기술적·실용적 기능보다 심미적 형식으로 인해 정치적 주체(국민) 형성에서 결정적 역할을 담당했다. 당시 경부고속도로는 실제 이용 여부와 무관하게 그 물리적 형태만으로 '근대국가'라는 집단적 환상을 낳을 수 있었는데, 이는 당시 경부고속도로가 '한국 사람들이 지닌 신념과 비전을 체화한 유형의 인공물'이자 '산업화, 근대화, 통일 담론'의 '가장 가시적이고 설득력 있는 표현'으로 기호화됨과 동시에 시각적으로 제시되었기 때문이다.[51] 사람들이 경부고속도로를 실제로 이용하지 않더라도 그것을 기호로서 수신하고 심미적으로 지각하게 되면, 인프라의 심미적 형식은 '산업화, 근대화, 통일'에 대한 사람들의 욕망과 환상을 자극하고 정동을 촉발하거나 순환시킴으로써 정치적 주체의 형성을 촉진하게 된다. 이 점에서 인프라의 심미적 차원이란 인프라가 세계의 (재)형성 과정에 참여하는 '구체적인 경로'라고 말할 수 있다.

마지막으로, 인프라의 허구적 차원은 인프라와 인간 간 비감각적 관계를 형성하는 것으로서 인프라 인문학의 핵심적인 이론적 기반이다. 인프라는 다양한 경로로 세계의 (재)형성에 참여하는데, 기술적 기능과 심미적 형식 못지않게 중요한 것이 바로 인프라 허구성이다. 여기서 인프라 허구성이란 인프라와 관련한 모든 상상과 사유 형식, 즉 인프라의 상상적이고 담론적인 구성 형식을 통칭한다. 인프라 인문학이 특히 주목하는 것은, 인프라가 세계의 (재)형성 과정에서 '바람직한 세계'를 제시함으로써 '현실 효과reality effect'를 생산하는 일종의 '현실주의' 허구로

---

50   Brian Larkin, "The Politics and Poetics of Infrastructure," pp. 334-335.
51   Chihyung Jeon, "A Road to Modernization and Unification The Construction of the Gyeongbu Highway in South Korea," *Technology and Culture* 51-1, 2010, p. 57.

작용할 수 있다는 점이다.[52] 인프라는 다양한 '문화적 의미'로 채워져 있는데, 이는 인프라가 우리의 상상과 사유를 형성하는 데 기여하기도 하지만 우리의 상상과 사유에 의해 형성된 것이기도 함을 의미한다.[53] 다시 말해, 인프라는 인간이 허구적 이야기를 생산하도록 유도하는 능력을 갖고 있지만, 인간이 인프라에 덧붙이는 허구적 이야기는 실재하는 인프라와 인프라 공간의 성향을 바꾸어 놓는 힘, 즉 "콘크리트를 찌그러뜨리고 쇠를 구부러뜨리는 힘"을 갖고 있다.[54] 세상에 매끄럽고 반듯한 인프라란 존재하지 않으며, 문화적으로 찌그러지고 구부러진 인프라만 존재할 뿐이다. 이와 같은 사정은 인프라 인문학에 풍부한 연구 잠재력을 제공한다. 인프라 인문학은 인프라의 허구성에 주목함으로써 우리 세계의 인프라를 '문화적 구성물'로서 볼 수 있고, 당연히 주어진 것처럼 보이는 인프라의 한계와 장애 가능성에 관해서도 질문을 던질 수 있다.[55] 이와는 별도로, 인프라 인문학은 또한 다양한 종류의 허구적 이야기에 주목할 수도 있다. 문학과 예술 작품은 오늘날 인프라 문제를 해결할 수 있는 어떤 '대안적 시스템'을 암시하기도 하고, 어떤 '대안적 세계'에 대한 알레고리를 제시하기도 하기 때문이다.[56] 그러므로 인프라의 허구적 차원은 인프라 인문학이 세계의 (재)형성을 '대안적 세계'와 관련

52 Adriana Michele Campos Johnson and Daniel Nemser, "Introduction: Reading for Infrastructure," p. 9.

53 Dominic Davies, *The Broken Promise of Infrastructure*, Lawrence Wishart, 2023, p. 11.

54 Keller Easterling, *Extrastatecraft: The Power of Infrastructure Space*, pp. 90-93.

55 Katalin Schober, "Afrofuturist Infrastructure as Allegory: Picturing Sustainability in Wanuri Kahiu's *Pumzi* (2009)," *Rethinking Infrastructure Across the Humanities*, Aaron Pinnix, Axel Volmar, Fernando Esposito, and Nora Binder eds., transcript Verlag, 2023, p. 236.

56 Katalin Schober, "Afrofuturist Infrastructure as Allegory: Picturing Sustainability in Wanuri Kahiu's *Pumzi* (2009)," p. 236.

해서 논의할 수 있는 이론적 기반이 된다.

인프라 인문학은 인프라의 복합적 성향과 그 개념적 잠재력에 기초해서 세계의 (재)형성에 관한 학문-횡단적 연구를 수행한다. 앞서 그 이론적 기반으로 인프라의 핵심적 네 차원, 즉 공간적 차원, 시간적 차원, 심미적 차원, 허구적 차원에 관한 개론적 설명을 제시했다. 그러나 인프라의 네 차원은 이론적으로만 구분이 가능할 뿐이고 실제로는 서로 혼재되어 작동한다. 인프라 시공간은 '느슨하게 서로 연결되어 있는 다양한 이야기들, 정동들, 심미적 경험들'[57]로 충만하기 때문이다. 물론 세부 연구 주제에 따라 그 가운데 어느 하나를 더 강조할 수도 있고, 그래서 연구자들이 어느 하나의 차원을 중심으로 전문화된 연구를 수행할 수도 있겠지만, 인프라의 네 차원은 인프라의 복합적 성향을 구성하는 가운데 인프라의 다양한 가능성들을 활성화함으로써 세계의 (재)형성에 참여한다. 이는 인프라 인문학이 인프라의 개념적 잠재력을 강조하는 동시에 개별 분과학문들의 경계를 가로지르는 학문-횡단적 연구임을 주장하는 이유이기도 하다.

이어서 인프라 인문학을 실천하는 방법의 하나로서 인프라 텍스트 연구에 관한 시론적 논의를 전개한다. 인프라 텍스트 연구는 인프라의 네 차원에 이론적으로 기반하는 것으로서 텍스트를 매개로 한 인프라 인문학 연구를 실천한다.

---

[57] Dominic Davies, *The Broken Promise of Infrastructure*, p. 11.

인프라 텍스트 연구

리치 등Rich et al.은《인프라의 심미적 삶The Aesthetic Life of Infrastructure》
의 서론 격 논문인 〈인프라 읽기Reading Infrastructure〉에서 "인프라가 문
학 연구의 키워드로 부상하고 있"음을 언급하면서 자신들의 책이 문학
과 문화 연구를 토대로 "인프라의 미학과 정치를 자세히 읽은 최초의
서적"임을 주장한 바 있다.[58] 이는 인프라 인문학 연구의 중심에 미학
과 정치가 있음을 표명하는 것임과 동시에, 텍스트에 기반한 인프라 연
구가 신흥 연구 분야로서 학계에 자리 잡기 시작했음을 보여 주는 것이
다. 학술지의 경우을 보면,《현대 소설 연구Modern Fiction Studies》가 2015
년 겨울 '인프라주의Infrastructuralism' 특집호를 출판한 이후《소셜 텍스
트Social Text》가 '인프라를 위한 읽기: 건설된 세계와 붕괴된 세계Reading
for Infrastructure: Worlds Made and Broken' 특집호를 2022년 겨울에,《비판: 현
대 소설 연구Critique: Studies in Contemporary Fiction》가 '반란적 인프라와 반
란의 인프라Insurgent Infrastructures and Infrastructures of Insurgency' 특집호를
2025년에 출판한 바 있다. 이러한 출판 현황을 전반적으로 고려할 때,
텍스트를 매개로 한 인프라 연구는 10여 년 전부터 본격화한 것으로 볼
수 있다.[59]

인프라 텍스트 연구는 텍스트를 매개로 인프라 인문학을 실천한다.

---

58 Kelly M. Rich, Nicole M. Rizzuto, and Susan Zieger, "Reading for Infrastructure," p. 2.

59 캐롤라인 레빈Caroline Levin은 소위 문학적 인프라 연구의 기원을 브루스 로빈스Bruce
Robbins의 2007년 논문 〈인프라의 냄새: 아카이브를 위한 노트The Smell of Infrastructure:
Notes toward an Archive〉와 마이클 루벤스타인Michael Rubenstein의 2010년 저서《공
공 사업: 인프라, 아일랜드 모더니즘, 탈식민Public Works: Infrastructure, Irish Modernism,
and the Postcolonial》에서 찾는다 (Caroline Levine, "'The Strange Familiar': Structure,
Infrastructure, and Adichie's *Americanah*," *Modern Fiction Studies* 61-4, 2015)

이때 텍스트란 기본적으로 소설이나 드라마 같은 전통적인 예술 장르부터 뉴미디어 콘텐츠까지, 민족과 인종의 문화부터 시골 저녁의 풍경까지, 그리고 대도시의 교통 지리부터 전시회장이나 박물관의 아카이브까지 독해 가능한 기호들의 감각적 조직을 통칭한다. **"텍스트를 벗어나 존재하는 것은 없다"**[60]는 자크 데리다의 유명한 말을 활용하면, 인프라 텍스트 연구는 무엇보다도 인프라 또는 인프라 시공간이 텍스트로 매개됨으로써 연구 대상이 될 수 있음을 주장한다. 고속도로든 국제공항이든, 도심의 상하수도든 해안 도시의 항만이든 모두 인프라가 될 잠재력을 갖고 있지만, 텍스트적 실천으로 의미화되지 않는다면 그것들은 인프라로서 적절하게 다루어질 수 없을 것이다. 라킨이 말한 것처럼 인프라가 그저 "거기 있는" 사물이 아니라 '인프라'와 '인프라 아닌 것'을 선별하는 '정언적 행위a categorical act'에 의한 산물이라면, 모든 인프라 논의는 불가피하게 '우리가 인프라로 인식하는 것'과 '우리가 무시해도 되는 것'을 구분하는 인식론적 실천을 포함하게 된다.[61] 그리고 이와 같은 인식론적 실천은 불가피하게 무엇을 인프라로 볼 것인지, 인프라는 어떻게 작동하는지, 인프라가 세계의 (재)형성 과정에서 담당하는 역할은 무엇인지 등에 관한 논의를 수반하게 된다. 인프라 텍스트 연구는 특히 다양한 유형의 텍스트들을 매개로 그와 같은 논의에 참여한다.

이 글은 구체적으로 텍스트가 인프라를 어떻게 서사적으로 재현하는지, 텍스트가 주체와 인프라의 정동적 관계에 어떻게 관여하는지, 텍스트가 어떻게 세계의 (재)형성 과정에 인프라로서 참여하는지에 대한 질문을 던지고, 그 답변으로서 인프라 서사론, 인프라 정동론, 인프라-텍

---

60 자크 데리다, 《그라마톨로지》, 김성도 옮김, 민음사, 2010, 7쪽. 원문 강조.

61 Brian Larkin, "The Politics and Poetics of Infrastructure," p. 330.

스트 문화정치론을 논의한다. 이 세 가지 연구 방법은 기본적으로 인프라의 네 차원에 근거해서 구상되었다. 인프라 서사론이 인프라의 공간적 차원과 시간적 차원에 기반한다면, 인프라 정동론과 인프라-텍스트 문화정치론은 각각 인프라의 심미적 차원과 인프라의 허구적 차원에 근거한다. 물론 이와 같은 도식적 연결은 각각의 연구 방법이 근거하는 이론적 기반을 느슨하게 지시할 뿐이다. 오히려 각각의 연구 방법은 네 차원을 적절하게 동원함으로써 성공적으로 실천될 수 있다. 게다가 더 중요한 것은 인프라 서사론, 인프라 정동론, 인프라-텍스트 문화정치론이 결코 인프라 텍스트 연구 방법의 전부가 아니라는 사실이다. 인프라의 복합적 성향과 개념적 잠재력을 고려할 때, 텍스트 연구 방법을 몇 가지로 한정하는 것은 적절하지 않다. 그럼에도 불구하고 이 글에서 세 가지 방법을 제시하는 것은 오로지 인프라 텍스트 연구에 대한 연구자들의 관심을 유도하고 후속 논의를 촉진하기 위함이다.

인프라 서사론

인프라 서사론은 문학, 예술, 문화 콘텐츠 등을 대상으로 인프라의 서사적 재현을 연구한다. 인프라 서사론은 인프라가 많은 경우 일상생활에서 비가시적으로 존재할 뿐만 아니라 서사적 텍스트에서도 역시 주변화되거나 배경화되어 제시된다는 데 주목하여, 독자들에 의해 보통 간과되거나 무시되는 '비가시적 인프라'가 '텍스트에서 어떻게 재현되는지' 고찰한다.[62] 그리고 인프라를 중심으로 한 서사 분석을 통해 재현의 정치와 '인프라 전도'의 재전도를 실천한다.

---

62   Caroline Levine, "'The Strange Familiar': Structure, Infrastructure, and Adichie's *Americanah*," p. 588.

인문학적 인프라 연구 초기 수전 레이 스타에게 인프라 연구란 우선 인프라의 '드라마'를 발굴하고 인프라의 '서사'를 복원하는 일을 의미했다.[63] 이때 스타가 염두에 두고 있었던 것은 '인프라 전도infrastructural inversion'라는 제프리 보우커의 생각이었다.[64] 여기서 인프라 전도란 인간의 사회적 행동에서 비가시적 배경으로 남고자 하는 인프라의 경향을 가리키는 것으로서 '전경-배경 역전a figure-ground reversal'을 의미한다.[65] 거시적 수준에서 인프라가 사회의 생산 또는 세계의 (재)형성에서 결정적 역할을 수행하고 있음에도 불구하고, 미시적 수준에서 인간의 '신체'를 인프라에서 떼어 내는 게 불가능할 정도로 인간이 인프라에 '의존'하고 있음에도 불구하고,[66] 인프라는 충분히 주목을 받거나 인식되지 못한 채 비가시적으로 존재한다는 것이다. 이와 같은 인프라의 비가시성을 초래하는 이유로는 크게 두 가지를 들 수 있다. 하나는 제니퍼 웬첼Jennifer Wenzel이 말했던 인프라의 '타동사성transitivity'과 '법조동사적modal' 성질, 즉 인프라의 보조적 성격이다.[67] 말하자면, 인프라는 사회적 공간의 전경에 등장해서 실질적으로 행위하기보다는 다른 것을 가능하게 하는 배경으로서 역량을 발휘하기 때문에 보통 비가시적이다. 다른 하나는 인프라가 수반하는 '정당화 담론'이다.[68] 우리가 신체적 활동을

63 Susan Leigh Star, "The Ethnography of Infrastructure," p. 377.

64 Penelope Harvey, Casper Bruun Jensen, and Atsuro Morita, "Introduction: Infrastructural Complications," p. 3.

65 Penelope Harvey, Casper Bruun Jensen, and Atsuro Morita, "Introduction: Infrastructural Complications," p. 3.

66 Judith Butler, "Rethinking Vulnerability and Resistance," *Vulnerability in Resistance*, Judith Butler, Zeynep Gambetti, and Leticia Sabsay eds., Duke University Press, 2016, p. 16, p. 19.

67 Jennifer Wenzel, "Forms of Life: Thinking Fossil Infrastructure and Its Narrative Grammar," p. 69.

68 Tomo Müller, "Infrastructural Poetics," *Rethinking Infrastructure Across the Humanities*,

수행할 때 어떤 특별한 문제를 발견하지 못할 경우 자신의 신체가 정상적으로 작동한다고 말하는 것처럼, 특별한 문제 없이 작동하는 인프라는 그를 정상화하거나 정당화하는 담론을 동반하게 된다. 전자를 물질적 비가시성으로 부를 수 있다면, 후자는 담론적 비가시성으로 명명할 수 있을 것이다.

인프라 서사론은 무엇보다도 비가시적 인프라의 가시화를 연구한다. 이는 텍스트가 인프라를 어떻게 서사적으로 재현하고 있는가, 또는 텍스트가 인프라를 가시화하고 있다면 그 서사적 기법은 어떤 것인가 같은 물음에 대한 대답을 포함한다. 따라서 인프라 서사론은 배경에 있는 물질적 인프라를 텍스트가 전경화하는 방법(기법)에 초점을 맞춤으로써 '형식주의적' 연구를 수행할 수 있다. 예를 들어, 캐롤라인 레빈 Caroline Levin은 〈"낯선 친숙함": 구조, 인프라, 그리고 아다치에의 아메리카나The Strange Familiar": Structure, Infrastructure, and Adichie's *Americanah*〉라는 논문에서 작가가 '외부자의 시점'이라는 전통적인 '낯설게하기' 기법을 사용해서 독자들에게 인프라의 존재를 부각하는 방식에 관해 논의한 바 있다. 이 작품에서 작가(아다치에)는 미국과 나이지리아를 오가는 두 이민자가 두 나라의 차별성을 자각하는 과정을 서사화했는데, 이때 '외부자의 시점'에서 전기 인프라('정전'과 '발전기 소음')를 부각하는 방식으로 그렇게 했다는 것이다. 물론 이와 같은 '형식주의적' 연구는 인프라의 '서사 문법'에 관한 논의로 확장될 수도 있다.[69]

한편, 재현의 정치 또한 인프라 서사론의 중요한 연구 분야다. 잘 알

Aaron Pinnix, Axel Volmar, Fernando Esposito, and Nora Binder eds., transcript Verlag, 2023, p. 183.

69 Jennifer Wenzel, "Forms of Life: Thinking Fossil Infrastructure and Its Narrative Grammar."

려져 있는 것처럼, 재현은 결코 현실의 일대일 반영이 아니다. 재현은 어떤 것은 포함하고 다른 것은 배제하는 '선택'의 미학적 실천이다. 그러므로 인프라 시공간의 '자연스러운' 서사적 재현 역시 '선택'의 결과다. 말하자면, 인프라 시공간의 서사적 재현은 어떤 인프라의 포함/배제, 어떤 인프라의 전경화/후경화, 인프라의 복합적 성향과 다양한 가능성 가운데 어떤 성향·가능성의 포함/배제를 수반한다. 그리고 포함된 인프라, 전경화된 인프라, 포함된 성향·가능성 등은 명시적으로든 암시적으로든 담론적으로 정당화·정상화됨으로써 인프라 시공간의 '자연스러운' 서사적 재현에 기여한다. 인프라 서사론은 그와 같은 '선택'이 수반하는 재현의 정치에 주목하는 한편, '배제'되고 '후경화'된 인프라와 그 성향·가능성을 발굴하고 복원하는 데 관심을 갖는다. 즉, 인프라 서사론은 "내러티브 텍스트 안에는 서로 다른 세계들이 존재한다는 복수성에 대한 통찰"[70]을 토대로 인프라 시공간의 서사적 재현이 구현하는 재현의 정치에 대한 비판 작업을 수행한다.[71]

미시간의 흑인 다수 도시들이나 팔레스타인의 폐허들이 강력하게 보여 주는 것처럼, 인프라의 물질적·정치적 삶은 보통 기술 진보, 자유주의적 평등, 경제성장 같은 서사를 침식한다. 사람과 사물, 그리고 그들을 통치하는 제도 간 취약하면서도 많은 경우 폭력적인 관계를 폭로하는

---

[70] 카롤라 주어캄프, 〈내러톨로지와 가능세계이론: 대안세계로서 내러티브 텍스트〉, 안스가 뉘닝·베라 뉘닝, 《서사론의 새로운 연구 방향》, 조경식·권선형·김경희·김현진·배정희· 송민정·안소현 옮김, 2024, 250쪽.

[71] 도미닉 데이비스에 따르면, 식민지 문학의 경우 "인프라의 문학적 재현을 연구하면 제국의 착취에 대한 변명으로 기능하는 일련의 은폐된 이데올로기 기법과 전략을 발굴할 수 있다"(Dominic Davies, *Imperial Infrastructure and Spatial Resistance in Colonial Literature, 1880–1930*, p. 8).

것이다. 이런 긴장—열망과 실패, 공급과 배제, 기술적 진보와 그 이면—
은 인프라를 정치적·경제적 삶의 구성, 유지, 재생산을 살펴보기 위한
생산적 장소로 만든다.[72]

더 나아가, 인프라 서사론은 '인프라 전도'의 탈인간중심주의적 재전
도를 시도한다. 대부분의 연구자들은 문학작품이나 영화 같은 허구적
서사를 다룰 때 인간 또는 인간의 대체물을 중심으로 사건과 플롯을 분
석한다. 이 경우 인프라는 인간(의 대체물)중심적 서사의 배경으로 간주
되기도 하고, 인물의 심리를 보여 주는 은유나 특정 이데올로기를 함축
하는 상징 정도로 취급되기도 한다. 이와 같은 인간(대체물)중심적 인
프라 읽기는 근본적으로 인프라의 행위성을 중요하게 고려하지 않는다
는 점에서 '인프라 전도'의 강화에 일조한다. 이 견지에서 보면, 세계의
(재)형성은 인간에 의해서 또는 사회적 관계에 의해서 이루어지는 것이
지 비인간 또는 인간-너머-존재의 참여에 의해서 이루어지는 게 아니
다. 그와 달리 인프라 서사론은 '인프라'를 '캐릭터'로 설정하고 인간중
심적 '플롯'을 '배경'으로 전도시킴으로써[73] '인프라 전도'의 탈인간중심
주의적 재전도를 실천한다. 이는 세계의 (재)형성이란 인간 또는 사회
적 관계뿐만 아니라 비인간 또는 인간-너머-존재와의 관계 또한 고려
할 때 적절하게 사유될 수 있음을 주장하는 것이고, 궁극적으로 '인프라
적 시공간에 관한 새로운 사유 방식'[74]을 요구하는 것이다. 따라서 인프

72 Hannah Appel, Nikhil Anand, and Akhil Gupta, "Temporality, Politics, and the Promise of
    Infrastructure," pp. 3-4.

73 Jennifer Wenzel, "Forms of Life: Thinking Fossil Infrastructure and Its Narrative Grammar," p. 160.

74 Hannah Appel, Nikhil Anand, and Akhil Gupta, "Temporality, Politics, and the Promise of
    Infrastructure," p. 17.

라 서사론은 비인간 또는 인간-너머-존재의 시점을 취함으로써 세계의 (재)형성에 관한 대안적 사유를 촉진한다.

인프라 정동론

인프라 정동론은 사람들과 인프라의 접촉 또는 정동적 마주침을 연구한다. 인프라는 그 기술적 기능을 통해서 세계의 (재)형성에 참여하기도 하지만, 사람들과 정동적 관계를 맺거나 사람들 사이에서 정동의 생성과 순환을 가능하게 함으로써 그렇게 하기도 한다. 이 점에서 인프라의 정동적 역량은 인프라의 심미적 차원이 어떻게 구체적으로 세계의 (재)형성에 참여하는지 잘 보여 준다. 이 맥락에서 인프라 정동론은 특히 정동을 어떤 한 개인의 순수한 감각적 반응이 아닌 사회적으로 '매개된 정동'으로 이해함으로써 정동이 동시대 사람들의 공유된 '역사적 감각' 또는 '현재의 감각'을 예시한다는 데 주목한다.[75]

인프라는 그 작동 여부와 무관하게 그 형식만으로도 '인간의 감각 중추'를 가로지르며 '다층적 신체 감각'을 환기한다.[76] 그래서 도로나 철도 같은 인프라가 사람들과 접촉할 때 형성되는 정동은 인프라 정동론의 중요한 연구 주제가 된다. 여기서 정동은 물론 인프라의 속성도 아니고 사람들의 속성도 아니지만, 인프라와 사람들 사이에서 형성되는 정동은 그 둘의 관계에 어떤 정서적 분위기를 형성하는 가운데 특정한 집단적 신체 또는 공동체를 만들어 낼 수 있다. 즉, 인프라는 단순히 사람들에 의해서 감각되고 느껴지는 게 아니다. 인프라는 오히려 사람들의

---

75 로런 벌랜트, 《잔인한 낙관》, 박미선·윤조원 옮김, 후마니타스, 2024, 13~14쪽.

76 Christina Schwenkel, "Sense." Cultural Anthropology, 2015. 09. 24. https://www.culanth.org/fieldsights/sense (접속일 2025년 8월 20일)

'살에 파고들어서' '신체의 새로운 형상화'를 '물질화'하고 '자리매김'한 다.[77] 예를 들어, 이지현은 〈근대 부산 도시 빈민과 정착민 식민주의 정 동〉(2024)에서 일제강점기 부산을 다룬 문학적·비문학적 텍스트들을 대 상으로 정착민 식민자들(일본인들) 사이에서 식민주의 정동(편안함, 안 락함, 소속감 같은 긍정적 정동과 혐오와 역겨움 같은 부정적 정동의 동시 발생)이 형성되는 과정을 고찰한 바 있다. 여기서 이지현은 일본인 정 착민과 조선인 도시 빈민 간 마주침, 식민주의 정동의 형성, 식민자 집 단과 피식민자 집단의 정동적 편성 등을 주로 논의하고 있지만, 인프라 공간의 편성(극장, 공원, 신사, 유곽 같은 도시 중심부 인프라와 움막, 토 굴, 토막 같은 주변부 거주 인프라)에 관한 서술 역시 포함함으로써 인프 라가 식민주의 정동의 형성, 순환, 분배를 경로화하는 방식을 포착할 수 있도록 해 준다. 이때 인프라는 두 집단 간 마주침을 가능하게 하는 것 이기도 하지만, 식민주의 정동의 형성에 참여하는 것으로도 볼 수 있다.

다른 한편, 인프라 정동론은 사람들이 인프라에 '감동感動받는' 동시 에 인프라를 '만들어' 내기도 한다는 데 주목한다.[78] 인프라와 사람들 간 마주침은 정동의 형성과 더불어 집단적 신체를 만들어 내기도 하지만 인프라의 정동화, 즉 '정동적 인프라'[79]의 형성을 초래하기도 한다. 예 를 들어, 사람들은 거대한 규모의 신축 원자력발전소 앞에서 경외감이 나 벅차오름을 느낄 수도 있겠지만 절망감과 공포를 느낄 수도 있다. 이 때 그 인프라는 '경외의 대상' 또는 '공포의 대상'으로 성격화될 수 있고,

---

[77] Hannah Appel, Nikhil Anand, and Akhil Gupta, "Temporality, Politics, and the Promise of Infrastructure," p. 26.

[78] 사라 아메드, 〈행복한 대상, 멜리사 그리그·그레고리 시그워스〉, 《정동 이론》, 최성희·김지 영·박혜정 옮김, 갈무리, 2015, 63쪽.

[79] Kai Bosworth, "What Is 'Affective Infrastructure'?" *Dialogues in Human Geography* 13-1, 2023.

이런 성격화는 사회적으로 순환함으로써 그 인프라의 속성으로 체화될 수 있는 것이다. 말하자면, 인프라는 결코 무미건조한 대상이 아니다. 모든 인프라는 '정동적 부담'[80]을 지고 있고, 그래서 모든 인프라는 본질적으로 '정동적 인프라'다. 이와 관련하여 전원근은 제주도 애월항의 인프라 건설에 관해 논의하면서 "도시가스가 제주에서 독특한 정동적 사물이 되는 과정"[81]을 추적한 바 있다. 전원근의 논의에 따르면, 도시가스는 애월항에 LNG 기지가 건설될 단계만 하더라도 제주도민에게 좀 더 편리하고 저렴하고 안전한 에너지에 대한 기대를 불러일으키는 '애착'의 대상이었지만, 이후 제주시나 서귀포시의 일부 도심 지역에만 도시가스 공급이 가능하다는 사실이 폭로되면서 '배신감'을 환기하는 대상으로 변모하게 되었다.

인프라 정동론은 또한 정동 그 자체가 인프라로서 기능하는 방식을 탐구할 수도 있다. 벤 앤더슨Ben Anderson에 따르면, 정동은 단순한 현상이 아니라 세계의 (재)형성에 참여하는 '현실적 힘real forces'이고, 그래서 "희망, 흥미, 활기 같은 정동은 인프라, 계급, 신만큼이나 현실적"이다.[82] 정동은 사람들과 인프라의 마주침을 통해서 형성되기도 하지만, '상대적 자율성'[83]을 지닌 채 세계의 (재)형성에 '현실적 힘'으로 참여할 수 있는 것이다. 사라 아메드Sara Ahmed의 말을 빌자면, 정동은 "세계가 움직

---

80 Peter Adey, Jinhyoung Lee, Peter Merriman, Lynne Pearce, Lucio Biasiori, Veronica della Dora, Sasha Engelmann, Simone Gigliotti, Harriet Hawkins, Jooyoung Kim, Taehee Kim, Giada Peterle, and Tania Rossetto, *Connections: Arts and Humanities for Just Mobility Futures*, LP Publishing Co., 2025, p. 149.

81 전원근, 〈연안마을 인프라의 연쇄와 폐허의 생산: 애월항의 다종적 모빌리티를 중심으로〉, 《사회와 이론》 49, 2024, 111쪽.

82 Ben Anderson, *Encountering Affect: Capacities, Apparatuses, Conditions*, Ashgate, 2014, p. 77.

83 Lauren Berlant, "The Commons: Infrastructures for Troubling Times," p. 414.

이도록 만들지는 못"하지만 "어떠한 변화를 분명히 만들어 내기"는 한다.[84] 인프라 정동론이 '정동이라는 인프라', 즉 정동-인프라에 주목하는 이유는 바로 여기에 있다. 도시 글쓰기를 통해서 강남의 정동적 경관을 다룬 신진숙의 〈도시 글쓰기를 통해 본 강남의 정동情動적 경관과 아상블라주〉(2021)는 도시 공간에서의 '정동-인프라' 연구에 텍스트를 활용한 드문 사례에 해당한다. 이 논문에 따르면, 이질적 정동들(능력주의 사회의 불안, 신자유주의적 불안정성, 개발주의 도시화에 따른 생태적 불안정성 등)의 다양한 조합과 조율은 강남의 장소감뿐만 아니라 강남의 도시경관 또한 새롭게 형성하는 데 기여했다. 그로 인해 강남은 특정 지역 또는 행정구역이 아니라 '정동적 아상블라주 과정'으로 인식된다.[85]

인프라-텍스트 문화정치론

인프라-텍스트 문화정치론은 텍스트가 어떻게 세계의 (재)형성에 인프라로서 참여하는지 탐구한다. 이때 문화정치란 정치를 '배열configuration'의 문제로 이해하는 자크 랑시에르Jacque Rancière의 견지에서 다양한 형식의 텍스트들이 사회적 공간에 개입하여 그 배열에 변화를 초래하는 모든 실천을 가리킨다.[86] 따라서 인프라-텍스트 문화정치론은 스트리트 아트, 공공예술, 조형물, 도시 디자인부터 문학관, 박물관, 공연장, 기념관에 이르기까지 실제 세계의 공간적 배열에 개입하는 문학적·문화적·예술적 실천을 대상으로, 텍스트적 실천이 담론적 수준이

---

84   사라 아메드, 《감정의 문화정치》, 시우 옮김, 오월의봄, 2023, 54쪽.

85   신진숙, 〈도시 글쓰기를 통해 본 강남의 정동情動적 경관과 아상블라주〉, 《문화역사지리》 33(2), 2021, 70쪽.

86   Jacques Rancière, *Aesthetics and Its Discontents*, Polity Press, 2009.

아닌 물질적 수준에서 어떻게 세계의 (재)형성에 '인프라로서' 참여하는지 논의한다.

　인프라-텍스트 문화정치론은 우선 "인프라적 예술 실천,"[87] 즉 예술 작품 또는 텍스트적 실천이 그 자체로서 자신을 가능하게 해 주는 인프라 또는 인프라 공간에 대해 수행하는 정치적 개입을 탐구한다. 그러므로 예술art과 행동주의activism를 결합한 "아티비즘artivism"[88]은 '인프라적 예술 실천'의 일종으로서 중요한 연구 대상이 된다. 아티비즘은 '예술을 통한 그리고 예술에 의한 행동주의'를 의미하는 것으로서 '사회 변화'를 정치적 목표로 삼는 다양한 예술적 실천(언어기호, 시각기호, 그라피티, 지도, 설치예술, 행위예술 등)을 모두 포함하기 때문이다.[89] 특히 스트리트 아트는 '정치적 행동주의'를 그 핵심에 둔다는 점에서 아티비즘의 대표 형식으로 볼 수 있다.[90] 예를 들어, 인프라-텍스트 문화정치론은 대표적인 스트리트 예술가 뱅크시Banksy의 예술적 실천을 인프라의 견지에서 논의할 수 있다. 뱅크시의 작품이 어떻게 자신을 가능하게 해 주는 도시의 인프라 또는 인프라 공간을 예술적 실천의 재료로 활용하는지, 그의 스트리트 아트가 도시의 인프라 공간의 배열에 어떤 물리적 변화를 초래하는지, 그의 작품이 인간, 테크놀로지, 주변 환경 등과의 관계

87　Solveig Daugaard, Cecilie Ullerup Schmidt, and Frederik Tygstrup, "Introduction: Surfacing Infrastructures in the Arts," p. 21.

88　Anne-Leena Toivanen and Patricia García, "Mobility, Immobility and the City: Theoretical Orientations and Concepts," edited by Anna-Leena Toivanen and Patricia García, Palgrave Macmillan, 2024, p. 8.

89　Sarah Mekdjian, "Urban Artivism and Migrations. Disrupting Spatial and Political Segregation of Migrants in European Cities," Cities 77, 2018, p. 39.

90　Ulrich Blanché, Banksy. Urban Art in a Material World, Rebekah Jonas and Ulrich Blanché trans., Tectum Verlag Marburg, 2016, p. 86.

속에서 어떻게 인프라로 작용하는지 같은 질문을 던지면서 말이다.

공공장소에 설치되는 공공미술품 또는 조형물이 어떻게 인프라로서 작용하는지도 인프라-텍스트 문화정치론의 관심사에 해당한다. 스트리트 아트가 사회적 공간을 재료로 활용하여 그 공간의 변형을 시도한다는 점에서 스트리트 아트를 '인프라적 예술 실천'의 '자기성찰적' 또는 '자기반영적' 물질화로 규정할 수 있다면, 공공장소에 설치되는 미술품이나 조형물은 일종의 허구적 작품을 제작하여 사회적 공간의 재배열을 추구한다는 점에서 '인프라적 예술 실천'의 '장소 특정적' 물질화로 볼 수 있다. 이때 '장소 특정적'이란 어떤 미술품이나 조형물이 사회적 공간의 배열에 조화롭게 통합되거나 그 배열에 혼란을 유발하면서 실제 세계의 일부가 되는 것을 말한다.[91] 인프라-텍스트 문화정치론은 특히 공공미술품이나 조형물이 실제 세계의 (재)형성에 능동적으로 참여함으로써 그 세계의 일부(인프라)가 되는 방식에 관심을 갖는다. 이와 관련하여 최희전의 〈풍경은 어떻게 변하는가: 소녀상, 주한일본대사관, 그리고 중학동〉(2022)은 평화의 소녀상이 중학동 주한일본대사관 앞에 설치된 이후 발생한 '풍경의 변화'를 논의함으로써 '인프라적 예술 실천'에 관한 흥미로운 연구 사례를 제공해 준다. 이 연구 사례에 따르면, 평화의 소녀상은 2011년 설치된 이후 주한일본대사관 건물과 대조를 이루면서 중학동의 '풍경'을 새롭게 형성했고, 2016년에는 주한일본대사관 건물의 철거를 수반함으로써 중학동의 '풍경'을 다시 한 번 바꾸어 놓는 데 기여했다. 여기서 평화의 소녀상은 '장소 특정적'으로 배치되어 사회적 공간의 변화에 참여하는 '인프라-텍스트'가 된다.

---

91 권미원,《장소 특정적 미술》, 김인규 · 이영욱 · 우정아 옮김, 현실문화, 2013, 25~27쪽.

더 나아가, 인프라-텍스트 문화정치론은 '인프라적 예술 실천'과 구별되는 것으로서 '도시 디자인 실천'을 연구 대상으로 삼을 수도 있다. 디자인이 기본적으로 "사람들을 위한 장소를 만드는 것" 또는 "다른 식으로 생산되는 것보다 **더 낳은** 장소를 만드는 것"[92]을 의미하는 한, 인프라-텍스트 문화정치론에게 도시 디자인은 텍스트적 실천이 어떻게 세계의 (재)형성에 '인프라로서' 참여하는지 보여 주는 유의미한 연구 분야다. 파블로 센드라Pablo Sendra의 '도시 디자인 실험' 논의는 그와 관련하여 흥미로운 사례를 제시해 준다. 센드라는 "사람들이 상호작용하면서 관심사와 경험을 나누는 공유 장소"를 구축하기 위해서 '무질서의 디자인', 즉 "일종의 무질서를 만들어 낼 수 있는 도시 디자인 차원의 개입"을 '드로잉'과 '글쓰기'를 통해서 "실험"했다.[93] 그리고 무엇보다도 센드라는 '행동주의-건축가-기획자'[94]로서 다양한 프로젝트를 수행하는 과정에서 '도시 디자인 실험'을 실제 세계에서 구체화하기도 했다. 인프라-텍스트 문화정치론은 이와 같은 센드라의 텍스트적 실천을 인프라-텍스트에 기반한 '도시 디자인 실천'으로 간주한다.

---

[92] Matthew Carmona, Tim Heath, Toner Oc and Steven Tiesdell, *Public Places-Urban Spaces: The Dimensions of Urban Design*, Architectural Press, 2003, p. vi. 원문 강조.

[93] 파블로 센드라, 〈무질서를 위한 인프라〉, 리처드 세넷·파블로 센드라, 《무질서의 디자인: 도시 디자인의 실험과 방해 전략》, 김정혜 옮김, 현실문화, 2023, 91쪽.

[94] 파블로 센드라·리처드 세넷, 〈언메이킹과 메이킹〉, 리처드 세넷·파블로 센드라, 《무질서의 디자인: 도시 디자인의 실험과 방해 전략》, 김정혜 옮김, 현실문화, 2023, 216쪽.

인문학의 인프라를
위하여

인프라 인문학은 인프라가 인간의 생물학적·사회적 삶에서 갖는 중요성에 비해 그동안 연구자들에게 충분한 관심의 대상이 되지 못했다는 문제의식에서 출발한다. 그리고 인프라의 복합적 성향과 그 개념적 잠재력을 토대로 세계의 (재)형성에 관한 학문-횡단적 연구를 수행한다. 이 글에서는 특히 인프라 인문학의 이론적 기반으로서 인프라의 공간적, 시간적, 심미적, 허구적 차원을 개론적으로 설명하고, 인프라 인문학의 실천 방법으로서 인프라 텍스트 연구를 시론적으로 논의했다. 인프라가 어떻게 서사적으로 재현되는지(인프라 서사론), 인프라와 사람들 간 정동적 마주침에서 어떤 일이 벌어지는지(인프라 정동론), 텍스트는 어떻게 스스로 인프라가 되는지(인프라-텍스트 문화정치론) 등이 그 주요 내용이었다.

이 글에서 제시한 인프라 텍스트 연구 방법은 텍스트를 매개로 한 인프라 인문학 실천의 단 세 가지 사례에 불과하고, 그 설명도 시론적인 수준에 머물고 있는 게 사실이다. 이러한 한계는 새로운 연구 분야로서 인프라 인문학을 제안하고 그 실천 방법으로서 인프라 텍스트 연구를 시론적으로 논의하겠다는 이 글의 목적, 그에 따라 인프라 인문학의 이론적 체계화를 시도하기보다는 후속 연구를 위한 이론적 기반과 연구 사례를 제시하겠다는 집필 의도에 기인한다. 인프라 인문학을 실천하는 방법은 많을 것이다. 이 글에서 논의한 인프라 텍스트 연구 방법 외에도, 물질적·제도적 인프라를 중심으로 사회적 관계의 (재)형성 과정을 살펴볼 수도 있고, 그 과정에서 이데올로기, 종교, 개념 같은 상징적 인프라가 작동하는 방식을 고찰할 수도 있으며, 어떤 사회나 집단의 윤리가 물질적·제도적·상징적 인프라를 매개로 어떻게 굴절되는지 탐구할 수도 있다. 또한 인프라가 사람들의 개인적 삶과 집단적 삶(가족, 지역 공동체, 국가 등)을 어떻게 횡단하는지, 심지어는 인간의 경험 범위를 초과하는 기후나 행성의 스케일을 고려하여 인프라의 초객체적 존재 방식과 작용에 관한 연구를 진행할 수도 있다. 인프라 인문학의 가능성이란 인프라의 복합적 속성과 그 개념적 잠재력에 비례할 것이다. 이 글이 후속 인프라 인문학 연구의 인프라로서 작용할 수 있기를 바란다.

참고문헌

권미원,《장소 특정적 미술》, 김인규 외 옮김, 현실문화, 2013.

데보라 코웬,《로지스틱스: 전지구적 물류의 치명적 폭력과 죽음의 삶》, 권범철 옮김, 갈무리, 2017.

로런 벌랜트,《잔인한 낙관》, 박미선·윤조원 옮김, 후마니타스, 2024.

사라 아메드, 〈행복한 대상, 멜리사 그레그·그레고리 시그워스〉,《정동 이론》, 최성희·김지영·박혜정 옮김, 갈무리, 2015.

사라 아메드,《감정의 문화정치》, 시우 옮김, 오월의봄, 2023.

신진숙, 〈도시 글쓰기를 통해 본 강남의 정동情動적 경관과 아상블라주〉,《문화역사지리》33-2, 2021.

앙리 르페브르,《공간의 생산》, 양영란 옮김, 에코리브르, 2011.

이정, 〈기반 시설, 혹은 사회생태 기간망을 통한 생태적 역사학〉,《개념과 소통》33, 2024.

이지현, 〈근대 부산 도시 빈민과 정착민 식민주의 정동〉,《비교일본학》62, 2024. 12.

자크 데리다,《그라마톨로지》, 김성도 옮김, 민음사, 2010.

전원근, 〈연안마을 인프라의 연쇄와 폐허의 생산: 애월항의 다중적 모빌리티를 중심으로〉,《사회와이론》49, 2024.

최희전, 〈풍경은 어떻게 변하는가: 소녀상, 주한일본대사관, 그리고 중학동〉,《한국학》45-1, 2022.

카롤라 주어캄프, 〈내러톨로지와 가능세계이론: 대안세계로서 내러티브 텍스트〉, 안스가 뉘닝·베라 뉘닝,《서사론의 새로운 연구 방향》, 조경식 외 옮김, 2024.

파블로 센드라, 〈무질서를 위한 인프라〉, 리처드 세넷·파블로 센드라,《무질서의 디자인: 도시 디자인의 실험과 방해 전략》, 김정혜 옮김, 현실문화, 2023.

파블로 센드라·리처드 세넷, 〈언메이킹과 메이킹〉, 리처드 세넷·파블로 센드라,《무질서의 디자인: 도시 디자인의 실험과 방해 전략》, 김정혜 옮김, 현실문화, 2023.

「국토의 계획 및 이용에 관한 법률」, 법제처,《국가법령정보센터》. https://www.law.go.kr/%EB%B2%95%EB%A0%B9/%EA%B5%AD%ED%86%A0%EC%9D%

98%EA%B3%84%ED%9A%8D%EB%B0%8F%EC%9D%B4%EC%9A%A9%
EC%97%90%EA%B4%80%ED%95%9C%EB%B2%95%EB%A5%A0. (접속
일 2025년 8월 20일)

Adey, Peter, Jinhyoung Lee, Giada Peterle, and Tania Rossetto, "Mobility,
  Infrastructure and the Humanities," *Mobility Humanities* 3-1, 2024.
Adey, Peter, Jinhyoung Lee, Peter Merriman, Lynne Pearce, Lucio Biasiori,
  Veronica della Dora, Sasha Engelmann, Simone Gigliotti, Harriet Hawkins,
  Jooyoung Kim, Taehee Kim, Giada Peterle, and Tania Rossetto, *Connections:
  Arts and Humanities for Just Mobility Futures*, LP Publishing Co., 2025.
Anderson, Ben, *Encountering Affect: Capacities, Apparatuses, Conditions*, Ashgate,
  2014.
Appel, Hannah, "Infrastructural Time," *The Promise of Infrastructure*, Anand,
  Nikhil, Akhil Gupta, and Hannah Appel eds., Duke University Press, 2018.
Appel, Hannah, Nikhil Anand, and Akhil Gupta, "Temporality, Politics, and the
  Promise of Infrastructure," *The Promise of Infrastructure*, Anand, Nikhil, Akhil
  Gupta, and Hannah Appel eds., 2018, Duke University Press, pp. 1-38.
Argyris, Apostolos, Emilio Hernández-García, and Maxi San Miguel, "A Cross-
  Disciplinary Research Framework at Institution Level and Beyond," *Nature
  Communications* 15-1, 2024.
Berlant, Lauren, "The Commons: Infrastructures for Troubling Times," *Environment
  and Planning D: Society and Space* 34-3, 2016.
Boehmer, Elleke, and Dominic Davies, "Planned Violence: Post/Colonial Urban
  Infrastructures, Literature and Culture," *Planned Violence: Post/Colonial Urban
  Infrastructures, Literature and Culture*, Boehmer, Elleke and Dominic Davies
  eds., Palgrave Macmillan, 2018.
Bosworth, Kai, "What Is 'Affective Infrastructure'?" *Dialogues in Human Geography*
  13-1, 2023.
Blanché, Ulrich, Banksy. *Urban Art in a Material World*, Rebekah Jonas and Ulrich
  Blanché trans., Tectum Verlag Marburg, 2016.
Butler, Judith, "Rethinking Vulnerability and Resistance," *Vulnerability in Resistance*,

Butler, Judith, Zeynep Gambetti, and Leticia Sabsay eds., Duke University Press, 2016,

Carmona, Matthew, Tim Heath, Toner Oc and Steven Tiesdell, *Public Places-Urban Spaces: The Dimensions of Urban Design*, Architectural Press, 2003.

Cowen, Deborah. "Infrastructures of Empire andResistance," 2017. 01. 25, Verso. https://www.versobooks.com/en-gb/blogs/news/3067-infrastructures-of-empire-and-resistance?srsltid=AfmBOoojI5K5SFd1-iNniCReI__LqUqMJk1CCXLZ8rbUYE7Z5-hLiyB6. (접속일 2025년 8월 20일)

Daugaard, Solveig, Cecilie Ullerup Schmidt, and Frederik Tygstrup, "Introduction: Surfacing Infrastructures in the Arts." *Infrastructure Aesthetics*, Daugaard, Solveig, Cecilie Ullerup Schmidt, and Frederik Tygstrup eds., De Gruyter, 2024.

Davies, Dominic, *Imperial Infrastructure and Spatial Resistance in Colonial Literature, 1880–1930*, Peter Lang, 2017.

Davies, Dominic, *The Broken Promise of Infrastructure*, Lawrence Wishart, 2023.

Gupta, Akhil, "The Future in Ruins: Thoughts on the Temporality of Infrastructure," *The Promise of Infrastructure*, Anand, Nikhil, Akhil Gupta, and Hannah Appel eds., Duke University Press, 2018

Easterling, Keller, *Extrastatecraft: The Power of Infrastructure Space*, Verso, 2016.

Harvey, Penelope, Casper Bruun Jensen, and Atsuro Morita, "Introduction: Infrastructural Complications," *Infrastructures and Social Complexity: A Companion*, Harvey, Penelope, Casper Bruun Jensen, and Atsuro Morita eds., Routledge, 2016.

Harvey, Penny, and Hannah Knox, "The Enchantments of Infrastructure," *Mobilities* 7-4, 2012.

Hetherington, Kregg, "Surveying the Future Perfect: Anthropology, Development and the Promise of Infrastructure," *Infrastructures and Social Complexity: A Companion*, Harvey, Penelope, Casper Bruun Jensen, and Atsuro Morita eds., Routledge, 2016.

Howe, Cymene, Jessica Lockrem, Hannah Appel, Edward Hackett, Dominic Boyer, Randal Hall, Matthew Schneider-Mayerson, Albert Pope, Akhil Gupta, Elizabeth Rodwell, Andrea Ballestero, Trevor Durbin, Farès el-

Dahdah, Elizabeth Long, and Cyrus Mody, "Paradoxical Infrastructures: Ruins, Retrofit, and Risk," *Science, Technology, & Human Values* 41-3, 2015.

Jeon, Chihyung. "A Road to Modernization and Unification The Construction of the Gyeongbu Highway in South Korea." *Technology and Culture* 51-1, 2010.

Johnson, Adriana Michele Campos, and Daniel Nemser, "Introduction: Reading for Infrastructure," *Social Text* 40-4, 2022.

Larkin, Brian, "The Politics and Poetics of Infrastructure," *Annual Review of Anthropology* 42-1, 2013.

Larkin, Brian, "Promising Forms: The Political Aesthetics of Infrastructure," *The Promise of Infrastructure*, Anand, Nikhil, Akhil Gupta, and Hannah Appel eds., Duke University Press, 2018.

Levine, Caroline, "'The Strange Familiar': Structure, Infrastructure, and Adichie's *Americanah*," *Modern Fiction Studies* 61-4, 2015.

Mekdjian, Sarah, "Urban Artivism and Migrations. Disrupting Spatial and Political Segregation of Migrants in European Cities," *Cities* 77, 2018.

Meyer, Christian, "From Structure to Infrastructure: Some Glimpses on a Theoretical Movement in the Social Sciences and Humanities," *Rethinking Infrastructure Across the Humanities*, Pinnix, Aaron, Axel Volmar, Fernando Esposito, and Nora Binder eds., transcript Verlag, 2023.

Müller, Tomo, "Infrastructural Poetics," *Rethinking Infrastructure Across the Humanities*, Pinnix, Aaron, Axel Volmar, Fernando Esposito, and Nora Binder eds., transcript Verlag, 2023.

Pinnix, Aaron, Axel Volmar, Fernando Esposito, and Nora Binder, "Introduction," *Rethinking Infrastructure Across the Humanities*, Pinnix, Aaron, Axel Volmar, Fernando Esposito, and Nora Binder eds., transcript Verlag, 2023.

Price, Catherine, and Sophie Chao, "Multispecies, More-Than-Human, NonHuman, Other-Than-Human: Reimagining Idioms of Animacy in an Age of Planetary Unmaking," *Exchanges: The Interdisciplinary Research Journal* 10-2, 2023.

Rancière, Jacques, *Aesthetics and Its Discontents*, Polity Press, 2009.

Rodgers, Dennis, and Bruce O'Neill, "Infrastructural Violence: Introduction to the Special Issue," *Ethnography* 13-4, 2012.

Rich, Kelly Mee, Nicole M. Rizzuto and Susan Zieger, "Reading for Infrastructure," *The Aesthetic Life of Infrastructure: Race, Affect, Environment*, Rich, Kelly M., Nicole M. Rizzuto, and Susan Zieger eds., Northwestern University Press, 2022.

Rubenstein, Michael, Bruce Robbins, and Sophia Beal, "Infrastructuralism: An Introduction," *Modern Fiction Studies* 61-4, 2015.

Schober, Katalin, "Afrofuturist Infrastructure as Allegory: Picturing Sustainability in Wanuri Kahiu's *Pumzi* (2009)." *Rethinking Infrastructure Across the Humanities*, Pinnix, Aaron, Axel Volmar, Fernando Esposito, and Nora Binder eds., transcript Verlag, 2023.

Schwenkel, Christina, "Sense," *Cultural Anthropology*, 2015. 09. 24. https://www.culanth.org/fieldsights/sense. (접속일 2025년 8월 20일)

Star, Susan Leigh, "The Ethnography of Infrastructure," *American Behavioral Scientist* 43, 1999.

Toivanen, Anne-Leena, and Patricia García. "Mobility, Immobility and the City: Theoretical Orientations and Concepts," Toivanen, Anna-Leena and Patricia García eds., Palgrave Macmillan, 2024.

Wenzel, Jennifer, "Forms of Life: Thinking Fossil Infrastructure and Its Narrative Grammar," *Social Text* 40-4, 2022.

연안마을 인프라의 연쇄와 폐허의 생산

폐허의 생산

: 애월항의 모래, LNG, 마을 목욕탕을 중심으로

| 전원근 |

이 글은 〈연안마을 인프라의 연쇄와 폐허의 생산: 애월항의 다종적 모빌리티를 중심으로〉, 《사회와 이론》 제49집, 2024, 91~125쪽의 내용을 수정·보완한 것이며, 2023년 대한민국 교육부와 한국연구재단의 지원을 받아 수행된 연구되었다(NRF-2023S1A5A2A03085931).

제주시 애월읍 애월리에 위치한 애월항은 제주 전역에 도시가스와 골재를 공급하는 주요 항구이다. 애월은 2010년대를 거치며 제주를 대표하는 '힐링' 관광지가 되었지만, 애월항의 경관은 우리가 제주와 제주의 바닷가 마을에 대해 가지는 기대를 배신한다. 연안마을 바닷가에 우뚝 솟은 두 개의 액화천연가스LNG 저장고는 거대한 원자로를 연상시킨다. 낭만적이어야 할 바닷바람은 항만에 쌓인 골재와 만나 먼지바람을 일으키며 해안가 빈집을 만드는 데 일조하고 있다. 이 연구는 이러한 간극을 지방소멸과 기후변화라는 전환기에 놓인 연안마을들의 보편적인 경관으로서 주목하고자 한다. 여기서 핵심적인 것은 우리가 특정한 삶의 양식을 지향하며 그리게 되는 심상지리와, 그 기대를 실현시키려는 실천들 사이에서 나타나는 균열이다.

제주의 작은 마을에서 일어나는 변화는 제주 전체의 변화와 무관하지 않다. 제주는 근대화와 함께 항상 '유토피아'라는 의미망 속에 놓여 있었으나,[1] 최근의 변화들은 이른바 '브랜딩'의 실천을 통해 새로운 시대에 맞게 갱신된 제주의 이미지가 실질적인 경관 개조와 이익 창출로 이어지고 있다는 점에서 분석될 필요가 있다. 2010년대 제주는 물질적으로나 상징적으로나 굉장히 극적인 변화를 경험했다. 그것을 보여 주는 대표적인 현상은 제주로의 이주·여행과 부동산 투자 열풍이다. 실제로 2010년부터 제주로의 인구 유입이 유출을 앞서기 시작하여 2016년에 정점에 이르렀으며, '인구소멸', '지방소멸'이 이야기될 때에도 제주는 상대적으로 자유로운 모습을 보였다. 관광객 증가로 제주와 김포를 잇는 항공 노선은 전 세계에서 가장 붐비는 노선으로 등극하기도 했다. 한

---

1 진종헌, 〈제주를 보는 근대적 시선의 형성 - '낙원제주' 담론에 대한 비판적 고찰 -〉, 《문화역사지리》35-1, 2023, 49~68쪽.

편, 2010년 시작된 제주의 투자이민 제도와 본격적인 외자 유치 정책은 해외자본의 대규모 부동산 투자를 이끌었다. 이러한 경향은 국내 부동산 투자 붐과 중첩되며 제주에 수많은 개발사업들을 낳았다. 열풍이 가라앉은 제주 곳곳에서는 폐허들이 보이기 시작했다. 대규모 개발사업의 실패와 건설 중단, 부동산 경기 침체로 인한 미분양, 젠트리피케이션 등으로 인하여 빈집과 황폐화된 토지 또한 전국 최고 수준으로 늘어났다.

이것은 제주가 중심부의 일상적인 질서와 자본의 흐름에 더 밀접하게 동기화되었음을 의미한다. 흥미로운 점은 중심부와의 커플링 효과가 사실은 중심부의 개인들이 일상적 질서에서 벗어나고자 하는 디커플링 실천들로부터 기인한다는 것이다. 인기 텔레비전 프로그램이었던 '효리네민박'이 상징하는 것처럼, 제주에서의 삶은 도시에서의 무미건조하고 반복적인 일상, 즉 '나를 소진시키는 삶'과 대비된 것으로서 새로운 삶의 양식을 선택하고자 하는 태도들과 연결되어 의미화되었다. 하지만 이 '탈주'의 방식들은 지난 수십 년간 관광산업의 기존 문법 속에서 이미 디자인된 것들이다. 대안적 삶이 '킨포크적 삶'과 '효리네민박'과 같은 '스타일'로 제시될 때, '제주살이'는 도시적 삶과 소비주의적 트렌드의 연장선이 된다. 이러한 맥락에서 '제주살이'는 대안적 삶이라는 표면적 의미보다는, 중심부의 일상적 삶의 안정감을 잃지 않으면서 원할 때 구입해서 사용할 수 있는 체험 상품의 한 종류로 유통되고 있다고 보는 것이 옳을 것이다.

관광객과 자본을 끌어들이고 상품화된 제주살이를 가능하게 하기 위해서는 특정한 모빌리티를 촉진시키거나 통제하는 다양한 제도적·물질적 인프라스트럭처infrastructure(이하 '인프라')의 구축이 동반되어야만 했다. 제주의 도로 연장과 도로보급률, 교통량, 1인당 자동차등록대수는 2010년대를 지나며 전국에서 가장 높은 수치를 기록했다. 제주 전역에 발전소가 새로 지어지거나 확충되면서 발전용량은 2010년(700MW)에 대비하여 2020년(1.46GW)에 2배 이상 늘었다. 주요 항만마다 확장공사가 추진되고, 신공항의 필요성이 대두되었다. 비자림로 확장공사[2]와 강정 해군기지 건설[3]이 보여 주듯이 인프라 건설이 늘어나면서 갈등도 격화되었다.

이 연구는 2010년대를 중심으로 애월항에 다양한 인프라들이 연쇄적으로 만들어지는 과정을 들여다봄으로써 동시대 한국의 연안에서 일어나고 있는 변화들을 비판적으로 이해할 수 있는 실마리를 얻고자 한다. 이러한 변화들은 우리가 원하는 삶의 양식들과 긴밀하게 연결되어 있다. 인프라는 특정한 삶의 양식을 공고히 하기 위한 장치이고, 인프라를 건설하는 것은 더 나은 삶을 꿈꾸게 하기 때문이다. 이 연구는 작은 어촌에 인프라가 연쇄적으로 건설되는 과정 속에서 이상적인 삶을 현실화하기 위한 장치들이 실질적으로 무엇을 야기하는지를 모래, 가스, 마을 목욕탕이라는 세 가지 사물을 통해 생각해 보고자 한다.

인프라 연구와 애월항의 개발

비판적 인프라스트럭처 연구

일반적으로 인프라는 사회를 떠받치는 기술적이고 관료적인 시스템이나 물리적 시설로 여겨지며, 이것은 도구주의적 또는 목적론적 관점

---

2 윤여일, 〈생태 보전을 위한 지역의 자발적 시민활동은 어떻게 진화하는가: '비자림로를 지키기 위해 뭐라도 하려는 시민모임'을 중심으로〉, 《ECO》 24-1, 2020, 265~302쪽.

3 정영신, 〈제주 해군기지를 둘러싼 투쟁과 강정마을공동체의 변동〉, 《탐라문화》 58, 2018, 149~183쪽; 최현·이정원, 〈이명박 정부와 제주 해군기지〉, 《민주사회와 정책연구》 22, 2012, 38~72쪽.

에 기반하는 것이다, 이러한 기술중심적technocentric 시각은 인문사회과학에서 인프라가 비가시화되어 연구의 주제로 잘 다루어지지 않았던 경향과 함께했다. 예를 들어, 사회학에서 인프라는 사회의 각 기능이 정상적으로 작동하게 하고 사회구조를 지탱하는 기술적 수단이며 부차적인 문제로 여겨졌다. 하지만 최근 20여 년 동안 인프라에 대한 관점은 탈도구주의적이고 탈기술결정론적인 분석으로 넘어갔으며,[4] 관계론적 전환relational turn을 통해 우리의 삶이 어떻게 인프라에 의해 형태화되거나 통제되는지에 대한 관심을 표명하고 있다. 한편 정동affection과 물질적 전환material turn는 인프라를 통해 매개되는 정동과 인간 이상의more-than-human 다양한 존재들과 우리 삶의 형태가 어떻게 엮여 있는지에 대한 분석을 가능하게 하였다.

과학기술의 인류학에서 새로운 인프라 연구를 이끌었던 라킨Brian Larkin[5]은 인프라에 대한 개념화의 층위를 정치와 시학the politics and poetics of infrastructure으로 구분하였다. 여기서 인프라는 '상품, 사람, 또는 아이디어의 흐름을 촉진시키고 공간상에서의 교환을 가능하게 하는 건조建造된 네트워크'로 정의되며, 따라서 인프라는 하나의 물리적 형태로서 교환되는 것들의 움직임과 시간성의 네트워크, 속도, 방향을 형태화한다고 설명된다. 그는 그동안 많은 연구자들이 인프라를 정치적 합리성의 형태를 드러내거나 유지하고 창출하는 기술정치technopolitics의 측면에서 분석해 왔다고 지적한다. 하지만 인프라를 단지 기술적인 연구

---

4 김수철·이희은·김영욱·정은혜·고민경·백일순·파라 셰이크·이병하·이용균,《모빌리티 인프라스트럭처와 생활세계》, 도서출판 엘피, 2020.

5 Brian Larkin, "The Politics and Poetics of Infrastructure," *The Annual Review of Anthropology* 42, 2013, pp. 327−343.

대상으로만 바라볼 수 없는 이유는 인프라가 "다른 객체가 작동하는 기반을 만드는 객체"[6]이며, 객체 간의 연결 방식을 정의하고 객체 간의 구분 자체를 만드는 이중성을 가지고 있기 때문이며, 단지 공학적 기술만이 아니라 사회적 네트워크와 관행들, 산업구조와 삶의 형태 등과 관련되어 있기 때문이다. 인프라는 기본적으로 자유로운 순환이 진보를 이룩한다는 계몽주의 사상에 뿌리를 두고 이상적인 미래를 실현한다는 실천적 의미와 밀접하게 관련되어 있기 때문에 그레이엄Steve Graham과 마빈Simon Marvin은 인프라를 "시간을 제어하는 메커니즘"[7]으로 설명하기도 하였다. 즉, 어떠한 미래를 욕망하고 실천하게 되는가 등 미래에 대한 상상과 정동적 얽힘은 인프라의 작동에서 핵심적인 사안이 된다. 따라서 라킨은 시적 기능이란 지시적 기능이 아니라 기호 자체의 물질적인 질material qualities에 따라 실행되는 발화 행위라고 지적한 야콥슨Roman Jakobson의 시학론을 따라, 인프라가 지시하는 기능과 별개로 그 형태와 청사진 등을 통해 작동되는 "마치 무엇인 듯as if"[8]한 것의 정치, 상징적 의미와 정동을 생산해 내는 정치를 인프라의 미학으로 표현한다.

한편 인프라에 대한 비판적 연구critical infrastructure studies의 관심은 신자유주의화와 '테러와의 전쟁', 기후변화 등 21세기 전후 전 지구적인 전환과 더불어 나타난 기술정치와 삶의 위기라는 맥락 속에서 형성되었다. 비판적 모빌리티 연구critical mobility studies에서는 인프라의 핵심을 특정한 이동을 바람직한 것으로 추동하고 활성화하는 반면, 그렇지 않

---

6 Brian Larkin, "The Politics and Poetics of Infrastructure," p. 329.

7 Steve Graham and Simon Marvin, *Telecommunications and the City: Electronic Spaces, Urban Places*, London: Routledge, 1996; Brian Larkin, "The Politics and Poetics of Infrastructure," p. 332 에서 재인용.

8 Brian Larkin, "The Politics and Poetics of Infrastructure," p. 335.

은 것들을 걸러 내고 통제하는 일종의 권력 작동으로 보고 있다.[9] 이러한 관점이 형성된 주요한 맥락으로서 9·11 이후 미국의 인프라가 국가 안보의 중심적 목표로 전면화되어 온 경향성,[10] 그리고 물류와 정보의 '막힘없는seamless' 흐름을 관장하는 인프라들이 전면화되며 신자유주의적 지구화를 지탱해 온 경향성[11]을 짚어 볼 수 있을 것이다. 데보라 코웬 Deborah Cowen은 현대사회에서 핵심적인 안보의 대상이 국가의 영토나 인구가 아니라, 사회적이고 경제적인 삶을 떠받치는 자본과 상품과 정보의 순환 그 자체가 되고 있음을 지적하면서, "국가 영토와 인구의 안전에 대한 관심에서 사물의 순환의 보안으로 옮겨 가는" 통치성의 변화가 인프라를 핵심적인 대상으로 만들고 있음을 이야기한다. 이것이 현대사회의 공통적 통치 현상일 때, 순환에 대한 "교란은 삶 자체에 대한 위협으로 간주"되며, 인프라는 "인간을 넘어서는" 생명정치적 현상이 된다.[12] 이러한 새로운 규준과 규범들이 항상 자연화되고 있기 때문에, 코웬은 현대 로지스틱스의 생명정치적 재생산과 순환에 대한 비판에 있어 페미니즘과 퀴어 이론이 매우 중요함을 역설한다.

또한 비판적 인프라 연구는 현대사회에서 인프라의 증가와 가시화가 정동적이고 다중적인 관계들 속에서 이루어진다는 점에 주목하며, 그것이 실제로 가져오는 효과는 무엇인지에 대한 관심을 표명하였다. 로런

9   Matthias Leese and Stef Wittendorp, *Security/Mobility: Politics of movement*, Manchester: Manchester University Press, 2017.

10 Ryan Ellis, Letters, *Power Lines, and Other Dangerous Things: The Politics of Infrastructure Security*, Cambridge, MA: The MIT Press, 2020.

11 데보라 코웬,《로지스틱스: 전지구적 물류의 치명적 폭력과 죽음의 삶》, 권범철 옮김, 갈무리, 2017.

12 데보라 코웬,《로지스틱스: 전지구적 물류의 치명적 폭력과 죽음의 삶》, 32~33쪽.

벌랜트Lauren Berlant는 인프라를 '사회적 형식들의 움직임과 패턴'으로 정의하는 한편,[13] 아메드Sara Ahmed는 이것이 불안과 희망 같은 정동을 불균질하게 분배하며 정동적 잉여를 생산하는 '정동경제'[14]의 구조 속에서 작동하고 있음을 강조한다. 정동적 인프라에 대한 연구들은 다양한 형태로 제시되어 왔다. 그것은 "국가나 기업의 미래 계획 속에 담긴 환상, 욕망, 그리고 미래에 대한 모색이 담긴 투자"[15]일 수도 있고, 인프라를 이용하는 우리 자신들이 인프라를 통해 상상하고 기대하는 삶의 양식들[16]에 대한 것일 수도 있다. 마찬가지로 인프라는 '여보, 부모님 댁에

---

13 로런 벌랜트, 《잔인한 낙관》, 박미선·윤조원 옮김, 후마니타스, 2014

14 사라 아메드, 《감정의 문화정치: 감정은 세계를 바꿀 수 있을까》, 시우 옮김, 오월의봄, 2023. 정동경제는 주로 비판적인 연구 분야에서 제시되어 왔는데(한경애·백일순·정진영, 〈가치는 어떻게 실천되는가: 광교 신도시의 주거가치를 둘러싼 정동경제〉, 《공간과사회》 33-4, 2023), 이 연구에서 정동경제는 아메드의 논의를 따른다. 아메드는 우리가 감정을 곧잘 대상이나 주체의 내면에 있는 것으로 생각하는 것과 달리, 대상이나 기호 사이의 관계 사이에 존재하는 것으로 파악한다. 그렇게 될 때 사회나 집단은 이러한 관계 즉, "정동을 주고받는 방식을 공유함으로써(한경애·백일순·정진영, 〈가치는 어떻게 실천되는가: 광교 신도시의 주거가치를 둘러싼 정동경제〉, 122쪽)" 혹은 반복적으로 순환되고 다른 대상과의 관계에 부착됨을 통해 자본처럼 "감정이 정동적 가치의 형태로 축적된다"(사라 아메드, 《감정의 문화정치: 감정은 세계를 바꿀 수 있을까》, 44쪽)고 설명한다. 더 나아가 물질화와 주체화가 동시에 만들어지는 장면들을 분석하면서 감정을 통해 주체와 대상이라는 안과 밖의 "표면과 경계가 만들어진다"(사라 아메드, 《감정의 문화정치: 감정은 세계를 바꿀 수 있을까》, 41쪽)고 이야기한다. 이는 마르크스의 가치 분석을 차용하는 것이지만 '교환가치'란 주체가 대상과 맺는 정동적 관계이기도 하다는 것을 강조하는 것이다. 아메드는 주체가 '이상적인 시민상'에 가까이 붙어 있으려는 움직임이 애착의 형식으로 나타나며, 벌랜트는 이러한 애착이 특히 "신자유주의적 현재에 적응하려는 심리 기제"로서 잔인한 결과로 이어짐을 이야기한다(사라 아메드, 《감정의 문화정치: 감정은 세계를 바꿀 수 있을까》, 14쪽).

15 미미 셸러, 《모빌리티 정의》, 최영석 옮김, 앨피, 2019, 234쪽; 김수철·이희은·김영욱·정은혜·고민경·백일순·파라 셰이크·이병하·이용균, 《모빌리티 인프라스트럭처와 생활세계》, 도서출판 앨피, 2020, 11쪽에서 재인용.

16 Anand Nikhil, Gupta Akhil and Appel Hannah eds., The Promise of Infrastructure, Durham, NC: Duke University Press, 2018; Ara Wilson, "The Infrastructure of Intimacy," *Signs* 41-2, 2016, pp. 247-280.

보일러 놓아 드려야겠어요'라는 오래된 광고 문구나 전기 요금 고지서에 부과된 금액에 울고 웃는 것과 같이 정치사회적 주체성과 인정 요구가 매개되는 감각적이고 정서적인 경험이기도 하다. 임연경[17]은 해저케이블 사례를 통해 인프라가 인간과 비인간, 자연적인 것과 인공적인 것 사이의 관계를 생산하고 매개하고 있으며, 인프라 건설에는 '상상적 주체 the imagined subject'의 구성이 내재되어 있음을 역설한다. 라킨[18]도 나이지리아의 통신 인프라 사례를 통해 '좋은 삶의 형태'를 실현하려는 상상적이고 집단적인 주체성을 '기술적으로 매개된 주체technologically mediated subject'로 개념화한 바 있다. 한편 비교적 최근에 제시되고 있는 '다종적 인프라'[19]와 '존재론적 실험실로서 인프라'[20] 개념들은 인간중심적 이해 방식을 넘어 비인간 행위자들을 고려하고, 자연문화natureculture 혹은 물질기호론적material semiotics 측면에서 물질화와 주체화의 과정을 강조하고 있다. 숲이나 강과 같은 자연물이 인간을 위한 인프라로 기능하게 되는 측면에 대한 연구[21]도 인프라 개념에 대해 새로운 접근을 요청한다.

---

17 임연경, 〈기술-사회-자연 네트워크: 20세기 후반 한국 해저케이블을 중심으로〉,《커뮤니케이션 이론》19-2, 2023.

18 Brian Larkin, *Signal and Noise [Electronic version]*, Durham, NC: Duke University Press, 2008; 임연경, 〈기술-사회-자연 네트워크: 20세기 후반 한국 해저케이블을 중심으로〉, 125쪽에서 재인용.

19 Atsuro Morita, "Multispecies Infrastructure: Infrastructural Inversion and Involutionary Entanglements in the Chao Phraya Delta, Thailand," *ETHNOS* 82-4, 2017, pp. 738-757; Genese M. Sodikoff, "6. The multispecies infrastructure of zoonosis," *The Anthropology of Epidemics*, Ann H. Kelly, Frédéric Keck, and Christos Lynteris eds., London, UK: Routledge, 2019.

20 Jensen Casper B. and Atsuro Morita, "Introduction: Infrastructures as Ontological Experiments", *ETHNOS* 82-4, 2017, pp. 615-626.

21 Ashley Carse, "Nature as infrastructure: Making and managing the Panama Canal watershed," *Social Studies of Science* 42-4, 2012, pp. 539-563; 리처드 화이트,《자연 기계: 인간과 자연, 환경과 과학기술에 대한 거대한 질문》, 이두갑·김주희 옮김, 이음, 2018.

이러한 비판적 관점들은 글로벌 사우스에서 급증하고 있는 국제적 인프라 건설 프로젝트 또는 이니셔티브들이 실제로 어떠한 효과를 가져오는지에 대한 문제의식[22]으로도 연결된다. 우리가 인프라에 기대하는 약속들, 즉 '인간답고 더 나은 삶을 영위할 수 있게 하는 기반 조건의 마련'을 인프라가 실제로는 어떻게 배반하고 불평등을 낳는 방식으로 작동하게 되는지 분석하는 작업은 특히 남반구 사회에서의 인프라 급증을 비판적으로 바라보게 한다. 음벰베Achille Mbembe는 아프리카에서 인프라 건설 수주가 종종 그 기능적 작동을 위한 것이라기보다는, 계약을 체결하거나 후견주의적 연결을 만드는 것 자체에 그 목적이 있기 때문에 폐허화로 이어지는 모습들에 대해 이야기한 바 있다.[23] 댈러코글로Dimitris Dalakoglou[24]는 시각적이고 개념적으로 모던한 것이라고 간주되는 공통의 사물로서 거대 인프라들이 프로젝트로서 이곳저곳에서 복사되고 구축되는 오늘날의 상황을 '인프라 페티시즘infrastructural fetishism'으로 개념화하기도 했다. 이러한 정동들은 인프라의 필요성을 계속해서 새롭게 만들어 낸다. 한편 인프라와 실제 삶이 연결되는 방식에 관한 중요

---

22 Andrew Mold, "Will it all end in tears? Infrastructure spending and African development in historical perspective," *Journal of International Development* 24-2, 2012, pp. 237-254; Mary Lawhon, Alexander Follmann, Boris Braun, Natasha Cornea, Clemens Greiner, Prince Guma, Timos Karpouzoglou, Javier Revilla Diez, Seth Schindler, Sophie Schramm, Franziska Sielker, Gideon Tups, Sumit Vij and Peter Dannenberg, "Making heterogeneous infrastructure futures in and beyond the global south," *Futures* 154, 2023, pp. 103-270.

23 Achille Mbembe, *On the Postcolony*, Berkeley, CA: University of California Press, 2001; Brian Larkin, "The Politics and Poetics of Infrastructure," *The Annual Review of Anthropology* 42, 2013, p. 334에서 재인용.

24 Dimitris Dalakoglou, "The road: an ethnography of the Albanian-Greek cross-border motorway," *American Ethnologist* 37, 2010, pp. 1132-1149.

한 관찰로서 굽타Gupta Akhil[25]는 마구잡이로 건설되는 인프라가 어떻게 지역을 황폐화하고 폐허로 만드는가ruination에 대해 이야기한다. 이 분석에서 인프라는 인도의 한 지방에서 더 나은 미래와 경제적 성장을 위해 건설되지만, 그 약속의 실현이 계속 지연되는 불확실한 시대에 먼지 날리는 폐자재와 위험 요소로 가득한 폐허로 존재하게 된다. 이처럼 '정동적 인프라'와 '폐허로서의 인프라' 개념은 우리가 현대적 삶을 꾸리고 미래를 상상하는 방식이 인프라에 어떻게 연결되는지, 그리고 그것이 사실은 어떻게 항상 지연되며 삶-생명-미래의 마모로서 작동함으로써 일상적 폐허화의 과정이 되는가에 대한 관심을 표명한다.

이 연구에서는 '폐허화'를 두 가지 차원을 통해 개념화하고자 한다. 하나는 LNG 저장고와 같은 거대 인프라 건설물 자체가 그것이 구축되는 장소의 기존 생태환경과 경관을 변형시키고, 건설된 이후에도 시간과 주변 환경과 상호작용하며 부식되고 변형되어 간다는 점이다. 이러한 점들은 인프라가 지어지고 난 뒤에도 지속적인 유지 관리 노력을 요청한다. 또 하나는 폐허화에 정치적 행위성을 부여하는 것이다. 예를 들어, 연안 철골 콘크리트 구조물에 달라붙은 착생동물과 파랑과 염분 같은 다종적 행위자들은 시간을 들여 인프라를 부식시키고 고장나게 함으로써 '공간의 생산'[26]과 '자연의 생산'[27]에 저항한다. 또는 비산 모래, 공터의 잡초, 충돌로 인한 조류 사체 등의 다종적 행위자들은 원래 의

---

25 Gupta Akhil, "2. The Future in Ruin: Thoughts on the Temporality of Infrastructure," *The Promise of Infrastructure*, Anand Nikhil, Gupta Akhil and Appel Hannah eds., Durham, NC: Duke University Press, 2018, pp. 62-79.

26 앙리 르페브르, 《공간의 생산》, 양영란 옮김, 에코리브르, 2011.

27 닐 스미스, 《불균등발전: 자연, 자본, 공간의 생산》, 최병두 · 이영아 · 최영래 · 최영진 · 황성원 옮김, 한울, 2017.

도되었던 경관의 모습을 훼손하는 방식으로 인프라의 청사진들에 저항한다. 이 연구는 다종적 행위자에 좀 더 정치적 능동성을 부여하려 하기 때문에 이러한 관점은 중요하다. 도시 속 '잡초ruderal species'와 버려진 땅이 난민들과 도시 생태에 어떻게 연결되어 있는지를 분석한 슈토이처Bettina Stoetzer[28]가 보여 주듯이, 오히려 폐허와 폐허화에 주목함으로써 하나의 지역이나 도시가 실제로 작동하는 방식에 대한 비판적 혜안을 얻을 수도 있다. 따라서 이 연구는 폐허화란 인프라 구축이 완벽할 수 없다는 것을 보여 주는 것임과 동시에 그 구축에 저항하는 과정이기도 하다는 점에 정치적 의미를 부여하고자 한다.

이러한 이론적 관점을 한국의 맥락에서 사고하기 위해서는, 거대한 인프라 건설사업들을 통해 중앙과 지역 정치권력의 정당성을 확보하고자 하였던 토건국가와 성장연합정치의 역사적 연속성[29]과 한국의 발전주의를 고려해야 한다. 제주 개발체제 형성의 한 과정으로서 탑동 공유수면 매립을 분석한 연구[30]는 제주의 대표적인 사례가 될 수 있다. 흥미로운 것은 탑동 매립의 이익 환수 차원에서 또 다른 형태의 매립이자 인프라 개발인 병문천 복개 사업이 이어졌고, 애초의 청사진과 달리 자연재해가 늘고 주민들의 삶에 불편이 초래됐다는 점이다.[31] 2000년대 이후 제주 개발과 발전의 프레임이 된 '제주국제자유도시'라는 미래지향

28 Bettina Stoetzer, *Ruderal City: Ecologies of Migration, Race, and Urban Nature in Berlin*, Durham, NC: Duke University Press, 2022.

29 박배균, 〈한국 토건국가 출현의 배경: 정치적 영역화가 토건지향성에 미친 영향에 대한 시론적 연구〉, 《공간과사회》 31, 2009, 49~87쪽.

30 장훈교, 〈제주 탑동 공유수면 매립 반대 운동: 유산의 재구성과 또 다른 상속의 방법〉, 《탐라문화》 60, 2019, 265~303쪽.

31 이재섭, 〈병문천 복개 과정을 통해 본 탑동 매립 반대 운동 이후 30년〉, 《탐라문화》 61, 2019, 123~163쪽.

적 브랜딩은 수많은 인프라 개발 청사진들로 이어졌다. 이승욱·조성찬·박배균[32]의 분석은 제주를 "자본, 상품, 사람의 이동을 최대한 보장"하는 신자유주의적 '예외공간'으로 만들고자 한 기획이 실패하게 된 과정을 다루고 있다는 점에서 시사점이 있다. 한편 김상애[33]는 좀 더 섬세한 관찰을 통해 지역개발이 '마을 발전'과 '마을의 사회적 재생산'이라는 기대감 및 젠더 관계를 통해 이루어진다는 것을 제주의 한 마을의 사례를 통해 보여 주었다.

이상의 검토를 통해 이 연구는 인프라에 대한 최근의 비판적 관점을 따라 제주의 작은 어촌 마을에서 거대 인프라 구조물들이 연쇄적으로 건조되는 과정을 세 가지 다종적-정동적 사물들의 이동을 따라 살펴보고자 한다. 이를 위해 애월항의 변화와 인프라의 연쇄적 구축을 잘 보여 주는 골재용 모래와 천연가스LNG, 그리고 마을 목욕탕을 주된 관찰 대상으로 선정하였다. 먼저 모래는 볼 수 있고 만질 수 있는 사물로서 다른 사물의 표면을 물리적으로 변화시킬 수 있는 사물이다. 천연가스는 보이지도 만질 수도 없는 사물이지만, 안전장치가 있는 인프라를 통해서만 운반되고 이용되며 형체화되는 사물이다. 마지막으로 '마을 목욕탕'은 일상에서 구체적으로 이용될 수 있는 기반시설이지만 이 어촌 마을에서 아직 존재하지 않은 채로 집단적 애착을 생산하는 정동적이고 가상적인 사물이다. 연구자는 2023년 3월부터 약 1년간의 연구 기간 동안 기존에 생산된 문헌들을 검토하고, 애월항 경관을 바라보는 산책자

---

32 이승욱·조성찬·박배균, 〈제주국제자유도시, 신자유주의 예외공간, 그리고 개발자치도〉, 《한국지역지리학회지》23-2, 2017, 274쪽.

33 김상애, 〈변화하는 제주도 개발 담론과 마을 주민 성원권의 젠더정치〉, 《여성학논집》40-1, 2023, 3~36쪽.

이자 관찰자의 위치에서 인근을 답사하며 주민 및 상인들과 인터뷰를 진행하였다.

애월항 개발의 역사

애월항은 끊임없는 개발의 연속을 겪어 왔다. 한국의 근대화 과정이 주로 경부고속도로나 도시화와 같은 내륙 중심의 변화들로 상상되는 반면, 연안 지역의 변화는 상대적으로 비가시화되어 왔다. 한국의 연안은 대규모 간척과 매립, 항만과 공항 건설, 산업단지와 해안선 정비사업, 해안로 건설, 수중 준설과 '바다목장' 구축사업 등을 통해 수상과 수중 경관-생태계에 거대한 변화를 겪어 왔다. 소규모 어촌 마을의 중심이었던 애월항이 개발되기 시작한 것은 1965년 한일협정 이후 1960년대 후반 항만 인프라에 대한 투자가 본격화되면서이다. '제1종 어항'(현재의 국가어항)으로 지정된 이듬해인 1972년부터 1980년대까지 어항 기능을 중심으로 항만 확장공사가 이루어졌다. 1980년대 이후 제주도가 관광화되고, 애월항에 어항 기능 대비 화물 물류량이 크게 늘게 되면서 주민들은 정부에 연안항 지정을 요청하였다. 결국 애월항은 1994년 연안항으로 신규 지정되면서 2000년대 중반까지 지속적인 확장공사가 실시되었다. 이 시기에 애월항은 제주항의 보조항으로서 제주도로 들어오는 모래 및 시멘트 골재 물류의 과반 이상을 집중 처리하는 항만으로 자리 잡았다. 특히 제주 건설 경기가 호황을 누렸던 2010년대, 애월항으로 입항한 골재가 가장 많았던 2017년에 모래가 약 76만 톤을 기록했는데, 이는 10년 전인 2007년의 약 29만 톤에 비해 약 1.6배 높아진 수치이다.

이후에도 애월항은 쉼 없는 개발의 과정에 놓이게 된다. 2006년 제주 전역의 정전 사태 이후 안정적 전력 공급에 대한 대안으로 LNG 발전 도

| 표 1 | 2000~2010년대 애월항의 골재 반입량 추이 　　　　　　　　　　　　　　　　　단위: 톤

년도	합계	모래	시멘트	년도	합계	모래	시멘트
2005	579,000	332,000	219,000	2015	970,742	534,270	283,643
2006	522,000	312,000	187,000	2016	1,485,557	736,265	318,742
2007	528,000	292,000	179,000	2017	1,663,268	760,575	301,350
2008	620,000	367,000	174,000	2018	1,415,040	549,708	186,043
2009	596,000	332,000	177,000	2019	1,542,811	422,433	172,688

※ 유류 및 기타 항목 제외한 모래와 시멘트 물동량만 표기
출처: 제주물류통합정보(jelis.modang.kr) 및 국토해양부(2011)에서 연구자가 재구성

입이 이야기되었고, 지역의 발전을 바라는 애월리 주민들이 적극적으로
유치운동을 벌인 데 힘입어 애월항은 기존의 제주항 대신 LNG 저장(인
수)기지로 선정되어 개발되었다. 공사로 인해 손해를 볼 수밖에 없는 애
월리와 인근 마을 어촌계 등 일부 주민들이 반대하기도 하였지만, 가스
공사 직원들의 정주, 마을 경제 발전, 어업 보상 및 목욕탕 건설 등의 인
센티브가 제시되었다. 이에 따라 2010년대에는 항만이 전면 재구조화
되고 확장되었으며, LNG 저장탱크와 관련 시설 공사가 지속되었다. 이
과정에서 공사가 인근 마을어장과 양식장에 피해를 준다는 민원과 소
송으로 공사가 중단되기도 했다. 2010년부터 2016년으로 계획된 '애월
항 2단계 개발사업'은 전체 공사 기간이 연장되었고, 2019년이 되어서
야 '완공'될 수 있었다. 이로써 애월항은 제주 전역에 골재와 천연가스
에너지를 공급하는 대표적인 물류기지 역할을 수행하게 되었으나, 현재
까지 주민들의 소망과 달리 애월항 인근 주민에게는 LNG 도시가스가
공급되지 않았다. 반대로 골재와 천연가스를 보관하고 공급하는 애월
항은 제주 전역의 토건사업과 건설 관련 업체, 화력발전소, 아파트 단지
와 긴밀하게 연동되어 제주의 거대한 자원-에너지 시스템을 뒷받침하
는 인프라가 되었다. 이와 같은 일련의 변화들은 '제주국제자유도시' 건

| 그림1 | 항공사진으로 본 애월항의 개발

1969년 항공사진 출처: 국토정보맵

1995년 항공사진 출처: 국토정보맵

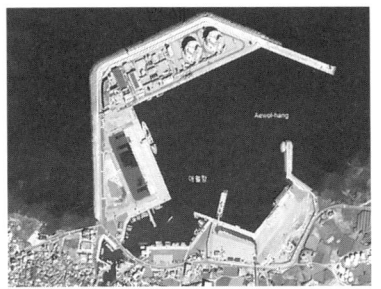

현재의 위성사진 출처: 구글 지도

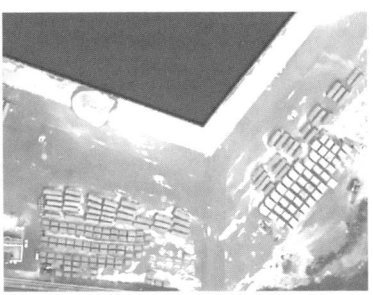

2010년 골재 하역장 확대사진 출처: 국토정보맵

설과 '카본 프리 아일랜드'의 저탄소 에너지 전환과 함께 연동되어 있는 것이기도 하다. 이 모든 변화들은 애월항과 어촌 마을에 다양한 형태의 인프라들을 불러왔으며, 일부는 보안상 접근 불가능한 곳이 되었고, 또 일부는 폐허화되기도 하였다.

이러한 변화는 인근 주민들에게 긍정적인 것만은 아니었는데, 왜냐하면 제주와 애월을 둘러싼 사회문화적 변화들이 새로운 욕망을 추동했기 때문이다. 공사가 한창 진행되던 2010년대 중반 이후 제주도 이주 열풍과 '이효리' 열풍으로 애월이 '뜨게' 되었고, 이는 새로운 지역 인프라에 대한 기대와 요청으로 이어졌다. 현재 주민들은 애월항이 더 이상 삭막한 산업경관, 위험경관이 아니라 낭만적인 관광지 애월에 걸맞는 여객 기능을 갖춘 새로운 인프라로 재탄생되기를 지방정부에 요청하고 있다. 이미 어항과 연안항으로서 다기능을 수행하고 있는 애월항은, 친수 활동 인프라를 갖춘 여객항('복합관광미항', '그린항')으로서 새로운 다기능·복합 연안 인프라로 재계획되고 있다.[34]

현재 항만 재개발 담론과 정책은 국가에 의한 연안 인프라의 '다기능화' 전략을 핵심으로 하고 있다. '전국항만기본계획'[35]에 따르면, 항만 인프라는 기능을 다양화하고 효율적으로 고부가가치를 창출할 수 있도록 개발되어야 하며, 이를 위해 더 많은 시설을 확충하고 스마트 및 그린 항만 기술을 융합하여 경제성장과 해양영토 수호에 이바지할 것을 목표로 삼고 있다. 하지만 이러한 청사진이나 보고서를 통해서는 실제로 어촌 마을에서 어떠한 일들이 벌어지고 있는지 알기 쉽지 않다.

애월항 인프라스트럭처의
연쇄적 구축

모래의 이동과 폐허화

애월항의 LNG 기지는 "바다 위 빛의 정원"과 "친환경"이라는 모토로 "자연경관과 지역사회의 일체감"을 보여 주는 미래지향적 발전경관으

---

34 해양수산부, 〈제4차(2021~2030) 전국 연안항 기본계획 보고서: 애월항〉, 2021.

35 해양수산부, 〈제4차(2021~2030) 전국 항만기본계획〉, 2020.

| 그림 2 | '바다 위 빛의 정원' 콘셉트 사진

출처: 《가스신문》 2020. 4. 1. 〈가스공사, 제주 애월 밤하늘 밝힐 빛의 정원 조성〉

| 그림 3 | 애월항 야생조류 유리창 충돌 기록

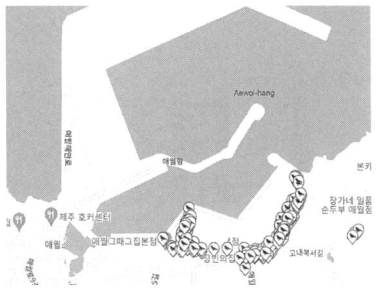

출처: 네이처링(www.naturing.net) 야생조류 유리창 충돌 조사 미션

로 기획되었다.[36] LNG 기지가 건설되고 난 이후 애월항은 그 자체로 제주와 애월의 미래 번영을 약속하는 인프라로 자리매김했으며, 지역 언론과 주민들은 더 나은 삶이 가능해지리라는 기대 어린 시선으로 착공과 준공을 지켜보았다. 하지만 연안은 기본적으로 열려 있는 공간이기 때문에 특정한 하나의 이미지나 경관으로만 구성될 수 없다. 항만에 쌓인 골재와 모래바람, 빈집과 삭막하게 버려진 토지, 조류 사체와 선착장으로 흘러드는 오수처럼, 서로 다른 경관이 병렬되거나 하나의 경관이 다른 경관에 대립하기도 한다. 먼 바다에서 밀려드는 괭생이모자반과 해양 쓰레기는 애월항 인프라가 제시하는 미래상과 선진적인 연안 경관을 훼방하는 것으로, 도 차원의 관리 정책과 주민들의 정기적 정화 작업을 통해 제거된다. 때로는 특정 경관 자체가 의도한 것과 전혀 다른 경관이 된다. 지역을 위한 스펙터클한 발전경관이어야 할 LNG 저장시

---

36   한국가스공사, 〈보도자료: 가스공사, 제주 애월 밤하늘 밝힐 빛의 정원 조성: 제주 LNG 기지 경관조명 설치, 청정 애월의 랜드마크로 거듭난다〉, 《한국가스공사 홈페이지 뉴스룸》, 2020.

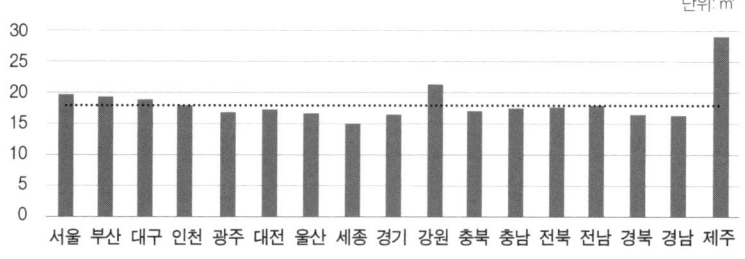

| 그림 4 | 지자체별 1인당 상업용 건축물 면적

단위: ㎡

출처: 국토교통부, 2023

설은 그 자체가 관광지 애월의 미래를 방해하는 삭막하고 위협적인 콘크리트 덩어리로 인식되기도 한다.

애월항이 담당하는 주요한 기능 중 하나인 골재(모래) 반입과 저장, 유통은 다른 인프라의 건설과 폐허화로 이어졌다. 기본적으로 모래의 이동은 국토교통부의 골재수급계획에 의거해서 이루어진다. 국내 건설투자 전망치, 주택 공급 호수, 레미콘 출하량 등 수요와 공급 추세를 계산하여 산정하며, 각 지역의 수요는 자체 공급 원칙이지만, 부족분은 인근 지역 반출입을 통해 권역별 수급 안정을 도모한다. 제주는 지형적이고 법률적인 이유로 골재 채취가 어렵기에 대부분 신고 골재로 육지와 해양 채취 모래를 반입하여 사용한다. 크게 보면, 1980년대 이후 제주의 관광화, 2000년대 이후 국제자유도시 개발에 따른 대규모 토건사업, 2010년대 제주 건설 경기 호황으로 인한 모래와 시멘트 등 골재 수요 급증 등이 애월항을 통한 골재 반입량의 급증을 이끌었다. KOSIS 국가통계포털 건축물 통계에 따르면, 2023년 기준 제주 지역 건축물은 18만 6천여 동으로, 2010년의 14만 6천여 동 대비 30퍼센트 상승하였다. 이 중 상업용 건축물이 2010년 1만 7,886동에서 2023년 3만 2,688동으로 약 2배 가까이 증가하여 1인당 상업용 건축물 면적이 전국 최고로 나타났다.

애월항에 들어온 모래는 항만 야적장에 쌓이고, 이를 건설자재 회사나 레미콘 회사가 트럭에 실어 제주 곳곳으로 운반한다. 애월항은 접안시설, 물양장, 북방파제, 동방파제, 남방파제, 호안, 야적장 등의 구조로 이루어져 있으며, 야적장에는 먼 바다와 육지부에서 온 건설용 모래와 시멘트가 쌓여 있다. 운반된 모래는 각종 건설 현장, 골프장, 모래사장 등에 사용된다. 이로 인해 애월 인근에 골재처리장과 레미콘 회사가 밀집하게 되고 도로가 확장되었다. 애월항 인근에는 애월초등학교, 애월중학교, 애월고등학교가 매우 가깝게 위치하고 있으며, 이 때문에 주민들은 항만을 드나드는 트럭들로 인한 안전 문제로 만성적인 불안감에 시달린다. 더군다나 초등학교와 중학교는 LNG 저장고에서 직선상 1킬로미터도 안 되는 거리에 위치하고 있다. 1990년대 이후 항구에 지속적으로 모래가 쌓이다 보니, 인근 주민들은 만성화된 모래 날림(비산 현상)으로 고통을 호소해 왔다.

모래의 비산 현상은 애월항 LNG 기지가 표방하는 발전적이고 청정한 미래상에 대립하는 또 다른 시간성, 즉 삭막한 고통과 불안의 시간성을 만들어 낸다. 이것이 애월항 인프라가 모래를 통해 일으키는 폐허화의 첫 번째 모습이다. 애월항 전면 재구조화 과정 동안 인근의 양식장과 음식점들은 폐업을 하였고, 빈터와 빈 건물의 형태로 남아 있다. 이 폐허경관은 주민들뿐만 아니라 애월항을 찾는 방문객들에게 애월항에 대한 '나쁜' 이미지를 심어 주고, 시급히 관리해야 할 필요성으로 이어진다. 모래 하역으로 인한 소음과 비산 모래로 인한 인근 주민들의 고통은 20년이 넘는 오랜 시간 동안 지속되었고, 2010년대 중반 제주 건설 경기 호황으로 모래와 시멘트 물동량이 늘어나면서 비산 현상 증가에 대한 주민들의 적극적인 민원이 있었다. 이는 '숙원 사업'이라는 형태로 방진방음벽이라는 또 다른 인프라 건설을 불러왔다. 애월항 인프라에서 모래의 모빌리티는 활성화되어야 할 이동(제주 개발을 위한 공사장으로의 원활한 이동)과 통제되어야 할 이동(모래가 바닷바람과 만나 행위성을 발휘하는 현상)으로 나누어 관리될 필요를 낳으며, 이는 새로운 인프라 건설을 추동한다.

제주시는 모래 비산 현상과 소음으로 인한 인근 주민들과 음식점 등 관광산업 피해를 방지하고자 2차에 걸쳐 방진방음벽 설치를 진행했다. 2009년에 설치한 160미터 규모의 짧은 방진벽은 2018년과 2019년에 걸쳐 진행된 '애월항 모래 비산방지시설 설치공사'를 통해 628미터로 크게 연장되었다. 현재 방진벽은 애월항의 항만 지역과 해안도로를 가르는 거대한 장벽으로 존재한다. 또한 제주시는 이 삭막한 경관을 방문객들의 친수 활동을 위한 공간으로 바꾸기 위해 방진벽 안쪽에 조경 공원을 설치하였다. 이 공간은 잔디를 깎고 쓰레기를 치우는 등의 관리 작업은 이루어지고 있으나, 커다란 운반선과 건설·준설용 선박이 오가고 모래가 쌓이는 항만을 바라보며 이 공원을 이용할 사람은 거의 없기 때문에 건설과 함께 폐허화의 과정을 밟고 있다. 즉, '제도적으로 관리되고 있는 폐허'라는 모순적 형태의 폐허에 대해 생각할 수 있다. '폐허'는 종종 버려진 건축물과 황폐화된 토지와 같은 전형적인 이미지로 상상되지만, 이는 지극히 인간중심주의적인 이미지이다. 반대로 인간에게는 잘 작동하고 있는 인프라이지만 비인간 존재들에게는 위협이 되는 것이 있을 수 있다. 인간중심성에서 벗어나서 폐허를 정의할 수 있다면, 모래 비산 현상을 막는 방진벽처럼 겉으로는 기능적으로 '문제 없이' 작동하는 인프라라고 할지라도, 동시에 실제로는 하나의 폐허로서 존재하고 있을 수 있다.

애초에 해안경관 조망권을 보장하기 위해 투명한 벽으로 설치된 방진벽은, 바로 이러한 이유로 이곳을 자유롭게 오가던 새들에게 '죽음의 벽'

이 되었다. 2021년 인근 초등학교 학생들은 방진벽 밑에서 대량의 조류 사체를 발견하고, 이를 '네이처링'의 '야생조류 유리창 충돌 조사 미션'으로 보고하였다. 이후에도 이러한 참상에 대한 우려와 슬픔을 공유하는 학생들과 시민들이 조사를 통해 다양한 조류 사체들이 방진벽을 따라 발생하고 있음을 밝히고 관계 당국에 민원을 제기하였다. 애월항의 '죽음의 벽' 이미지는 곧 언론에도 보도되었다. 모래의 비산으로 인한 피해를 방지하고 애월항의 기능을 보완하기 위해 설치한 새로운 인프라가 의도치 않은 대량학살을 일으킨 것이다. 이것은 애월항 인프라가 야기하는 또 다른 폐허화의 모습이다. 이후 제주도청은 조류 충돌 민원이 잇따른 투명 방진벽에 충돌을 방지하기 위한 특수필름을 부착하는 공사를 실시했다. 2023년에는 제주도의회의 '제주도 야생조류 충돌 예방 조례' 제정으로 이어지기도 했다. 이러한 일련의 과정은 다종적 모빌리티가 어떻게 대형 인프라가 제시하는 발전경관에서 벗어나고 그것을 훼방하는 동시에, 또 다른 통제 노력을 불러일으키며 새로운 인프라들의 연쇄로 이어지게끔 하는지 생각해 볼 수 있는 하나의 사례를 제공한다.

도시가스 배관과 양분된 삶의 양식

애월항의 다기능화는 제주의 발전 전략 및 에너지 전략을 통해 긴밀하게 연결되어 있다. 먼저 제주의 에너지 정책은 천연가스를 '청정에너지'의 하나로 정의하고 미래 발전 전략의 기반이 되는 자원으로 제도화하였다. 2010년대 기후변화 담론과 탄소배출 감소 등 국제적 담론에 힘입어, 제주는 2012년에 '2030 탄소 없는 섬Carbon Free Island Jeju by 2030' 계획을 발표했다. 초기 계획에서 제주의 에너지원을 모두 신재생에너지 발전으로 전환하고 모든 자동차를 전기자동차로 대체한다는 목표를 선보였다. 화석연료인 천연가스는 그러한 목표로 나아가는 '가교'로서 이야기된다. 이를 위해 제주도는 기존 화력발전소에 가스발전 설비를 구축하거나, 신규 복합발전소를 건설하기도 하였다. 비록 비판적 여론도 있지만, 제주에서 LNG는 정책적으로 청정한 에너지의 지위를 획득하고 있으며, 이는 기존의 인프라들을 재구조화하는 압력에 놓이게 한다.

애월항으로 들어온 천연가스는 주로 3개 화력복합발전소의 가스발전과 제주 동쪽(제주시)과 남쪽(서귀포시) 일부 다가구 지역의 도시가스로 이용된다. 제주 전역에 가스를 공급하기 위해서는 배관과 가스의 압력을 통제하기 위한 다양한 인프라들이 필요하다. 또한 동쪽과 남쪽으로 뻗어 나가는 관로를 통해 아파트 단지 등 밀집된 거주지역으로 이동하면서 '도시가스'라는 지위도 갖게 된다. 동시에 이러한 지위는 배관을 따라 도시가스를 이용할 수 있는 자와 그렇지 못한 자, 편의를 누리는 지역과 위험을 감수하는 지역을 나누며 불평등과 갈등을 생산하는 정동적 연결망으로 나타나기도 한다. 도시가스가 제주에서 독특한 정동적 사물이 되는 과정은 육지와 다른 에너지 정책, 오랜 기간 지연되었던 중심부 라이프스타일과의 동기화, 그리고 섬 전역이 아닌 선택적 공급이라는 불균질성과 엮여 있다.

애월항에 LNG 기지가 완공되고 기능하기 전까지 제주는 LPG(액화석유가스)나 등유를 가정과 상업시설의 주된 에너지원으로 사용했다. 집집마다 커다란 LPG 용기를 놓고 정기적으로 충전이나 교환을 하는 것은 제주의 일반적인 풍경이었다. 가스기지로부터 연결된 배관을 통해 공급되는 LNG와 달리, LPG는 일정한 용기(가스통)에 담아서 판매되며, 무거운 무게와 안전 문제로 LPG 용기를 충전, 운반 및 연결하는 일은 전문화된 업체들이 담당한다. 하지만 애월항 LNG 기지를 통해 2020년부터 천연가스가 공급되면서 갈등이 나타났다. 먼저 업체들을 중심으로 결성된 'LPG생존권사수비상대책위원회'는 제주도의 '도시가스 편향 지원'에 대응해 생존권에 대한 관심과 지원을 요청하였다. 제주 에너지 시장의 주요 행위자였던 중소 규모의 LPG 충전·판매업(LPG 연료소매업)자들이 LNG 공급과 도시가스 공급 정책에 불만을 가진 것은 당연한 일이었다. 하지만 화력발전에서 석탄 및 중유발전을 줄이고 LNG발전을 늘리는 한편, LNG를 탄소중립과 신재생에너지 전환을 위해 거쳐야 하는 단계로 여기는 국가와 지자체의 정책과 인식은 상황을 역전시킬 수 없게 한다.

한편 LNG는 '도시가스'로서의 지위를 가지며, 이는 제주 주민들이 번거로운 LPG 대신 좀 더 편리하고 저렴하고 안전하다고 여겨지는 LNG에 애착을 갖게 되는 것과 관련되어 있다. 이를 이해하기 위해서는 한국에서 1980년대 후반 LNG 도시가스가 처음 공급되기 시작한 이래 2020년 이전까지 제주를 제외한 육지 지역에서만 도시가스가 일상적인 에너지로 사용되고 있었다는 사실을 주지할 필요가 있다. 한국 사회에서 도시가스가 들어오지 않는다는 것은 '시골'이라는 장소성과 관련되어 이해되며, 지역 주민들은 고비용의 대체 에너지를 사용하며 상대적 박탈감을 느낀다. 제주 주민들에게 도시가스는 TV 드라마에서 보는 서울과 '육지'와 같은 생활 방식을 향유할 수 있다는 것, 그리고 더 저렴한 가격에 에너지를 이용할 수 있다는 것을 의미한다. 이 때문에 도시가스 공급은 오랫동안 제주의 '숙원'으로 표현되어 왔다. 따라서 제주의 도시가스 공급은 도시와 시골, 중심과 주변, 육지와 섬이라는 이분법을 넘어서는 이정표로 이해되기도 했다. 애월항의 LPG 기지를 통해 도시가스가 처음 공급되었던 것을 기점으로 "전국 천연가스 시대"[37]가 이야기되

---

37   채재용, 〈천연가스 보급 33년…전국 천연가스 시대 개막〉, 《이누튜스》, 2019년 11월 28일자. https://www.e2news.com/news/articleView.html?idxno=217080&utm_source=chatgpt.com (접속일 2025년 12월 6일)

기도 하였다.

하지만 현재 도시가스가 공급되는 주된 지역은 다세대(아파트) 단지가 몰려 있는 제주시와 서귀포시 일부 도심 지역이다. LNG 기지가 완공되고 수년이 지났지만, 제주도는 경제성을 이유로 읍·면 지역 공급을 미루고 있다. 제주대에서 진행한 연구용역 결과에 따르면, LNG 도시가스 배관 100미터당 46세대 이상이어야 사업의 수익성이 보장되는데, 읍·면 지역은 14세대 이하여서 경제성이 매우 미흡하다.[38] 이러한 상황은 LNG 기지를 직접 유치한 애월리 주민들과 인근 마을 주민들에게 배신감으로 다가온다. 애초에 기지 유치에 찬성한 이유 중의 하나가 기지 인근 지역에 대한 도시가스의 저렴한 공급이었기 때문이다. 〈그림 5〉는 거대한 LNG 기지를 바로 앞에 둔 음식점에서조차 LPG를 사용하고 있는 모순적인 모습을 상징적으로 보여 준다. 도시가스 이용에 대한 희망이 연기되면서, 한국가스공사는 애월읍 3개 마을 주민들에게 약속된 도시가스 대신 옥상 태양광 패널을 설치해 주었다. 국비와 도비 그리고 자부담 사업으로 진행된 마을의 태양광 패널 설치는 인프라가 연쇄적으로 구축되는 또 다른 예시를 보여 준다.

현재 가장 문제가 되고 있는 것은 도시가스 공급에 따른 혜택과 위험의 불평등한 분배 구조이다. 가스 배관 자체는 매설되어 눈에 보이지 않는 위험경관이지만, 가스의 이동을 통제(압력, 차단, 대기 배출 등)하기 위한 블록밸브(BV), 차단관리소(VS), 정압관리소(GS) 등의 눈에 보이는 또 다른 인프라들도 존재한다. 이에 따라 가스 공급 배관이 통과하는 읍·면 지역 주민들은 곳곳에서 반대의 목소리를 내고 있다. 가스 배관

---

38 김정은, 〈"읍면지역 LNG 공급 차질 예상〉,《제주일보》, 2021년 11월 1일자. https://www.jejunews.com/news/articleView.html?idxno=2186901 (접속일 2024년 11월 21일)

| 그림 5 | LNG 기지(좌측 배경)와 LPG를 사용하는 음식점(우측 전면)

출처: 2024. 4. 13. 연구자 촬영

| 그림 6 | 애월항 인근의 폐양식장 부지

출처: 2024. 4. 13. 연구자 촬영

은 도시계획시설이기에 주민 동의가 필요하지 않지만, 2010년대 전국에서 땅값 상승이 가장 높았던 애월과 다른 제주 지역 주민들은 미관과 위험을 이유로 보상금을 요구하고 민원을 제기하였으며, 이는 배관 설치 공사의 지연으로 이어졌다. 차별적인 도시가스 공급을 위한 인프라 건설이 지역의 또 다른 폐허화로 이어진 것이다. 사실상 도시가스는 제주의 도심 아파트 주민들의 도시적 삶에 대한 기대를 지탱하는 '청정에너지'가 되었지만, 한편으로 위험한 인프라를 제공하기만 하는 주변 지역의 삶을 이루어질지 모르는 희망을 지속적으로 연기시키면서 감내하도록 만들었다. 이런 구분과 불평등이 도시가스 배관을 따라 나타날 때, LNG 기지와 배관은 삶의 양식을 양분하고 감정적 애착과 불안이 생성되는 정동적 인프라가 된다.

계속 연기되는 '마을 목욕탕'과 '더 나은 삶'

애월읍은 도시경관을 갖춘 제주시와 한림읍 사이에 있는 일종의 전이지대로 밭작물이 주된 생산물이며, 이주민이 늘었어도 2023년 기준

65세 인구가 19.2퍼센트를 차지하여 초고령사회 진입을 앞두고 있다. 2010년대 중후반 '이효리 특수'로 인프라가 확충되었지만, 대부분 도로 확장이나 관광객을 위한 시설이었다. 한국의 '평균적'(중산층적) 삶의 모델에서 당연하게 전제되는 보건의료, 문화, 교육 등의 인프라가 불충분하다는 인식은 주민들의 오래된 공통 감각이며, 이러한 상황은 전국 어촌 마을의 공통적인 현상일 것이다.

우리가 일반적으로 '인프라'에 대해 가지는 기대는 더 나은 삶을 지탱하고 보장하는 기반으로서의 기능일 것이다. 이러한 기대는 인프라의 특성이나 스케일에 따라 서로 다른 모습을 보인다. 예컨대 어선을 정박하기 위한 작은 항만은 해당 주민들에게 좀 더 친숙하고 실제 활용할 수 있는 것인 반면, 국가적-지역적 스케일로 작동하는 LNG 기지와 골재 처리시설이 위치한 거대한 항만은 일상적 삶과는 유리된 인프라이다. 그럼에도 애월리 주민들이 자신들의 터전에 거대 인프라가 건설되는 것에 동의한 이유는, 그것을 통해 마을이 발전하고 더 나은 삶을 영위할 수 있을 것이라는 미래에 대한 희망적인 투사가 있었기 때문이다.

'더 나은 삶'에 대한 기대에는 마을 일자리 증가와 경제적 성장이라는 추상적인 차원도 있었지만, 보다 실질적으로 와닿는 것에 대한 기대도 있었다. 그것은 '마을 목욕탕'을 건립하는 일이었다. 애월리에 있던 단 하나의 대중목욕탕이 2000년대 후반 사라진 이후, 주민들은 목욕탕을 이용하려면 제주시와의 경계 지대나 한림읍으로 이동해야 하며, 자차를 이용할 수 없는 고령자들은 사실상 대중목욕탕 이용이 불가하다. 따라서 애월항의 LNG 기지와 확장 공사 추진 과정에서 주민들의 가장 큰 요구 사항 중 하나는 '마을 목욕탕 건립'이었다. 당시 상황에 대한 인터뷰를 통해 애월리의 LNG 기지 인수 추진 당시 지역 엘리트가 제시한 목욕탕 건설에 많은 고령자 주민들이 기대를 했으며, 오히려 목욕탕 건설이 LNG 기지화 사업 추진에 동의하는 이유가 되었음을 알 수 있다.[39] 그렇기 때문에 LNG 기지 유치를 진행하던 당시부터 현재까지 마을 주민들은 한결같이 '마을 목욕탕'을 건설해 줄 것을 지역 정치인과 제주도 및 가스공사 측에 요구해 왔다. 농업과 어업 등 1차산업에 종사하는 노년층이 많은 애월리 주민들에게 피부로 더 와 닿았던 것은 저렴한 가격에 몸을 풀고 사람들과 교류도 할 수 있는 마을 목욕탕 건립 약속이었던 것이다. 이러한 지역에서 주민들이 편리하게 이용할 수 있는 대중목욕탕은 단순히 '씻는다'라는 것 이상의 남다른 의미를 갖는다.

하지만 공사가 시작되고 약 10여 년이 넘는 기간 동안 비용과 책임 등의 문제로 목욕탕 건립은 이루어지지 않았다. 지역 발전계획을 둘러싸고 이루어진 각종 공청회나 설명회, 정치인들의 방문에서 최근까지도 주민들은 끊임없이 마을 목욕탕 건립을 요청하였다. 그러던 중 애월의 목욕탕 건립은 국가의 또 다른 인프라 정책과 연루되면서 급물살을 타게 되었다. 정부는 2019년부터 관계부처와 합동으로 지역의 '생활SOC 3개년계획(2020~2022년)'을 수립하였는데, 이는 기초 인프라와 문화·체육·보건·의료·복지·공원 시설 등의 생활 편익 증진시설을 복합화하는 거대 인프라를 각 지자체 주도로 건설하고 중앙정부가 자금을 지원하는 방식의 인프라 사업이었다. 애월읍은 문화체육관광부의 2020년 생활SOC복합화지원 공모사업에 선정되어, 결국 국비 지원을 통해 2023년에야 마을 목욕탕 건립이 시작되었다. 하지만 이는 주민들이 상상하던 작은 마을 목욕탕이 아니라, 인프라의 다기능·복합화라는 시대적 흐름에 맞추어 100대 규모의 주차장, 수영장과 헬스장, 생활문화센터와

---

39 강승호·장윤영·강솔이, 〈LNG 기지 입지선정 과정에서 지역 주민의 의사결정 과정〉, 제33회 제주대 백록학술상 가작논문, 2014.

돌봄센터 등이 갖춰진 지하 1층, 지상 4층의 거대 시설이기에 완공까지 몇 년이 소요될 예정이다.

마을 목욕탕은 지역 주민들이 거대한 국가적 인프라와 맺는 정동적이고 모순적인 관계를 이해할 수 있는 예시가 된다. 애월항의 전면적 개조와 거대 인프라 건설의 이면에는 농어촌 지역사회의 상대적 박탈감과 위기의식, 그리고 마을 발전에 대한 희망이 작동하고 있다. 이 역사적 정동은 지역 주민들이 박탈감을 해소할 수 있는 기회로서 국가적 인프라 사업을 유치하려는 노력들로 이어지곤 한다. 그러나 농어촌 주민들의 미래에 대한 투사는 계획서의 전문적인 용어들에 동일시하기보다는, 반대급부로서 '보통의 삶', '좋은 삶'에 다가가게 해 줄 수 있는 훨씬 가깝고 유용하며 친숙한 인프라 구축을 향하게 된다. 그 결과, 애월항의 거대 인프라는 애월 주민들에게 물리적으로는 매우 가까운 사물이지만 실제로는 아주 멀리 떨어진 복잡한 추상적 산물인 데 반해, 마을 목욕탕은 실제로 매우 가까운 삶의 인프라이지만 15년 이상 연기되어 온 상상의 인프라가 되었다. 주민들은 대중 미디어가 제시하는 평범한 삶에 다가서고자 삶의 터전에 위험한 사물들이 들어오는 것을 용인하지만, 그들이 바라던 삶은 폐허화를 낳으며 끊임없이 연기된다. 이러한 애착에 대한 비판적 연구들이 보여 주듯이, 평범한 삶에 대한 추구는 사실상 그것이 불가능한 이 시대에 애착이 가능한 유일한 환상물로서 대상을 만들어 내는 정동경제로 작동한다.[40] 이는 사람들이 이 환상을 이루어 줄 거대 인프라의 연쇄와 폐허화를 견디게 한다.

마을 목욕탕은 애월리와 인근 마을에 사는 고령의 주민들에게 가장 직

---

40 사라 아메드, 《감정의 문화정치: 감정은 세계를 바꿀 수 있을까》, 시우 옮김, 오월의봄, 2023; 로런 벌랜트, 《잔인한 낙관》, 박미선 · 윤조원 옮김, 후마니타스, 2014.

접적이고 핵심적인 삶의 인프라가 될 수 있었지만, 가장 늦은 시간으로 연기되면서 현재의 상황을 감내하게끔 하는 애증의 대상이 되고 말았다. 애초에 LNG 기지를 애월항으로 인수하면서 고령의 주민들을 설득했던 가장 큰 인센티브가 마을 목욕탕 건립이었다는 점을 생각하면, 마을 목욕탕과 LNG 기지라는 불균등하고 불평등한 교환의 권력관계가 어떻게 기능했는지를 풀어야만 현재 농어촌 지역에서 일어나고 있는 대형 인프라 건설의 사회적 과정들에 대한 이해에 근접할 수 있을 것이다.

삶을 지탱하는 인프라를 위하여

여러 변화들을 거쳐 왔음에도, 현재 애월항은 골재나 천연가스 반입항이 아닌 현대적인 '복합여객항'으로의 변신을 다시 요청받고 있다. 앞에서 분석한 사례들을 통해 작은 어촌 마을에 만들어지는 인프라들의 연쇄작용에 대해 다음과 같이 이야기해 볼 수 있을 것이다. 첫 번째, 현대사회에서 인프라는 결코 완공(완성)될 수 없는, 끊임없이 연기(지연)되는 것으로서 이해할 수 있다. 오히려 인프라는 완공된 무엇으로 보기보다는, 그것에 기대되는 기능을 온전히 발휘하는 완공이 끊임없이 연기되는 과정 속에서 지속적으로 관리되고 접합되는 과정으로 보아야한다. 동시에 이 연기는 '폐허화'의 과정을 수반한다. 특정한 종류의 모빌리티를 촉진시키고 다른 모빌리티를 통제하려는 시도 자체가 기존의 물질적 순환과 생태계, 그리고 삶에 대한 파괴로 이어지기 때문이다. 이는 거대 인프라의 혜택을 보는 지역과 그 리스크를 감내해야 하는 지역의 불평등한 관계에 기반하는 것이기도 하다.

두 번째로, 인프라에 얽힌 다중의 행위자들과 정동적 관계들은 또 다른 인프라들을 낳는 효과로 이어지며, 이러한 관점 없이는 인프라에 대한 정치경제학적 분석이 불충분할 수 있다. 어촌 마을의 거대 인프라가 다른 인프라들의 연쇄를 일으키는 과정을 이해하기 위해서는 여기에 얽힌 다종적 존재들과 정동들을 파악해야 한다. 인프라의 작동에는 상품, 인간, 정보의 순환뿐만 아니라 의도하지 않은 다양한 생물과 사물들이 관련되어 있다. 인프라에 부착되는 정동의 흐름은 삶의 공간을 위험 경관으로 만들고 폐허화를 야기하는 거대 인프라들을 용인하면서도 동시에 그것과 불화하고 다른 인프라들을 계속적으로 생겨나게 하는 중요한 과정으로 주목할 필요가 있다.

세 번째로, 인프라의 작동은 관련된 사물들을 특정한 방식으로 재배치하는 여러 구분선들의 작동과 함께하는데, 이는 물질화와 주체화 과정을 의미한다. '물질'과 '주체'라는 단어를 각각 비인간과 인간에 대응하는 것으로 의미화시킬 필요는 없다. 어떠한 관계나 얽힘이 특정한 형태로 물질화되는 것과 그 관계 속에서 무엇인가가 주체화되는 것은 동시적인 현상이다. 즉, 모래나 가스와 같은 명칭은 그 자체로 어떤 사물의 본질적인 형태나 주체성을 부여하지 않지만, 특정한 관계 속에서 '청정자원'(인프라 내부에서 '정상적으로' 순환되는 모래와 가스)이 되거나 '위험물질'(인프라 밖에 벗어난 비산 모래와 누출 가스)이 되는 것이며, 구체적 형태로 물질화됨과 동시에 다른 인간과 비인간들에게 영향을 주고 다른 반응과 정동을 이끌어 내는 주체가 된다. 마찬가지로 애월 주민들은 단지 '인간'으로 존재하는 것이 아니다. 주민들은 인프라와 맺는 관계에 따라 제주에 필요한 거대 가스시설 도입에 찬성하는 모범적이고 선진적인 제주도민이 되기도 하고, 도시가스와 목욕탕 같은 일상적 인프라에서 배제되는 경험을 겪고 도의 정책에 반대하고 무언가를 요구하는 성가신 존재가 되기도 한다. 또한 주민들은 비인간 행위자들과 맺는 관계에 따라 조류 사체를 기록하고 제도적·물리적 변화를 이끌어 내는 참여관찰자가 되기도 하며, 어류의 폐사와 어업의 어려움을 토로하며 문제 제기를 하는 시민이 되기도 한다. 그런가 하면 도시가스는 배관을 따라 도시적 삶의 양식과 그렇지 못한 삶의 양식의 구분을 만들어 내기도 한다.

이 연구는 인프라 구축과 관련하여 다음과 같은 정책적 함의를 갖는다. ① 주민들과 지역 생태의 삶/생명을 진정으로 위하는 인프라가 무엇인지를 고민해야 한다는 점, ② 인프라 건설이 중심과 주변에 미치는 불평등한 영향을 고려해야 한다는 점, ③ 인프라는 건설의 시작과 동시에 지역을 폐허화할 수 있으며, 여기에는 인간과 비인간의 다종적인 관계들이 얽혀 있음을 고려해야 한다는 점이다. 특히 제주 지역은 그간 국가의 여러 정책적 테스트 베드로 이용되어 왔고, 투자와 관광객 유치를 위한 인프라가 많이 구축되어 왔다는 점에서 더욱 비판적 인프라 연구의 관점이 요구된다. 마지막으로 이 연구에서 '인프라의 연쇄' 개념을 다음과 같이 정의해 볼 수 있을 것이다. 즉, 인프라가 약속하는 더 좋은 삶이라는 미래는 그것과 얽혀 있는 다종적이고 정동적 관계들에 의해 연기될 수밖에 없으며, 그 연기를 관리하기 위한 다른 인프라들을 불러오지만 이는 애초의 이상을 마모시키는 폐허화의 과정으로 연결되기도 한다는 것이다. 이는 우리 시대 연안에서 공통적으로 빈번히 일어나고 있는 정치경제적 현상 중의 하나로 볼 수 있다.

참고문헌

https://www.molit.go.kr/USR/NEWS/m_71/dtl.jsp?lcmspage=1&id=95087983 (접속일 2024년 10월 8일)

강승호·장윤영·강솔이, 〈LNG 기지 입지선정 과정에서 지역 주민의 의사결정 과정〉, 제33회 제주대 백록학술상 가작논문, 2014.

국토교통부, 〈전국 건축물 총 7,354,340동…연면적 41억 3천만㎡〉, 국토교통부 보도자료, 2023년 3월 2일자.

국토해양부, 〈제3차 전국 항만기본계획(2011-2020)〉, 2011.

김상애, 〈변화하는 제주도 개발 담론과 마을 주민 성원권의 젠더정치〉, 《여성학논집》, 40-1, 2023.

김수철·이희은·김영욱·정은혜·고민경·백일순·파라 셰이크·이병하·이용균, 《모빌리티 인프라스트럭처와 생활세계》, 도서출판 앨피, 2020.

김정은, 〈읍면지역 LNG 공급 차질 예상〉, 《제주일보》, 2021년 11월 1일자. https://www.jejunews.com/news/articleView.html?idxno=2186901 (접속일 2024년 11월 21일)

닐 스미스, 《불균등발전: 자연, 자본, 공간의 생산》, 최병두·이영아·최영래·최영진·황성원 옮김, 한울, 2017.

데보라 코웬, 《로지스틱스: 전지구적 물류의 치명적 폭력과 죽음의 삶》, 권범철 옮김, 갈무리, 2017.

로런 벌랜트, 《잔인한 낙관》, 박미선·윤조원 옮김, 후마니타스, 2014.

리처드 화이트, 《자연 기계: 인간과 자연, 환경과 과학기술에 대한 거대한 질문》, 이두갑·김주희 옮김, 이음, 2018.

미미 셸러, 《모빌리티 정의》, 최영석 옮김, 앨피, 2019.

박배균, 〈한국 토건국가 출현의 배경: 정치적 영역화가 토건지향성에 미친 영향에 대한 시론적 연구〉, 《공간과사회》 31, 2009.

사라 아메드, 《감정의 문화정치: 감정은 세계를 바꿀 수 있을까》, 시우 옮김, 오월의 봄, 2023.

앙리 르페브르, 《공간의 생산》, 양영란 옮김, 에코리브르, 2011.

윤여일, 〈생태 보전을 위한 지역의 자발적 시민활동은 어떻게 진화하는가: '비자림로를 지키기 위해 뭐라도 하려는 시민모임'을 중심으로〉, 《ECO》 24-1, 2020.

이승욱·조성찬·박배균, 〈제주국제자유도시, 신자유주의 예외공간, 그리고 개발자치도〉, 《한국지역지리학회지》 23-2, 2017.

이재섭, 〈병문천 복개 과정을 통해 본 탑동 매립 반대 운동 이후 30년〉, 《탐라문화》 61, 2019.

임연경, 〈기술-사회-자연 네트워크: 20세기 후반 한국 해저케이블을 중심으로〉, 《커뮤니케이션 이론》 19-2, 2023.

장훈교, 〈제주 탑동 공유수면 매립 반대 운동: 유산의 재구성과 또 다른 상속의 방법〉, 《탐라문화》 60, 2019.

정영신, 〈제주 해군기지를 둘러싼 투쟁과 강정마을공동체의 변동〉, 《탐라문화》 58, 2018.

진종헌, 〈제주를 보는 근대적 시선의 형성-'낙원제주' 담론에 대한 비판적 고찰-〉, 《문화역사지리》 35-1, 2023.

최현·이정원, 〈이명박 정부와 제주 해군기지〉, 《민주사회와 정책연구》 22, 2012.

한경애·백일순·정진영, 〈가치는 어떻게 실천되는가: 광교 신도시의 주거가치를 둘러싼 정동경제〉, 《공간과사회》 33-4, 2023.

한국가스공사, 〈보도자료: 가스공사, 제주 애월 밤하늘 밝힐 빛의 정원 조성: 제주 LNG 기지 경관조명 설치, 청정 애월의 랜드마크로 거듭난다〉, 《한국가스공사 홈페이지 뉴스룸》, 2020. https://www.kogas.or.kr/site/koGas/bbs/View.do?cbIdx=41&boardIdx=39110&Key=1010202000000&searchValue=&searchKey=&pageOffset=0&pageIndex=1 (접속일 2024년 10월 8일)

해양수산부, 〈제4차(2021~2030) 전국 연안항 기본계획 보고서: 애월항〉, 2021.

해양수산부, 〈제4차(2021~2030) 전국 항만기본계획〉, 2020.

Akhil, Gupta, "2. The Future in Ruin: Thoughts on the Temporality of Infrastructure," *The Promise of Infrastructure*, Anand Nikhil, Gupta Akhil and Appel Hannah eds., Durham, NC: Duke University Press, 2018, pp. 62-79.

Carse, Ashley, "Nature as infrastructure: Making and managing the Panama Canal watershed," *Social Studies of Science* 42-4, 2012, pp. 539-563.

Casper B., Jensen and Atsuro Morita, "Introduction: Infrastructures as Ontological

Experiments," *ETHNOS* 82-4, 2017, pp. 615-626.

Dalakoglou, Dimitris, "The road: an ethnography of the Albanian-Greek cross-border motorway," *American Ethnologist* 37, 2010, pp. 1132-1149.

Ellis, Ryan, *Letters, Power Lines, and Other Dangerous Things: The Politics of Infrastructure Security*, Cambridge, MA: The MIT Press, 2020.

Graham, Steve and Simon Marvin, *Telecommunications and the City: Electronic Spaces, Urban Places*, London: Routledge, 1996.

Larkin, Brian, "The Politics and Poetics of Infrastructure," *The Annual Review of Anthropology* 42, 2013, pp. 327-343.

Larkin, Brian, *Signal and Noise [Electronic version]*, Durham, NC: Duke University Press, 2008.

Lawhon, Mary, Alexander Follmann, Boris Braun, Natasha Cornea, Clemens Greiner, Prince Guma, Timos Karpouzoglou, Javier Revilla Diez, Seth Schindler, Sophie Schramm, Franziska Sielker, Gideon Tups, Sumit Vij and Peter Dannenberg, "Making heterogeneous infrastructure futures in and beyond the global south," *Futures* 154, 2023, pp. 103-270.

Leese, Matthias and Stef Wittendorp, *Security/Mobility: Politics of movement*, Manchester: Manchester University Press, 2017.

Mbembe, Achille, *On the Postcolony*, Berkeley, CA: University of California Press, 2001.

Mold, Andrew, "Will it all end in tears? Infrastructure spending and African development in historical perspective," *Journal of International Development* 24-2, 2012, pp. 237-254.

Morita, Atsuro "Multispecies Infrastructure: Infrastructural Inversion and Involutionary Entanglements in the Chao Phraya Delta, Thailand," *ETHNOS* 82-4, 2017, pp. 738-757.

Nikhil, Anand, Gupta Akhil and Appel Hannah eds., *The Promise of Infrastructure*, Durham, NC: Duke University Press, 2018.

Sodikoff, Genese M, "6. The multispecies infrastructure of zoonosis", *The Anthropology of Epidemics*, Ann H. Kelly, Frédéric Keck, and Christos Lynteris (eds), London, UK: Routledge, 2019.

Stoetzer, Bettina, *Ruderal City: Ecologies of Migration, Race, and Urban Nature in Berlin.*, Durham, NC: Duke University Press, 2022.

Wilson, Ara, "The Infrastructure of Intimacy," *Signs* 41-2, 2016, pp. 247-280.

판단 유보의 미학, 그리고 방법으로서의 형식 분석

: 《라스베이거스의 교훈》의 독해를 통한 도시 이미지에 대한 사유

| 백승한 |

이 글은 《미학예술학연구》 제72집(2024. 6.)에 게재된 필자의 원고 〈판단 유보의 미학, 그리고 방법으로서의 형식 분석〉을 수정 및 보완하여 재수록한 것이다.

도시 이미지와 어떻게 관계 맺을 것인가?
태도와 방법론에 대한 질문

이 글에서 나는 도시 일상을 표류하는 각종 이미지 그리고 이를 마주하는 행위주체인 '나'와의 관계를 맺기 위한 관점을 살펴보고자 한다. 이를 살펴보는 차원에서 '판단 유보의 미학the aesthetics of suspended judgment' 그리고 '방법으로서의 형식 분석formal analysis as a method'이라는 두 가지 개념을 연결시키고자 한다.[1] 전자는 도시를 선입견 없이 마주하려는 열린 태도를, 후자는 그러한 태도에 따라 마주하는 도시 이미지를 분석하는 방법론을 뜻한다.[2] 열린 태도만으로 도시 이미지를 체계적으로 분석하기는 어려울 것이다. 마찬가지로 방법론만 가지고서는 도시

---

1 미술사학자 아론 비니거Aron Vinegar에 따르면, '판단 유보'에 대응하는 영단어는 크게 'suspended judgment', 그리고 'delays in judgment' 두 가지이다. 그는 전자의 경우 마셜 매클루언Marshall McLuhan의 1967년 저서(*The Medium is the Massage: An Inventory of Effects*)에 의해 처음 공론화되었음에 주목한다. 한편 비니거는 마이클 골렉Michael J. Golec과 공동 편집한 책 서문에서, 건축 모더니즘의 단조로움을 비평하고 그에 대한 수용을 늦추거나 거부한다는 맥락에서 후자(delays in judgment)를 사용함을 밝힌다. Aron Vinegar, *I am a Monument: On Learning from Las Vegas*, Cambridge: The MIT Press, 2008, p. 226; Aron Vinegar & Michael J. Golec, "Introduction: Instruction as Provocation," *Relearning from Las Vegas*, Minneapolis: The University of Minnesota Press, 2009, p. 4.

2 판단 유보는 판단의 영구적인 유예나 보류를 뜻하지는 않는다. 대신 마주하는 현상을 이미 알고 있는 지식 체계에 따라 판단하는 대신, 후험적인 관계 맺기를 통해 그 구체성과 변화하는 속성에 주목하는 태도와도 같다. 관련해서 칸트의 무관심disinterestedness, 후설의 판단 중지epoché, 내담자와 얼굴을 마주하지 않은 채 그에 대한 특징을 파악하려는 프로이트의 상담심리 기법, 그리고 롤랑 바르트의 중립the neutral 개념 등을 상기해 볼 수 있다. 아울러 벤투리Robert Venturi의 오랜 협업자이자 부인이기도 한 데니스 스콧 브라운Denise Scott Brown 역시 그의 책에서 해당 개념을 언급하고 있다. 2009년의 글에서 스콧 브라운은 "판단을 피하는 태도non-judgmental attitude"는 20세기의 가장 위대한 발견이라고 말한 바 있다. Denise Scott Brown, "On Pop Art, Permissiveness, and Planning," *Having Words*, London: Architectural Association, 2009, p. 55.

이미지를 둘러싼 복잡성을 이해하고 그와 관계 맺기 역시 쉽지 않다. 그런 점에서 이 글은 태도와 방법론을 모두 아우른다. 하지만 여기서 말하는 방법론은 분과학문으로서의 도시연구urban studies에서 수행하는 분석적인 종류와는 다르다. 나는 통계 수치를 포함한 각종 도시 데이터를 사용하는 대신, 건축학과 미술사학 그리고 시각문화 연구의 전통을 따르고자 한다. 그런 점에서 드로잉이나 그림, 또는 사진 등 시각자료를 중요한 분석 대상으로 삼는다. '이미지'란 넓게는 이와 같은 시각자료를 포괄하는 용어라고 할 수 있다.

이미지는 수치 기반의 데이터와는 다르다. 명확한 근거로 삼기에는 불충분하고, 오류를 낳거나 소통 불가능한 추상적인 매체로 남을 수 있다. 하지만, 인문학이나 예술학의 맥락에서 이미지는 다양한 행위주체나 현상 등이 복합적으로 뒤얽힌 실타래와도 같다. 한 장의 사진이나 그림은 만드는 이의 숙고와 노력이 깊숙이 반영된 작업물이다. 설령 그렇지 않더라도 최근 회자되는 인공지능 이미지의 경우, 인간이 아닌 여러 행위자들이 개입되어 그 의미나 선후 관계를 모호하게 하기도 한다. 이미지에는 질적으로나 양적으로 명확하지 않은 측면이 있다. 이는 이미지를 실증적인 연구 대상으로 삼기 어렵게 한다는 점에서 한계일 수 있다. 하지만 나는 이를 오히려 다른 읽기와 관계 맺기를 가능하게 해 주는 매체로 보고자 한다. 이미지에는 다양한 현상과 행위, 감각과 생각, 그리고 분위기가 접혀 있기 때문이다. 하지만 이를 독해할 수 있는 명확한 방법론은 없다. 이미지는 근본적으로 모호하기 때문에, 인과관계, 지시 관계, 그리고 표상 체계로부터 모두 이탈한다. 롤랑 바르트Roland Barthes의 용어를 확장해 보자면, 이미지는 우리가 살고 있는 세계를 납작하게 만들면서 미학적인 '영도degree zero'의 상태를 수립한다고 볼 수 있다.

이미지만으로는 세계의 다차원적 층위를 충분히 엿볼 수는 없지만,

| 그림 1 | 김수근, 〈아르코미술관〉, 1979년

출처: 한국문화예술위원회 아르코미술관 소개 페이지. https://www.arko.or.kr/artcenter/content/515 (2025년 10월 14일 접속)

대신 그 속에 숨어 있는 미묘한 단서들을 펼칠 수 있는 기회가 된다. 그 한 가지 사례로서, 나는 서울 대학로에 위치한 김수근 건축가의 1979년 작품 〈아르코미술관〉에 주목하고자 한다(그림 1). 하지만 건축물 자체보다는 그 벽면에 오래전 부착되었던 버려진 현수막들, 구체적으로는 최정화 작가의 2006년 설치작업 〈아무나 아무거나 아무렇게나〉를 분석하려 한다(그림 2). 그러나 이 분석은 그의 작품 세계에 대한 전면적인 탐구와는 다르다. 김수근과 최정화의 작업을 '가로지르면서cutting across', 나는 그들의 작업이 촉발하였거나 매개하는 이미지의 세계에 주목한다. 각각 건축과 미술에서 활동했거나 활동 중인 이들은 도시라는 현상 그리고 분과학문으로서 도시연구에 대하여 어떤 명확한 발언을 하지는 않았다. 하지만 나는 이들의 작업이 도시를 새로운 방식으로 생각하고 말하게 해 준다고 생각한다. 다르게 말해, 나는 이들의 작업이 일상생활 속 도시 경험이 촉발하는 '미적 판단aesthetic judgment'에 대해 생각해 볼

| 그림 2 | 최정화, 〈아무나 아무거나 아무렇게나〉, 2006년

출처: 최정화의 공식 웹페이지: *choijeonghwa.com*, 2025년 10월 현재 계정 만료로 인해 접속 불가

수 있는 좋은 기회라고 생각한다.

뒤따르는 글에서는 이를 단계적으로 살펴보고자 한다. 건축 포스트모더니즘의 대표 저서 《라스베이거스의 교훈》을 소개한 후 이를 '판단 유보의 미학'이라는 관점에서 논의하고, 이어서 판단 유보의 미학이 어떻게 형식 분석으로 확장할 수 있을지를 살펴보는 차원에서, 최정화의 전술한 설치작품을 분석하고 해석한다. 이는 해당 작품의 형식 분석 자체에 머무르지 않으면서, 그의 작업에서 등장하는 버려진 현수막이 매개하는 한국 도시 상업경관 또는 그 시각문화 세계의 열린 의미를 생각해 볼 수 있는 기회가 된다.

《라스베이거스의 교훈》의 건축학적 맥락과 주요 내용

1972년 초판 발행된 《라스베이거스의 교훈》은 세 사람의 건축가 로 버트 벤투리Robert Venturi, 데니스 스콧 브라운Denise Scott Brown, 그리고 스티븐 아이즈너Steven Izenour가 함께 쓴 책이다(이하 《라스베이거스》). 1972년에 처음 출간되었으며, 5년이 지난 1977년에 다시 발행되었다. 건축에서의 포스트모더니즘 그리고 '팝pop'에 대한 담론을 형성하는 데 있어서 주요한 역할을 하였으며, '~로부터의 교훈'이라는 유행을 불러 일으키기도 하였다.[3] 그리고 소비문화로 점철된 1960년대와 1970년대 당시 도시 풍경을 유머러스하게 풀어내면서, 20세기 초반의 선언적이 고 영웅적인 모더니즘 건축의 아우라에서 벗어나려 하였다.

책의 제목은 세 사람이 1968년에 진행한 예일대학교 건축 스튜디오 (설계 수업)에서 출발하였다. 3명의 교수와 함께, 9명의 건축학 전공, 2 명의 도시계획 전공, 그리고 2명의 그래픽 디자인 대학원 학생들로 구 성된 당시 스튜디오의 제목은 '라스베이거스의 교훈, 또는 디자인 리서 치로서의 형식 분석Learning from Las Vegas, or Form Analysis as Design Research' 이었다.[4] 이들은 라스베이거스라는 도박도시의 경관과 건축적 특징, 그리고 경험의 방식들을 조사하면서 다른 건축의 가능성을 전망하였 다. 라스베이거스 가로의 과장되고 키치적인 표현은 사실 격렬한 비판

---

3 데이비드 하비 역시 《라스베이거스》를 포스트모더니즘이 도래하게 된 중요한 요인임을 지 적한다. David Harvey, *The Condition of Postmodernity: An Enquiry into the Origins of Cultural Change*, Oxford, UK, Blackwell Publishers, 1990, pp. 39–40.

4 Robert Venturi, Denise Scott Brown and Steven Izenour, *Learning from Las Vegas: The Forgotten Symbolism of Architectural Form*, Cambridge: MIT Press, 1977, p. xi.

의 대상이었다. 하지만, 이들에게 라스베이거스 건축은 장식 없는 박스와도 같은 '단조로운boring' 건축 모더니즘의 잔재인 국제주의 양식 International Style을 극복할 수 있는 새로운 형식적 가능성이었다.

한편 1968년 스튜디오 제목에 등장하는 '형식form'이란 단어 선택은 사소하지 않다. 왜냐하면, 이들은 책 전반에 걸쳐 도박도시 라스베이거스를 둘러싼 사회적 이슈 대신 철저하게 그것이 시각적으로 작동하는 방식에 주목하였기 때문이다. 책의 서두에서 도박 행위의 "도덕성morality"에 대한 가치 판단 대신 그 "방법method"에 주목한다고 설명하는 것처럼, 이들은 라스베이거스라는 도시를 복합적인 현상phenomenon으로 인식하고 또한 모더니즘 건축을 극복하기 위한 의제로 삼는다.[5] 하지만 초판 발행 시점으로부터 50여 년이 지난 지금, 《라스베이거스》는 역사적 문헌으로 언급되는 정도이다. 이는 한편으로 당연하다. 하지만, 미술사학자 아론 비니거Aron Vinegar가 지적하는 것처럼, 건축학 내에서 고전적인 텍스트의 재해석이나 메타비평이 활발히 이루어지고 있지 않다는 반증이기도 하다.[6] 비니거의 지적에 깊이 공감하면서, 본 글은 오늘날의 도시 풍경 내지 도시의 이미지를 탐구하는 맥락에서 이들의 책에 대한 메타비평을 한국이라는 시공으로 이동시킨다. '지평horizon'은 모든 경험 안에 잠재되어 있으며 또한 미완의 상태에 있다는 자크 데리다Jacques

---

5 Robert Venturi, Denise Scott Brown and Steven Izenour, *Learning from Las Vegas*, p. 6.

6 비니거는 그의 책의 서론에서 건축학 내 비평문화의 취약함을 지적한다. 아울러 필자가 생각하는 관련 이유 중 하나로는, 건축학계의 비평문화가 다른 독해의 가능성을 충분히 탐구하지 못했기 때문이다. 건축학에 있어서 1960년대는 기호학, 포스트모더니즘, 팝, 일상생활, 반-문화counter culture, 그리고 환경적 아방가르드 등에 대한 논의와 실천이 활발히 이루어지던 시기이다. 마르크스주의의 영향 아래 20세기 초반의 건축 모더니즘에 대한 비판과 확장을 시도하였으며, 전쟁 이후 자본화되어가는 현실에 대한 문제의식을 다양한 이론과 실천의 형식들로 제기하였다. Aron Vinegar, *I am a Monument*, p. 11.

Derrida의 말처럼, 메타비평은 그 참조 대상에 연루되어 있는 권위에 압도되지 않고 새로움을 촉발할 수 있는 이론적 기반을 마련해 주며, 이는 데리다가 주목한 문학과 예술뿐만 아니라 건축과 도시에 역시 비슷하게 적용될 수 있다.[7]

하지만 지평에 대한 탐구가 반드시 추상적인 지점에서 시작하고 끝나야 하는 것은 아니다. 마치 지평선과도 같이 지평은 구체적인 경험에서 비롯할 수 있으며, 이에 대한 분석 역시 구체적일 수 있다. 이러한 맥락에서 형식 분석은 구체적인 한 가지 분석 방법이 될 수 있다. 그리고 여기서 말하는 분석 방법론은 객관적이기보다는 오히려 주관적이다. 하지만 형식 분석은 어느 정도 객관과 주관을 포괄한다고 볼 수 있다. 〈모나리자〉와 같은 그림을 분석함에 있어서 감상자는 개념이나 작가/작품 정보를 통해서만 분석을 시작하지는 않을 것이다. 현장, 내지 화면이나 책과 같은 매체를 통한 이미지와의 대면 역시 분석의 중요한 시작점이다. "가장 순수한 형식 분석은 관찰자가 보는 것에 한정된다"는 미술사학자 마조리 문스터버그Marjorie Munsterberg의 말처럼, 예술 작품 분석에 있어 관찰자는 중요하다. 미술사를 전공했든 그렇지 않든 간에, 관찰자는 작품과 대면하고 그 대면의 느낌이나 감각을 생각하고 펼쳐 낼 수 있다.[8] 이러한 과정에서 자연스럽게 관찰자는 선과 빛, 화면 구성과 그 디테일 등에 주목할 수 있으며, 그러한 사실들의 조합이 만들어 내는 어떤 인상이나 분위기를 감지할 수 있다. 아울러 작품 속 사실들의 수집을 위해서는 이

7   Jacques Derrida, *Edmund Husserl's Origin of Geometry: An Introduction*, trans. John P. Leavey Jr, Lincoln: The University of Nebraska Press, 1989, p. 117.

8   Marjorie Munsterberg, "Formal Analysis", 출처: 문스터버그의 공식 웹페이지. https://writingaboutart.org/pages/formalanalysis.html (접속일 2025년 10월 14일)

미 알고 있다고 생각되는 정보를 개입시키지 않는 과정을 수반한다. 즉 각적 판단의 보류와 더불어 그 대상의 '모든 것'에 주목하려는, 즉 판단 유보 과정을 자연스럽게 수반한다.[9] 중요한 것은 마주하는 작품의 배경 이나 맥락적 정보 대신 그 형태·공간적이고 시지각적인 특징, 또는 분 석 척도로서의 각종 스타일 요소들을 바르트가 말한 '영도'로부터 출발 하여 관찰자의 시선에서 기술하는 것이다.[10]

《라스베이거스의 교훈》은 오늘날 건축과 도시에 어떤 교훈을 전달하는가?

태도로서의 판단 유보 그리고 방법으로서의 형식 분석을 반영한 도 시 이미지 읽기를 수행하기 전에, 비니거의 2008년 책《나는 기념비다: 라스베이거스의 교훈에 대하여I am a Monument: On Learning from Las Vegas》 를 읽고 그 확장 가능성을 살펴보고자 한다. 책 제목에서처럼, 비니거는 벤투리 등 저자들의 책을 약 30년의 시간차를 두고 재해석한다. 하지만 이를 건축학 내부 담론에 한정시키지 않으면서 다른 읽기의 방식을 모 색한다. 그는 이들의 책이 라스베이거스에 대한 현장 기반의 실증적인

---

9   Aron Vinegar, "Evidently: On 'Learning from Everything,'" *Denise Scott Brown in Other Eyes*, ed. Frida Grahn, Basel: Birkhauser, 2022, pp. 250-255.

10   롤랑 바르트,《글쓰기의 영도》, 김웅권 옮김, 동문선, 2007. 또한 다음은 예술 작품의 형식 분석을 위한 기준으로서의 '스타일'에 대해 논의하는 몇 가지 글들이다. James Ackerman, "A Theory of Style," *The Journal of Aesthetics and Art Criticism* 20-3, 1962, pp. 227-237; Susan Sontag, "On Style," *Against Interpretation and Other Essays*, London: Penguin Books, 2009, pp. 15-36; Andrew Peckham, "Beyond Formalism: The Quiescent Art of Formal Analysis in Architecture," *The Journal of Architecture* 21-5, 2016, pp. 679-689.

조사 내용으로만 이루어져 있다고 보지 않는다. 대신 이들이 마주한 도시와의 관계 맺기에는 수용과 비판, 또는 관심과 거리 두기와 같은 상반된 태도가 동시에 일어나고 있음에 주목한다. 비니거는 이를 '회의주의와 일상성skepticism and the ordinary'이라는 관점에서 바라보면서, 일상성the everyday/ordinary 개념을 도출하며, 이 과정에서 두 사람의 철학자 스탠리 카벨Stanley Cavell과 장-뤽 낭시Jean-Luc Nancy의 저작을 교차 독해한다.

비니거가 말하는 회의주의는 대상에 대해 끊임없이 의심하는 태도이다. 모자와 외투를 쓰고 창밖에 걸어가는 사람들이 진짜 사람인지 아닌지를 의심하는 데카르트에게 있어 일상생활 세계는 끊임없는 의심의 대상인 것처럼, 비니거는 회의주의적 태도를 통해 오늘날의 도시 일상을 독해하려 한다.[11] 일상은 판단 이전에 이미 침투되어 있으며 그로부터 벗어날 수 없다는 점, 그럼에도 그러한 일상에서 마주하게 되는 불평등과 혐오 또는 불만족 등에 대해 문제 제기를 할 수 있으며 변화를 추동할 수 있다는 점은 서로 상충하는 것처럼 보인다. 하지만, 마치 동전의 양면처럼 이 두 가지는 양가적이고 따라서 서로 뗄 수 없는 본질적인 종류일 수 있다. 그런 점에서 일상에 대해 단호하고 단정적으로 판단하기는 어렵다. 이는 '판단 유보'로 이어질 수 있으며, 여기서의 유보는 기존의 관습적 사고나 행위에 머무르지 않기 위한 확장성을 염두에 둔다는 점에서 일종의 가능성으로 작용한다.

비니거가 보기에, 《라스베이거스》는 판단 유보의 순간들로 가득하다. 주로 미국 코네티컷주에서 시간을 보낸 벤투리와 스콧 브라운에게 네바다주의 라스베이거스는 낯선 환경이었을 것이다. 그런 만큼 모든 것

---

11 René Descartes, *Meditations on First Philosophy With Selections from the Objections and Replies*, trans. Michael Moriarty, Oxford: Oxford University Press, 2008, p. 23.

이 새롭게 느껴지고, 아울러 걷거나 자동차를 타면서 바라보는 풍경은 주목의 대상이었을 수 있다. 하지만 현장 답사를 하며 시간을 보내면서, 그리고 여행지도 수집이나 사진 촬영 등의 조사 과정을 통해 새로운 환경에 점차 익숙해졌을 것이다. 자동차를 타고 라스베이거스대로를 이동할 때 펼쳐지는 가로의 풍경은 산만하지만 일관성이 있다. 건물보다는 광고판이 두드러진다. 미니멀한 입면 대신 도로 안내판 내지 광고판에 새겨진 무수히 많은 텍스트들이 중첩되어 있어, 어지럽고 역동적인 분위기를 연출한다. 하지만 시간이 지나면서 반복되는 거리의 풍경과 분위기에 점차 익숙해지면서, 어느 순간 과도하게 모든 것에 주목을 하지 않은 채 도시를 습관적으로 경험했을 수 있다.[12]

그렇다면 라스베이거스를 판단 유보의 관점에서 읽을 수 있는 구체적인 단서가 있다면 무엇일까? 세 개의 도판 사례에 주목해 볼 수 있다. 첫 번째는 1977년 개정판 《라스베이거스》 표지에 등장하는 '탄야 광고판Tanya Billboard' 이미지이다(그림 3). 이 광고판은 그 속성상 논쟁적이다. 비키니를 입은 여성이 광고 모델로 등장하며, 불특정 다수가 지나치는 라스베이거스대로 한복판에 위치하고 있기 때문이다. 선정적인 뉘앙스를 풍기는 이 광고판은 많은 비판을 불러일으켰다. 하지만 오히려, 책의 저자들에게 이는 광고의 공공적 의미에 대한 공론화 수단이기도 했다. 비니거의 표현처럼 사막으로 둘러싸인 황량한 라스베이거스대로 언

12　물론 이와 같은 도시 경험의 습관habit이 반드시 안정적인 패턴으로 이어지리라는 보장은 없다. 라스베이거스에 대한 비평과는 다른 맥락에서, 헤겔과 라캉의 저작에 주목하는 비니거의 2023년 책은 습관이 반복 행위로 인한 안정화에 이른다는 통념을 거부한다. 대신 그는 습관 이면의 파괴적인 속성, 또는 결코 안정적인 패턴으로 고착화되지 않는 점에 주목한다. Aron Vinegar, *Subject Matter: The Anaesthetics of Habit and the Logic of Breakdown*, Cambridge: The MIT Press, 2023.

저리에 위치한 이 광고판은 "단어들, 상품들, 돈, 그리고 성적 유혹이 순환"하는 "교환의 공간"에 포섭되기를 주저하지 않는다.[13] 예술 작품과 문화산업을 명확히 구분할 수 있는 "엄밀한 기준"이 부재하는 "광장agora"으로 기능한다.[14]

아울러 탄야 광고판은 절대적인 판단 기준criterion의 부재를 가시화하는 매개체로 작용하기도 한다.[15] 이는 벤투리가 그의 책《건축의 복합성과 대립성》(1966)에서 '이것 또는 저것either-or'이라는 양자택일적 구도 대신 '이것 그리고 저것both-and'이라는 양자공존

| 그림 3 |《라스베이거스의 교훈》에 수록된 탄야 광고판 사진

출처: 《라스베이거스의 교훈》의 표지 및 도판 10, p. 12.

상황을 지지한 것과도 일맥상통한다.[16] 탄야 광고판을 둘러싼 위의 문구

---

13   Aron Vinegar, *I am a Monument*, p. 46.

14   Aron Vinegar, *I am a Monument*, p. 46.

15   비니거는 기준criterion에 대한 논의를 카벨의 1979년 저작에 대한 독해를 통해 발전시킨다. 카벨에게 기준이란 자기 자신에게 말이 되는 그 무언가로서, 이는 타인과 온전히 소통되거나 합의에 이르지 않는 종류이다. 그는 단지 기준의 상대성에 호소하지 않는다. 대신 언어적이고 비언어적인 소통 수단을 통해 상호 간에 공유하거나 그렇지 못하는 미묘한 속성에 대한 성찰에 기인한다. 가령 내가 느끼는 무릎의 고통pain을 타인에게 어느 정도까지는 이해시킬 수 있다. 하지만 온전한 이해에 다다르기는 매우 어렵다. 다르게 말해서 내부 경험에 대한 언어적 소통에는 비소통적 차원이 존재한다. 판단 유보는 이처럼 일상생활 속의 비소통성, 또는 온전히 공유될 수 없는 기준의 문제를 제기하면서 가치 판단을 둘러싼 규범적 체계를 가로지른다.

16   로버트 벤투리,《건축의 복합성과 대립성》, 임창복 옮김, 동녘, 2004, 50~71쪽.

들은 도시 공간 속 광고의 의미나 역할 또는 그 상징성에 대한 다른 해석을 시도한다. 광고판이 판단 유보의 논의 대상이 될 수 있는 이유는 광고라는 산업 기제가 지니는 상충하는 가치 때문이다. 옳고 그름이나 아름답고 추함을 명확하게 구분하기 어려운 모호한 매체이며, 이에 대한 공론화는 각자의 신념이나 가치 체계와 무관하게 작동하기 어렵기 마련이다. 이와 관련한 논의가 특정 방향으로 흘러간다고 할지라도 항상 다른 생각의 여지를 품고 있다는 점에서, 판단 유보는 다름을 가시화시킬 수 있는 기회이기도 하다.

두 번째 단서는 에드워드 루샤Ed Ruscha의 작업을 응용한 라스베이거스 가로의 파노라마 사진이다(그림 4).[17] 루샤는 미국 서부 지역의 소도시 가로변에 위치한 건물 입면과 간판 사진을 찍은 후 이를 파노라마 식으로 이어 붙였다. 이에 따라 높낮이가 크지 않고 비교적 반복적으로 펼쳐지는 미국 소도시의 가로 경관을 사진 매체를 통해 담을 수 있었다. 이는 경관에 대한 객관적 기록물과는 다르다. 비니거는 이러한 루샤의 사진을 판단 유보의 미학이 반영된 "무표정한 사진deadpan photography"이라고 부른다. 그리고 도시 풍경이라는 일종의 '팩트fact'를 무심하게 수집한다는 맥락에서, 하이데거의 "무심함indifference" 그리고 "사실성facticity" 개념과 연동시킨다.[18] 서로 비슷하면서 다르게 생긴 건물-간판 조합이 만들어 내는 이미지는 다채로우면서 단조롭다. 보는 이의 주

---

17 벤투리 등 저자들은 루샤의 1966년 작 〈Every Building on the Sunset Strip〉을 차용했음을 밝히고 있다. Robert Venturi, Denise Scott Brown and Steven Izenour, *Learning from Las Vegas: The Forgotten Symbolism of Architectural Form*, p. 32.

18 Aron Vinegar, "Ed Ruscha, Heidegger, and Deadpan Photography," *Art History*, 32-5, 2009, p. 853; Martin Heidegger, *Being and Time*, trans. Joan Stambaugh, Albany: State University of New York Press, 1996, p. 127.

| 그림 4 | 《라스베이거스의 교훈》에 수록된 에드워드 루샤 입면 디테일 사진

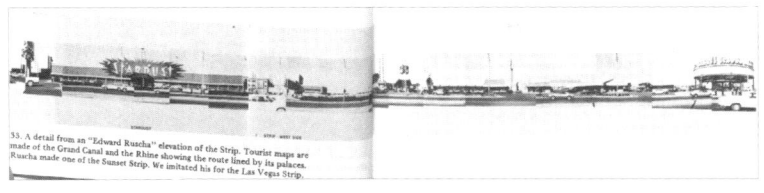

출처: 《라스베이거스의 교훈》의 도판 33, pp. 32-33.

목을 유도하지만, 사실 그렇게 읽을거리가 많지는 않다. 루샤의 사진들
이 담긴 책의 편집에서 잘 드러나는 것처럼, 미국 소도시 특유의 한적함
이 두드러진다. 한편으로 캘리포니아 지역의 한적한 수영장 풍경을 그
린 데이비드 호크니David Hockney의 그림을 연상시키지만(일례로, 그의
1967년 작 〈더 큰 첨벙A Bigger Splash〉을 상기해 볼 수 있다), 루샤의 사진
은 정서의 부재에 더 가깝다. 이는 자신이 제작한 파노라마 사진을 바라
보고 있는 무표정한 얼굴에서 드러난다.[19] 사진 속 루샤의 표정이 드러
내는 정서는 놀람과 무심함 사이 어딘가에 위치한다. 이에 따라 대상과
의 느슨한 관계를 수립한다. 마주하는 대상에 매혹되거나 또는 그렇다
고 온전히 등을 돌리지도 않은 채, 그에 대한 미적 판단을 유보한다는
것이다.

《라스베이거스》의 저자들은 이와 같은 루샤의 사진 기법, 그리고 그
이면에 깔려 있는 무심함의 정서를 책에 반영한다. 이들은 라스베이거
스대로를 파노라마 형식으로 만들어서 건물과 광고판의 관계, 또는 건

---

19 Aron Vinegar, "Ed Ruscha, Heidegger, and Deadpan Photography," p. 863. 비니거는 사진가 제
리 맥밀란Jerry McMillan의 1967년 사진을 참조한다. 이는 다음 페이지에서 확인 가능하다.
https://www.thecollector.com/ed-ruscha-artist-book/ (접속일 2025년 10월 15일)

물과 그 주변 환경의 관계를 새롭게 보기 위한 기회로 삼는다. 가로로 긴 라스베이거스 파노라마 사진에서 개별 건물은 더 이상 주목의 대상이 아니다. 또한 건물 위나 옆에 부착되어 있는 광고판과 더불어, 전면의 자동차 역시 주목을 끌 만큼 흥미롭지 않다. 주목할 만한 요소들의 부재는 그 반대, 다르게 표현하자면 산만함의 감각을 촉발한다. 저자들은 루샤의 사진을 응용하면서 라스베이거스의 건축과 도시 풍경을 새롭게 볼 것을 제안한다. 이는 관광지도나 신문광고 등 대중문화 자료의 활용을 통해 이루어진다. 상업 목적으로 만들어진 이러한 자료들은 비록 대표성을 지니지 않을 수 있지만, 규범적 상징으로부터 이탈함과 동시에 좀 더 생생한 도시의 면면을 읽을 수 있는 기회라는 점에서 중요한 위상을 지닌다.

기념비를 위한 제안, 그리고 공통분모 없는 공동체

세 번째 단서는 책의 말미에 위치한 "기념비를 위한 제안recommendation for a monument"이라는 제목의 도판이다(그림 5). 나는 이 도판이야말로 책의 논지를 가장 잘 보여 주는 사례라고 생각한다. 제2차 세계대전 이후 미국 도시 맥락에서 건물과 광고판 사이의 관계가 완전히 바뀌었음을 상징적으로 보여 주기 때문이다. 아돌프 로스Adolf Loos, 르코르뷔지에 Le Corbusier, 발터 그로피우스Walter Gropius, 그리고 미스 반 데르 로에Mies van der Rohe 등 20세기 초반의 거장 건축가들이 미니멀하며 검소한 건축을 추구하였다면,《라스베이거스》의 건축은 정확히 그 반대에 위치한다. "나는 기념비다"라는 문구가 새겨진 거대한 광고판은 박스 형태의 건물

| 그림 5 | 《라스베이거스의 교훈》에 수록된 '기념비를 위한 제안' 도판

출처: 《라스베이거스의 교훈》의 도판 139, p. 156.

위에 과장된 방식으로 설치되어 있으며, 이에 따라 양 자의 위계는 역전된다. 건물은 더 이상 주목을 불러일으키는 형상figure이 아니다. 오히려 광고판에 새겨진 상업적인 메시지를 위한 배경으로 작용하는 것처럼 보인다. 광고판 속 상업 메시지는 새로운 형상으로, 그리고 공적 영역에서의 새로운 소통 장치로 기능하게 되며, 건물은 그 배경으로 작용한다.

"기념비를 위한 제안" 도판은 오랫동안 건축의 포스트모더니즘적 전회를 상징하는 사례로 소개되어 왔다. 하지만 비니거는 이로부터 한 걸음 더 나아간다.[20] 그는 도판에 새겨진 단어 '나' 그리고 '기념비monument'

---

20 Aron Vinegar, *I am a Monument*, pp. 93-108.

각각의 의미, 그리고 해당 단어들이 포함된 문장이 도출하는 의미의 모호함에 주목한다. 도판이 지시하는 대상은 겉으로 보기에 명확한 것처럼 보인다. 하지만 '나'는 대체 누구일까? 그리고 이 1인칭 주체는 왜 '기념비'와 동일시되는가? 이러한 질문에 답을 하기란 생각보다 쉽지 않다. 문장 속 '나'는 건물일수도, 책을 쓴 저자일수도, 또는 그림 속 건물에 상주하는 상인이나 방문자일 수도 있기 때문이다. 다시 말해 불특정 다수를 포괄하는 1인칭 주체로서 '나'의 참조 대상은 명확하지 않다. '기념비'라는 용어 역시 그러하다. 거대한 광고판과 그 위에 새겨진 텍스트가 두드러지는 상업 건물을 기념비로 보는 관점은 무엇을 의미하는가? 한편으로 국제주의, 브루탈리즘 그리고 네오-모더니즘 등 제2차 세계대전 이후의 건축 동향을 참조하거나, 또는 그에 대한 비판적 독해처럼 보이기도 한다. 소비문화의 영향을 받는 도시 환경에서 미니멀한 형태와 공간 구축은 더 이상 온전한(다르게 표현하자면 '자율적인') 방식으로 유지/관리될 수 없으며, 이미지와 텍스트 위주로 구성되는 광고판은 문자 그대로 또는 상징적으로 그러한 건물에 언제든지 침투할 여지를 지닌다는 것이다.

어느 경우가 되었든, "기념비를 위한 제안" 도판의 의미 해석을 둘러싼 근본적인 모호함이 있다. 비니거는 이를 이미지의 기호론적 독해의 한계로 간주한다. 이를 풀이하는 맥락에서, 그는 카벨의 공동체community 논의로 확장시킨다. 비니거는 카벨의 《이성의 주장》 중 공동체에 대한 대목을 인용하면서 집단으로서의 공동체 그리고 개인으로서의 '나' 사이의 수평적 관계를 논한다.

"우리가 말하는 것에 대한 철학적 호소, 그리고 우리가 말하는 것의 근거에 대한 우리의 기준에 대한 탐구는 〔다름 아닌〕 공동체에 대한 주장이다. 그리고 이러한 공동체에 대한 주장은 항상 수립될 수 있거나 〔이미〕 수립된 근거에 대한 탐구이다. 나는 나에게 말이 되는 의미에 대한 나 자신의 확신 이외에 말할 수 있는 것이 아무것도 없다."[21]

카벨의 위 인용문은 기념비와는 무관한 것처럼 들린다. 하지만 비니거의 논지에 따르면, '공동체에 대한 주장'은 다름 아닌 기념비를 수립하는 행위와 다름없다는 점에서 공동체와 기념비는 일정 부분 동일시된다. 공동체는 그것을 구성하는 개인들을 대표하지 않는다. 공동체는 산술적으로 개인들의 집합일 수 있지만, 그 집합의 강도나 연대의식은 느슨하고 파편적이기 때문이다. 이렇게 볼 때 공동체는 균열의 여지를 늘 갖고 있으며, 역으로 이를 유지하기 위해서는 어떠한 것으로도 대체될 수 없는 개인의 생각과 표현을 발현시키고 공유시킴으로써만 가능하다. 이러한 발현과 공유의 행위는 대표성, 또는 표상이 거세된 기념비와도 같다는 것이다.

'나는 기념비다'와 같은 광고판이 설치된 건물을 둘러싼 활동들이 공동의 목표를 향해 응집력 있게 전개되는 종류일 것이라고 짐작하기는 어렵다. 여기서 말하는 공동체는 파편적이고 일회적인 종류에 가깝다. 예측할 수 없는 사용자 그리고 그가 관계하는 건물 및 주변 환경에 대한 정보는 미리 주어지지 않기 때문이다. 이는 물론 시간이 지남에 따라 일정 부분 해소될 수 있는 종류일 수 있지만, 그렇다고 시간의 흐름이 더 충만한 소통을 보장해 주지는 않는다. 상업 활동 가운데 생겨나고 사라지는 건물과 광고판은 함께하기의 감각을 수립하지만, 이상적인 공동체

---

21 Aron Vinegar, *I am a Monument*, p. 105; Stanley Cavell, *The Claim of Reason: Wittgenstein, Skepticism, Morality, and Tragedy*, Cambridge: Oxford Univ. Press, 1979, p. 20.

로 나아가기에는 여전히 한계일 것이다. 그럼에도 상업 프로그램이 빠진 도시문화가 더 이상 가능하지 않은 것처럼, "기념비를 위한 제안" 도판은 소비문화와 결합된 다른 공동체의 감각을 암시한다.

김수근의 건축과 최정화의 설치 사이에서 《라스베이거스의 교훈》 다시 생각하기

비니거의 해석을 통해 《라스베이거스》는 새로운 맥락을 갖게 되었다고 볼 수 있다. 그렇다면 이를 한국의 경우로 확장해 볼 수 있지 않을까? 한국의 도시와 라스베이거스는 분명 많이 다르다. 하지만 위 책의 핵심은 장소성 자체보다는 특정 장소를 독해하고 그와 관계 맺는 방식에 있다는 점에서, 1960/70년대의 미국 그리고 2020년대의 한국을 교차하며 살펴볼 수 있는 실마리를 제공한다. 이 글에서 특정 예술 작품의 형식 분석을 통해 그 확장 가능성, 또는 새로운 해석적 지평을 도출하고 이를 통해 이미지로 점철된 오늘날의 도시를 특정 시공을 통해 탐구하는 기회로 삼고자 한다.

그 분석 대상은 1979년 완공된 김수근 건축가의 〈아르코미술관〉 벽면(특히 정면과 좌측 면)에 설치된 최정화 작가의 2006년 작업 〈아무나 아무거나 아무렇게나〉이다. 〈아르코미술관〉은 한국 근대건축 거장의 주요 작업으로서, 김수근의 트레이드마크인 붉은 벽돌 마감과 함께 "닫혀 있지만 끊임없이 이어지는 공간"이 특징적이다.[22] 한편 〈아무나 아무

---

22 Jung In-ha, *Architecture and Urbanism in Modern Korea*, Honolulu: University of Hawai'i Press, 2013, p. 92.

거나 아무렇게나〉는 구청이나 시청 창고에 보관된 불법 현수막들을 모아서, 건물 상층부에서부터 수직으로 늘어뜨리고 이어 붙인 작업이다. 전자가 독특한 조형성과 함께 자기완결적인 성격을 지니는 건축 작품이라면, 후자는 그러한 작품이 지닌 아우라를 간섭하는 불순한 시각문화 파편들이다. 나는 이처럼 서로 상반되는 두 가지 층위의 공존에 주목하면서, 판단 유보의 미학이 어떻게 건축과 도시 경험과 맞물리는지, 또한 어떠한 미적 판단으로 이어질 수 있을지를 살펴보고자 한다.

최정화의 작품 세계에 대해서는 그동안 많은 연구들이 수행되어 왔다. 하지만 선행 연구가 주로 미술사학 내에서 이루어졌다면, 나는 건축과 미술사학, 그리고 도시연구의 교차점에서 그의 작업이 촉발하는 도시적 함의에 주목하려 한다. 특히 그의 설치가 김수근이라는 한국 근대 건축을 대표하는 거장의 작품으로서의 〈아르코미술관〉에 설치되어 예기치 않은 시각적 긴장을 연출했다는 점에 주목한다. 그가 미술관 벽면에 설치한 버려진 불법 현수막들은 익숙하면서도 다른 도시적 분위기를 자아냈다. 이에 따라 시지각적 긴장이 일어났으며, 건축 작품과 그 위의 부착물 두 가지 중 무엇이 더 중요한지, 또는 시기적으로 선행하는지와 같은 위계 내지 선후 관계를 생각하게끔 하였다. 김수근과 최정화는 서로 큰 교차점이 없는 것처럼 보인다. 하지만 만약 최정화의 설치가 가치중립적이지 않다면, 작품 제목에서 세 번 반복하는 '아무'라는 글자는 전면적인 전복을 의미하지 않을지언정, 적어도 권위, 제도, 전통, 계보와 같은 안정성을 뜻하는 단어들과 나란히 위치하는 것처럼 보이지는 않는다. 익명의 누군가가 무언가를 어떠한 용도로 사용하면서 공공 공간에서 특정 방식의 공론화 내지는 이벤트를 촉발하는 행위는 문자 그대로 이벤트이면서도, 그것을 구성하는 요소들이 다름 아닌 진부한 사물(즉 버려진 현수막)이라는 점은 권위 있는 건축 작품과 과연 어울리는지에 대한 의문을 낳게끔 한다. 쉽게 말하자면, 최정화의 설치작업 이면에는 개념적 전복의 여지가 있을 수 있다는 말이다.

김수근은 국회의사당과 세운상가, 그리고 낙원상가 등 한국 근대건축 역사에 등장하는 많은 작품들을 설계한 1세대 건축가로 잘 알려져 있다. 경동교회와 아르코미술관, 아르코예술극장, 그리고 공간 사옥 등의 사례에서는 붉은 벽돌이라는 재료적 특성과 함께, 건축 형태의 수립과 분화, 관입과 충돌 등 조형적인 일관성을 읽을 수 있다. 모더니즘 건축에 비판적이었던 벤투리의 관점에서 볼 때 〈아르코미술관〉은 비판의 대상이 될 수 있다. 단일한 모티브를 사용하여 작품 전반을 완성시킨다는 점, 그리고 작품 외의 이질적 요소들이 자연스럽게 결합되기에는 어려운 자기완결적인self-referential 성격을 지닌다는 점에서 그러하다. 김수근의 건축 스타일과는 상반되게, 벤투리는 이질적인 것들을 병치시키면서 형식적 균형점을 모색하였다. 가령 1964년의 〈바나 벤투리 하우스〉에서 벤투리는 과장된 입면을 사용하였고, 이를 통해 건물과 입면 사이의 간극을 의도적으로 생성하였다. 아울러 〈길드 하우스〉(1963)의 경우 건물 출입구 부분에 간판을 설치함에 따라, 추상적인 건축 미학을 추구하였던 모더니즘의 원칙을 파괴하려 하였다. 벤투리에게 모더니즘 건축은 지루한 종류였고, 다르게 말해서 건축적 자율성autonomy에 강박적으로 사로잡힌 닫힌 시스템이었던 것이다.[23]

최정화는 김수근의 작품을 자신의 작업을 위한 배경으로 활용한다. 하지만 모더니즘이나 포스트모더니즘 등의 거대 담론을 끌어들이는 대신, 사물들과의 관계에서 비롯하는 지극히 개인적인 기억과 생각 그리

---

23 벤투리는 모더니즘 건축을 대표하는 미스 반 데르 로에의 격언 "적은 것이 풍부한 것이다 Less is more"를 참조하면서, "적은 것은 지루하다Less is a Bore"라고 말한다.

고 정서와 분위기를 작업의 출발점으로 삼는다. 〈눈이 부시게 하찮은〉이라는 제목의 작가 노트에서, 최정화는 스스로를 "물욕이 넘치는, 사물에 중독된 페티시스트"라고 소개한다.[24] 또한 "천박하지만 슬프고, 그 뻔뻔스럽고도 낯선 생경함이 몸서리치게 아름답다"라고 말한다.[25] 하지만 그가 말하는 페티시스트는 소비문화 비평으로서의 상품 물신 논의와는 다른 것처럼 보인다. 대신 "바구니들의 틈과 결" 등 일상 사물들의 디테일에 주목하면서, 그리고 시공간을 넘나들면서 자신과의 관계를 맺으려한다.[26] '바구니' 시리즈를 포함한 플라스틱 작업 시리즈에서 나타나는 것처럼, 그는 각종 대량생산 제품들을 작업의 주요 소재로 삼는다. "현수막, 생활용품, 바가지, 이태리 때밀이 타월, 트로피, 비닐, 쿠킹호일"과 같은 사물들을 한데 모아 "근대와 동시대가 이질적으로 맞물려 있는" 상황을 만든다는 호경윤의 표현처럼, 사물은 그 일상적 기능에 머무르지 않고 그의 작업에서 중요한 성찰과 관계 맺기의 기회로 작용한다.[27]

최정화의 〈아무나 아무거나 아무렇게나〉, 그리고 방법으로서의 형식 분석

〈아무나 아무거나 아무렇게나〉 역시 최정화의 사물 작업의 연장선상에 있다. 그는 버려진 현수막들을 한데 모아 익숙하면서도 낯선 영역을

---

24 최정화, 〈눈이 부시게 하찮은〉, 작가와의 서신 교환을 통해 입수.

25 최정화, 〈눈이 부시게 하찮은〉.

26 최정화, 〈눈이 부시게 하찮은〉.

27 다음 문헌에서 재인용. 고동연, 〈최정화의 '비판적 지역주의'와 장소성〉, 413~436쪽;《최정화 – 꽃 · 숲》, 국립현대미술관, 2019, 415쪽, 417쪽.

형성한다. 쓰레기로서의 현수막은 주목과 무심함을 불러일으키는 이미지가 되며, 이는 개인적 경험과 공적 영역 사이를 표류한다. 벤투리와는 다르게, 최정화의 작업은 모더니즘 건축에 대한 비판에서 출발하지는 않는다. 그럼에도 이질적인 것들을 한데 모은다는 점, 그리고 공적 영역에서의 논쟁 내지 공론화를 촉발한다는 점에서 서로 유사성이 있다. 건축물의 표면과 현수막 사이의 재료적인 차이 역시 생각해 볼 만한 지점이다. 전자가 벽돌로 마감된 건축물이 주는 텍토닉한tectonic 미감을 전달한다면, 후자는 펄럭거리는 현수막들로 구성되어 건물 표면과 접해 있되 간극을 지닌 채 유지된다. 벽돌로 마감된 건물 외벽에 현수막이 걸리는 상황은 한국 도시 풍경에서 그다지 낯선 종류는 아닐 것이다. 하지만 그 외벽이 근대건축 거장의 '작품'이라고 한다면 상황이 좀 달라진다.

전화번호와 다양한 홍보 문구들이 새겨져 있는 최정화의 현수막 작업은 내용 면에서나 시지각적으로나 반복적이다.[28] 동일한 정보와 스타일의 현수막이 반복하면서 건물 표면을 구성하고 있기 때문이다. 하지만 반복은 차이를 수반한다. 같은 현수막이라고 할지라도 건물의 다른 곳에 위치하며, 때로는 뒤집어서 설치되거나 바람에 의해 펄럭거리는 등그 양상이 제각각이기 때문이다. 조합된 현수막들은 비록 거리광고의 잔해이지만 새로운 차원의 영역을 형성한다. 가령 뮤지컬 '여름밤의 꿈'을 홍보하는 현수막은 형광색 바탕 위에 크게 새겨진 숫자 '999 9999'가 두드러지는 대리운전과 콜택시 광고 현수막 바로 옆에 위치한다. 내용이나 형식적인 면에서 긴밀한 관계를 맺지 않은 채, 서로 식별 가능한 단위 요

---

28 최정화의 현수막 작업은 크리스토와 잔 클로드Christo and Jeanne-Claude의 감싸기 wrapping 프로젝트 시리즈를 연상시킨다. 하지만 이들의 작업에는 단일한 재질의 넓고 긴 천이 특정 건물을 뒤덮는다는 점에서 단수적이라면, 최정화는 수십 개의 낮고 긴 현수막들을 모아서 '파편적인' 건물 표면을 형성한다는 점에서 복수적이라 할 수 있다.

소로서의 현수막은 이질적이지만 균일한 방식으로 평평한 면을 형성한다. 이에 따라 익숙하면서도 낯선 분위기가 펼쳐진다.[29]

최정화의 작품이 발표된 2006년 당시 그리고 그보다 약간 이른 시기인 1990년대 한국 상업경관 논의에는 비판 담론이 지배적이었다. 일례로 1990년대 동숭동의 경우 상업화로 인해 장소성이 희미해진다는 견해가 제기된 적이 있는데, 이러한 논의는 특정 지역에 한정하지 않는 당시 도시 담론의 단면을 보여 준다.[30] 현수막을 포함해서 간판과 종이 포스터, LED 스크린 등 거리광고물은 20세기 초 근대화를 거치면서 형성되기 시작하였고, 한국전쟁 후의 급속한 도시화 그리고 1980년대 올림픽 준비 과정을 거치면서 전국 어디에서나 마주할 수 있는 보편적인 시각문화 현상이 되었다. 간판은 아름답지 못하고 시각 공해라는 의견, 그리고 폭우 등 자연재해가 일어날 때 낙하 사고로 인한 인명 피해 등 안전을 염두에 둔 실용적인 대처 방안 역시 꾸준히 제기되었다. 그리고 1990년대 초반 부산을 기점으로 형성된 노래방 열풍, 1998년 IMF 구제

---

29 최정화 설치에서 등장하는 현수막들을 주목과 무심함이라는 서로 상반되는 태도를 동시에 촉발하는 모호한 대상으로 또한 읽을 수 있다. 하지만 무심하게 스쳐 지나간다고 해서 주목의 가치가 없다는 말은 아닐 것이다. 미술사학자 T. J. 클라크T. J. Clark의 경우, 게티미술관에 전시된 니콜라 푸생Nicholas Poussin의 〈뱀에 물려 죽은 남자의 풍경〉(1648) 그리고 〈고요한 풍경〉(1650~1651) 두 작품을 매일같이 반복적으로 방문하면서 이에 대한 정밀한 분석을 시도한다. 클라크에게 반복은 중요한 행위로서, 이미 오래전 완성된 작품과 반복적으로 마주함에 따라 생각을 발전시킨다. 각 작품은 미술관 내부의 큰 방을 차지하면서 아우라를 형성하고, 관람자 클라크는 회화를 다각도로 관찰하고 성찰하면서 그림과 자신 사이의 고유한 관계를 형성해 나가기 시작한다. 이러한 관계는 예술 작품 감상을 미술사적 독해로 확장한다는 점에서 담론적 성격을 지닌다. 나아가 그의 설치는 일상과 유리된 기념물이 아니라 각자의 일상과 교차하면서 주목과 무심함의 대상이 된다는 점에서, 기념비monument에 대한 로베르트 무질Robert Musil 논의를 상기해볼 수 있다. Timothy J. Clark, *The Sight of Death An Experiment in Art Writing*, New Haven: Yale University Press, 2008; Robert Musil, "Monuments," *Posthumous Papers of a Living Author*, Peter Wortsman trans., New York: Penguin, 1995, pp. 61-64.

30 이재익, 〈동숭동의 상업건축과 소비문화〉, 《건축》 42-10, 1998, 19~22쪽.

금융 요청 이후 PC방 증가 등의 소위 '방문화' 현상 확산과 더불어 거리 광고물의 수와 그 밀도가 더욱 두드러지게 되었다.

한편 1960년대의 근대화 이후, 정부 주도의 토목 및 큰 규모의 인프라 계획 그리고 주거 및 상업 필지의 민간 개발이라는 양분화 시스템은 간판 등이 밀집하는 근린생활시설 지역의 무질서한 경관으로 이어졌다. 이에 국가와 지자체는 경관 요소로서의 간판을 끊임없이 관리하면서 질서정연하고 균질한 종류의 도시 이미지를 수립하려 하였다. 당시 오세훈 시장(임기 2006~2011)의 '디자인 서울Design Seoul' 프로젝트는 이러한 현상을 잘 반영한다. 21세기 종합예술적 성격을 지니는 디자인 서울의 하위 프로젝트 중 중요한 한 가지는 간판재정비 사업이었으며, 이는 간판을 비롯한 거리경관의 일방향적 미적 판단으로 이어졌다. 북미와 유럽, 그리고 남미 등을 대상으로 광범위한 사례 조사가 수행되었으며, 당시 서울의 간판경관은 개선이 필요한 문제적 현상으로 간주되었다.

하지만 필자는 이와 같은 90년대 비평 담론, 그리고 정부나 지자체 주도의 도시 프로젝트에 있어 간판과 같은 도시 하부구조 내지 시각문화 현상에 대한 미적 판단에서 일상적 경험의 차원이 누락되어 있음에 주목하고 싶다. 간판은 종종 탈부착이 용이한 독립된 사물로 간주되곤 하였다. 그 과정에서 간판과 건물 사이의 관계, 보행자와 간판/건물 사이의 다층적인 관계 등에 대한 질문들은 도외시된 편이다. 그 이면에는 간판을 순전히 물리적인 대상물로, 또는 경험적 차원이 거세된 객관적 실재로 간주해 온 오랜 역사가 자리 잡고 있다. 건물 내외부에 부착되는 간판은 언제든지 탈부착이 가능한 사물이거나, 상점을 알리는 장치에 불과하다는 것이다. 하지만 《라스베이거스》가 품고 있는 도시적 태도에 따르면 거리광고물은 형언할 수 없는 경험 세계의 단면이다. 마이클 인우드Michael Inwood의 지적처럼, 경험은 외부 세계에 대한 정보 습득의 측면을 지닐 뿐만 아니라 "개인의 내부적 삶에 대한 강렬한 효과," 즉 정량화되거나 온전히 표출되지 않는 정서 상태를 아우른다는 점에서 더욱 그렇다.[31]

최정화의 현수막, 에스테스의 이미지, 그리고 무위의 공동체

경험에 대한 인우드의 개념 정의를 리처드 에스테스Richard Estes의 1966~1967년 작품 〈플랫아이언 건물이 반사된 버스Bus with Reflection of the Flatiron Building〉와 관련해서 생각해 볼 수 있다(그림 6). 비니거는 극사실주의 화가로 알려져 있는 에스테스의 작업을 'reluzenz' 개념을 통해 탐구한다.[32] 마르틴 하이데거의 현상학에서 유래하는 이 개념을 통해, 비니거는 에스테스의 회화에서 자주 등장하는 미국의 거리 풍경을 단순히 "포스트모던 시뮬라크라" 또는 기표로 환원될 수 없는, 무한한 가짓수의 해석과 번역 그리고 변형이 일어나는 도시 이미지로 간주한다.[33] 이러한 점에서 에스테스의 〈플랫아이언 건물이 반사된 버스〉는 기호론적 독해 이상의 함의를 지닌다. 그의 그림에는 몇 가지 구체적인 주변 풍경들이 담겨 있는데, 이는 자동차와 버스의 일부 모습, 그리고 자동차 표면에 굴절되어 나타나는 일회적인 풍경을 포함한다. 작품 제목에도 명시되어 있는 플랫아이언 빌딩과 그 앞의 전봇대는 차의 후면 유리창

---

[31] Michael Inwood, *A Heidegger Dictionary*, Malden, Mass.: Blackwell, 1999, p. 62.

[32] Aron Vinegar, "Reluzenz: On Richard Estes," *Heidegger and the Work of Art History*, eds. Amanda Boetzkes & Aron Vinegar, Burlington, V.T.: Ashgate, 2014, pp. 249–267.

[33] Aron Vinegar, "Reluzenz," p. 249.

| 그림 6 | 리처드 에스테스, 〈플랫아이언 건물이 반사된 버스〉, 1966~1967

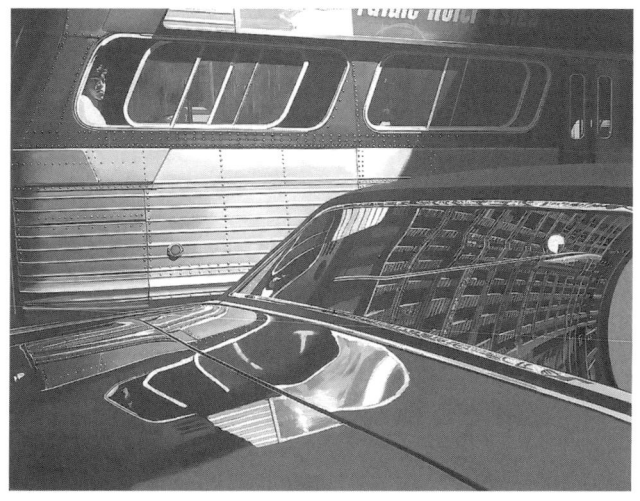

출처: Artchive: https://www.artchive.com/artwork/bus-with-reflection-of-the-flatiron-building-richard-estes-1966-1967/choijeonghwa.com, 2025년 10월 14일 접속

에 굴절되어 나타난다. 이는 철제로 마감된 트렁크 표면에 굴절되는 버스 이미지와 다시금 연동한다. 각 이미지의 굴절 정도는 서로 상이하다. 그리고 버스가 어느 정도의 속도로 정차하는지, 그리고 정차한 순간 버스에 탑승하고 있는 청년이 어떤 포즈를 취할지 등은 모두 예측 불가능한 영역이다. 에스테스의 '극사실적인' 그림은 한편으로 사실들의 집합 이상이 아닌 것처럼 보인다. 하지만, 각 사실과의 대면은 항상 구체적이라는 점, 그리고 그 사실들의 조합에 있어서 화가와 관람자는 사태의 외부에 위치하지 않는다는 점에서, 그의 그림은 대상화를 넘어선다.[34]

---

[34] 비슷한 맥락에서 발터 벤야민Walter Benjamin 역시 도시 경험의 의미, 또는 도시의 존재론적 차원을 탐구한다. 벤야민이 주목하는 현상은 비가 오는 날 젖은 아스팔트 바닥 위에

이와 같은 에스테스의 그림이 지니는 도시적 함의를《라스베이거스》
와 더불어 최정화의 설치작업으로 확장해 볼 수 있지 않을까? 그리고 그
러한 확장은 단지 작품 분석에 머무르지 않고 도시에 대한 담론과 사상,
즉 도시론urbanism을 다른 방식으로 사유하고 실천하는 경로가 될 수 있
지 않을까? 이러한 질문들을 바탕으로 "기념비를 위한 제안" 도판을 최
정화의 설치와 연동시켜 보고자 한다. 그리고 이를 통해 상업 환경에서
의 기념비와 공동체, 그리고 경험이란 무엇인지에 대해 논의하려 한다.

《라스베이거스》의 "기념비를 위한 제안"은 통상 건축의 포스트모더니
즘적 전회를 상징하는 도판으로 여겨진다. 하지만 나는 비니거의 해석
을 경유하면서, 이를 확장된 공동체의 일환으로 읽고자 하였다. 도판 내
에서 나타나는 광고물과 건물 사이의 관계는 거대한 의제나 담론 이상
의 함의를 지닌다. 반면 최정화의 경우, 그 관계가 비슷하면서 다른 방
식으로 나타난다. 전자의 경우 건물과 광고판의 이분법이 두드러진다
면, 최정화의 작업에서 건물과 현수막은 두께감을 지니지 않고 거의 일
체화되기 때문이다. 물론 사태의 핵심은 물리적인 두께감이 아니라, 거
리광고물이 도시 일상과 공존하는 방식이다. "눈이 부시게 하찮은" 일상
사물들에 매혹된다는 작가의 말처럼, 그의 현수막 설치는 화려하지만
진부한 글과 숫자, 그리고 색채와 디자인으로 구성되어 있다. 다르게 말
해서, 한국의 도시 어디에서나 볼 수 있다는 점에서 지극히 일상적이지
만 그 시각적 화려함과 상업적 속성으로 인해 스펙터클을 연출한다고
도 볼 수 있다.

아른거리는 네온사인 경험의 형언할 수 없음, 그리고 두 번 이상 반복하지 않는 도시의 특
이성singularity이다. Walter Benjamin, "One-way Street," *Reflection: Essays, Aphorisms,
Autobiographical Writings*, eter Demetz ed., Edmund Jephcott trans., New York: Schocken
Books, 1978, p. 87.

하지만 여기서 말하는 스펙터클이 1960년대 기 드보르Guy Debord
가 주목한 후기자본주의 사회의 소외감과 상품 물신 논의로 자연스럽
게 이어질지의 여부에 대해서는 좀 더 면밀한 숙고가 필요하다. 1990
년대 이후 전개된 한국의 소비문화는 다분히 지역적인 특성을 지니기
때문이다. 특히 거리광고물의 경우, 그 수와 밀도 그리고 강도는 일본
이나 중국 등 인접 국가의 도시문화와도 비교된다. 도시학자 피터 로
우Peter Rowe가 동아시아 대도시의 가로변 상업경관을 "네온 환경neon
environment"이라는 용어를 통해 그 공통분모를 찾으려 하였음에도, 그러
한 시도가 개별 국가, 지역, 그리고 거리 단위에서 펼쳐지는 경관의 특
수성을 모두 아우를 수 있는 것은 당연히 아니다.[35] 또한 최정화의 현수
막 설치는 건축가 렘 콜하스Rem Koolhaas가 말한 '포괄적인 도시the generic
city'의 단면을 보여 주는 것 같으면서도, 결코 두 번 반복하지 않는 차이
들로 가득한 이질적인 공간이 작동하는 미시적 상황을 보여 준다는 점
에서 그렇다.

익숙한 사물을 다른 방식으로 설치한 최정화의 작업은 그 참조 대상
의 명확함으로 인해 어느 정도 안정적인 공유 지점을 형성한다. 하지만
여기서의 공유는 반드시 조화롭고 유기적인 공동체 의식을 지칭하는
것은 아니다. 간판과 현수막 등 거리광고물을 둘러싼 각 개인의 취향과
미적 기준 그리고 그에 대한 판단은 결국 서로 다를 것이기 때문이다.
그런 점에서 최정화의 설치는《라스베이거스》의 표지에 등장하는 '탄야
광고판'처럼 경우처럼 공론장이 될 수 있다. 하지만 이 공론장은 반드
시 참여자들 간의 합리적 의사소통의 무대를 의미하지는 않는다. '저속

한' 현수막들의 집합으로 수립되는 공동체의 감각은 긴장과 갈등, 그리고 불일치의 감각을 수반할 확률이 높기 때문이다. 형광색 바탕의 현수막에 크고 굵게 새겨진 대리운전이나 파격 세일 그리고 불법주차 단속과 관련한 문구와 전화번호 등은 깊이 있는 의제나 공동의 목표를 수립하거나, 소비문화 사회의 '욕망'이나 '디스토피아' 같은 거대 담론을 촉발하지 않는다. 그렇다고 이를 상업경관에 대한 전면적인 표상으로 읽기에도 한계가 있다. 마치 에스테스의 그림처럼, 최정화의 설치는 파편화되고 굴절되는 도시 풍경을 끊임없이 재구성하면서 느슨하고 파편적인 함께하기의 감각을 수립한다. 하지만 이 감각은 그 형성 순간부터 이내 흩어지거나 희미해질 운명에 있다.

최정화의 설치는 그 시각적 화려함으로 인해 주목을 이끌어 낼 수는 있겠지만 그 너머의 안정적인 비평이나 유대감을 형성하지는 않는다는 점에서, 장-뤽 낭시가 말하는 무위의 공동체the inoperative community 논의와도 연관해서 생각해 볼 수 있다.[36] 한국 간판재정비 사업이 기존 상업건물 입면을 재정비하면서 관련 참여 주체들 간의 협력과 소통을 수반함으로써 공동체성을 추구해 왔다면, 최정화의 설치는 공동의 목표 내지 소통과 연대의식을 도모하지는 않는다. 대신 시지각적 경험을 통해, 익숙하면서도 낯선 도시의 분위기를 인식하고 그와 관계 맺을 수 있는 기회를 제공한다. 아울러 공동체가 반드시 공동의 목표에 따른 조화롭고 소통적인 함께하기여야 한다는 이상주의적 태도로부터 거리를 둔 채, '따로 또 함께'의 감각을 촉발한다.[37] 벤투리의 "기념비를 위한 제안"의 경우처럼, 최정화의 설치에서 그 제작과 참여의 주체를 명시하기는

---

36 Aron Vinegar, *I am a Monument*, p. 65, p. 107.

37 Aron Vinegar, *I am a Monument*, p. 95.

쉽지 않다. 즉, '나는 기념비다'에서의 '나'는 건축물이나 간판 그리고 상인이나 건물주 모두가 될 수 있으며, 마찬가지로 '기념비'는 위인들을 대상으로 하는 기념물에 한정하지 않는 '거의 모든 것'이 될 수 있는 것처럼, 최정화의 설치는 도시 일상을 구성하는 '거의 모든 것'과 느슨하게 조우한다. 그리고 상업자본이 깊게 밴 '버려진' 현수막과 함께하는 가상 시나리오를 통해 느슨하면서 열린 공동체의 감각을 활성화시킨다.

글을 마무리하며

이 글에서 나는 《라스베이거스》에 깊게 깔려 있는 판단 유보 개념을 동시대 한국 도시에서의 이미지를 탐구하기 위한 이론적 접점으로 삼고자 하였다. 이를 위해 위 책에 대한 메타비평을 시도한 비니거의 《나는 기념비다: 라스베이거스의 교훈에 대하여》를 정밀 독해하였다. 이를 통해 2006년 당시 대학로 아르코미술관 외벽에 설치된 최정화 작가의 설치작업을 집중 분석하면서, 건축과 미술, 그리고 도시의 교차점을 읽는 기회로 삼고자 하였다.

방법론으로서의 형식 분석은 미술사학 그리고 건축사학 분야에서 오랜 전통을 지니고 있다. 이는 회화나 건축물 등 마주하는 작품에 대한 엄밀한 분석을 수반하는데, 나는 이러한 방법론이 이미지 분석에도 비슷한 방식으로 적용될 수 있다고 보면서 《라스베이거스》 및 관련 도판들을 면밀히 분석하고자 하였다. 빛과 선, 그리고 질감과 화면의 구성 등 스타일적 요소에 집중하는 형식 분석은 마주하는 작품을 전체가 아닌 부분들의 합으로 읽으려 한다는 점에서 환원적이라는 비판이 제기될 수 있다. 하지만 부분들의 합은 전체와 같지 않으며, 각 부분은 객관적 사실에 그

친다기보다 객관과 주관을 넘나드는 경험의 양상이라는 점에서, 이 분석 과정에서 수집되는 요소들은 분석 대상과 그 주변 맥락이나 환경을 총체적으로 인식하고 그 관계성을 숙고하는 기회일 수 있다.

아울러 형식 분석의 이면에는 대상에 대해 '안다'라는 관념을 일시 보류하면서 수집 과정을 거친다는 점에서 판단 유보의 태도가 깊게 깔려 있다. 관련 지식이나 시지각적 정보를 통해 대상을 아는 것이 한 가지의 단면이라면, 이를 비슷한 프로세스를 거치는 타인과 어떻게 공유할 수 있을까? 분명 공통점과 차이점이 생길 것이며, 이는 한편으로 온전한 소통을 불가능하게 만드는 장애물로 여겨질 수 있다. 하지만 개인 차원에서의 온전한 앎 그리고 사람들 간의 온전한 소통은 근본적으로 불가능하다는 점을 인정함과 동시에, 불완전하고 불안정한 앎과 소통을 오히려 중요한 조건으로 생각할 수 있다면, 각종 불협화음과 파편적 이미지로 둘러싸인 도시 공간에서 살아가는 행위는 역으로 앎과 소통을 위한 중요한 무대가 될 수도 있을 것이다. 이미지는 단지 레퍼런스가 아닌 것처럼, 하나의 이미지에는 눈에 보이든 그렇지 않든 간에 여러 행위자들과 사물 그리고 환경 등이 복합적으로 뒤얽혀 있으며, 그에 대한 경험의 양상은 근본적으로 예측할 수 없다.

그런 점에서 이미지 세계는 미지의 세계이다. 그리고 도시의 이미지 역시 자신 있게 '안다'라고 말하기 어려운 미지의 영역이다. 하지만 미지의 영역이 반드시 판타지에 머물러 있어야 하는 것은 아니듯, 도시 이미지는 마치 누군가의 해독을 기다리는 것처럼 도처에 흐트러져 있다. 이미지는 한편으로 가치중립적이지만 사람들의 삶과 서로 얽히면서 새로운 가치를 펼쳐 낼 수 있다. 그런 점에서 이미지는 열린 세계이다. 도시 공간 속 이미지가 종종 광고라는 형식으로 다가온다는 점에서 그동안 도시 이미지에 대한 논의는 자본주의 비평과 밀접하게 관련되어 온

편이다. 이는 분명 오랜 역사를 지닌 중요한 학술적 계보 아래 전개되어왔지만, 필자는 그러한 접근 역시 어느 지점에서는 한계를 지닌다고 생각한다. 이미지는 복합적인 프로세스의 산물이며 고정되어 있기보다는 그 의미가 열려 있기 때문에, 불가피하게 그 해석을 둘러싼 긴장과 갈등, 불일치와 같은 구도를 촉발할 수 있다. 하지만 그러한 구도는 이미지를 대상물로 여기는 것을 넘어서 활성화를 도모한다는 점에서 고무적이다. 이러한 활성화가 반드시 각종 도시문제를 현실적으로 해결해주지 못한다고 할지라도, 이 글이 적어도 도시 그리고 이미지라는 넓고 추상적인 개념을 자기화할 수 있는 기회가 될 수 있기를 희망한다.

참고문헌

고동연, 〈최정화의 '비판적 지역주의'와 장소성〉,《최정화 – 꽃 · 숲》, 국립현대미술관, 2019.

롤랑 바르트,《글쓰기의 영도》, 김웅권 옮김, 동문선, 2007.

로버트 벤투리,《건축의 복합성과 대립성》, 임창복 옮김, 동녘, 2004.

이재익, 〈동숭동의 상업건축과 소비문화〉,《건축》42 - 10, 19982.

최정화, 〈눈이 부시게 하찮은〉, 작가와의 서신 교환을 통해 입수.

Ackerman, James, "A Theory of Style," *The Journal of Aesthetics and Art Criticism* 20 - 3, 1962, pp. 227 - 237.

Benjamin, Walter, *Reflection: Essays, Aphorisms, Autobiographical Writings*, Peter Demetz ed., Edmund Jephcott trans., New York: Schocken Books, 1978.

Cavell, Stanley, *The Claim of Reason: Wittgenstein, Skepticism, Morality, and Tragedy*, Cambridge: Oxford Univ. Press, 1979.

Clark, Timothy J., *The Sight of Death An Experiment in Art Writing*, New Haven: Yale University Press, 2008.

Derrida, Jacques, *Edmund Husserl's Origin of Geometry: An Introduction*, trans. John P. Leavey Jr, Lincoln: The University of Nebraska Press, 1989.

Descartes, René, *Meditations on First Philosophy With Selections from the Objections and Replies*, Michael Moriarty trans. Oxford: Oxford University Press, 2008.

Harvey, David, *The Condition of Postmodernity: An Enquiry into the Origins of Cultural Change*, Oxford, UK: Blackwell Publishers, 1990.

Heidegger, Martin, *Being and Time*, translated by Joan Stambaugh, Albany: State University of New York Press, 1996.

Inwood, Michael, *A Heidegger Dictionary*, Malden, Mass.: Blackwell, 1999.

Jung, Inha, *Architecture and Urbanism in Modern Korea*, Honolulu: University of Hawai'i Press, 2013.

Munsterberg, Marjorie, "Formal Analysis" (페이지 번호 없음) https://writinga

boutart.org/pages/formalanalysis.html (접속일 2025년 10월 14일)

Musil, Robert, "Monuments," *Posthumous Papers of a Living Author*, Peter Wortsman trans., New York: Penguin, 1995, pp. 61-64.

Peckham, Andrew, "Beyond Formalism: The Quiescent Art of Formal Analysis in Architecture," *The Journal of Architecture* 21-5, 2016, pp. 679-689.

Rowe, Peter, *East Asia Modern: Shaping the Contemporary City*, London: Reaktion Books, 2005.

Scott Brown, Denise, *Having Words*, London: Architectural Association, 2009.

Sontag, Susan, "On Style," *Against Interpretation and Other Essays*, London: Penguin Books, 2009, pp. 15-36.

Venturi, Robert, Denise Scott Brown and Steven Izenour, *Learning from Las Vegas: The Forgotten Symbolism of Architectural Form*, Cambridge, Mass.: MIT Press, 1977.

Vinegar, Aron and Michael J. Golec, *Relearning from Las Vegas*, Minneapolis: The University of Minnesota Press, 2008.

Vinegar, Aron, "Ed Ruscha, Heidegger, and Deadpan Photography," *Art History* 32-5, 2009, pp. 852-873.

Vinegar, Aron, "Evidently: On 'Learning from Everything,'" *Denise Scott Brown in Other Eyes*, ed. Frida Grahn, Basel: Birkhauser, 2022, pp. 250-255.

Vinegar, Aron, "Reluzenz: On Richard Estes." *Heidegger and the Work of Art History*, eds. Amanda Boetzkes and Aron Vinegar, Burlington, V.T.: Ashgate, 2014, pp. 249-267.

Vinegar, Aron, *I am a Monument: On Learning from Las Vegas*, Cambridge: The MIT Press, 2008.

Vinegar, Aron, *Subject Matter: The Anaesthetics of Habit and the Logic of Breakdown*, Cambridge: The MIT Press, 2023.

2부

인프라 텍스트 연구

인프라 분석을 통한
미야모토 유리코의《노부코伸子》재해석

| 김주영 |

이 글은 《세계문학비교연구》 93호(2025.12.)에 게재된 원고를 수정 및 보완하여 재수록한 것이다.

페미니즘 연구에서
인프라 인문학으로

미야모토 유리코宮本百合子(1899~1951)의 《노부코伸子》(1928)[1]는 아버지를 따라 미국에 간 작가 지망생 노부코가 유학 중에 만난 쓰쿠다 이치로佃一郎와 부모의 동의 없이 현지에서 결혼한다는 파격적인 서사다. 주인공은 일본으로 돌아와 친정에서 함께 생활하면서 어머니와 대립하고, 게다가 남편과도 갈등을 겪은 후 이혼하는 과정을 서술한다. 작가 미야모토 유리코는 실제 생활에서도 첫 남편인 아라키 시게루荒木茂와 미국에서 만나 부모의 동의를 받지 않은 채 결혼하였고, 일본에 돌아와서 친정에서 동거하다가 이혼한 바 있다.[2]

작가의 대표작으로 평가되는 이 작품은, 주인공이 자유롭게 결혼과 이혼을 단행하고 그 과정에서 어머니의 간섭을 뿌리치는 모습을 통해 여성의 주체성을 드러낸다는 점에서 많은 선행 연구들로부터 긍정적인 평가를 받아 왔다.[3] 필자도 유리코의 히로인들이 여성의 시각에서 남성들의 언행과 사회적 구조를 해석하는 주체임을 지적하고,[4] 주인공의 결혼에 관한 의미에 대해 고찰한 바 있다.[5] 《노부코》 연구 주류는 기본적

---

1 1924~1926년 《改造》에 10회 연재 후, 1927년 대폭 수정을 거쳐 1928년 단행본 발행.

2 澤田章子, 《《伸子》の情熱と知性》, 伊豆利彦 外, 《いまに生きる宮本百合子》, 新日本出版社, 2004, PP. 37-70 참조.

3 대표적으로 沼沢和子(《《伸子》のプロポーズ》, 江種満子·漆田和代編, 《女が読む日本近代文学》, 新曜社, 1992, PP. 55-85)와 岩淵宏子(《宮本百合子― 家族、政治、そしてフェミニズム》, 翰林書房, 1996, pp. 40-105)의 책 참조.

4 김주영, 〈미야모토 유리코(宮本百合子) 문학에 나타난 주인공 분석〉, 《일본학연구》 35, 2012, 279~295쪽.

5 김주영, 〈미야모토 유리코의 여성적 글쓰기 – 결혼모티프를 통해 본 《노부코》와 《암야행

으로 가부장제에 대한 비판과 여성의 자아, 여성성의 사회적 구성 등을 중심으로 발전하였으며, 이는 일본 근대문학의 젠더 구도를 밝히는 데 중요한 역할을 하였다.[6]

그러나 이러한 연구의 다층적 성과에도 불구하고, 여성주의 연구 방법은 남성과의 관계성 혹은 대립 구도에 논의를 집중해 왔다는 점에서 일정한 한계를 드러낸다. 즉, 여성 주체의 표현은 남성중심적 구조를 비판하는 방식으로 이해되었지만, 신체의 물질적 조건, 공간의 구성, 인프라가 작동하는 방식 등, 여성의 주변화가 발생하는 비非담론적·물질적 층위에 대한 분석은 상대적으로 부족하였다. 필자 역시 이전 연구에서 《노부코》에 대해 남성중심 사회에서 여성이 보는 위치로 고정되는 서술 구조를 분석한 바 있다.[7] 당시의 분석은 여성 인물의 시선과 서술을 통해 남성적 권력구조가 드러나는 방식을 규명하는 데 주력하였다.

이 글은 필자의 기존 연구에서 제시한 접근을 확장·수정할 생각이다. 즉, 남성중심 사회에서 여성이 주변화된다는 당연한 구조를 넘어서, 그 주변화가 어떻게 공간·사물·조명·문서·가구 등 인프라의 물질적 배치를 통해 감각적으로, 신체적으로 발생하는가의 문제를 새롭게 제기하고자 한다. 최근 인문학·인류학에서는 인프라를 단순한 기술적 기반이 아니라, 사회적 관계·위계·정동을 조직하는 문화적 형식으로 이해하는 연구들이 중요하게 부상하고 있다. 브라이언 라킨Brian Larkin은 인프

로》-〉,《세계문학비교연구》41, 2012, 117~135쪽.

6 대표적으로 江種満子(〈《伸子》論-ディスタンクシオン(卓越化)とジェンダーの交点-〉, 岩淵宏子 外編,《宮本百合子》の時空》, 翰林書房, 2001, pp. 140-161) 및 岩淵宏子(〈伸子(宮本百合子)恋愛結婚の陥穽〉, 岩淵宏子·長谷川啓 編,《ジェンダーで読む愛·性·家族》, 東京堂出版, 2006, pp. 16-27) 등의 책 참조.

7 김주영, 〈미야모토 유리코(宮本百合子) 문학에 나타난 주인공 분석〉, 279~295쪽.

라를 다음과 같이 규정한다. "인프라는 상품, 사람, 또는 아이디어의 흐름을 원활하게 하고 공간을 통한 교환을 가능하게 하는 구축된 네트워크"[8]이고, "수신자를 지향하는 기호학적, 미학적 매개체로도 존재"[9]한다. 라킨은 미학도 "인프라가 일상생활의 주변 환경을 만들어 내는 방식에 의해 지배되는 구체화된 경험"[10]이라고 주장한다.

　따라서 이 글의 목적은 다음과 같다. 기존 필자의 《노부코》 연구 중에서 특히 신체 표현에 주목하여 가부장제 비판을 시도한 성과[11] 등을 계승·비판적으로 재검토한다. 즉, 이 글은 페미니즘 연구에서 인프라 인문학[12]으로의 확장이라는 새로운 시각을 통해, 유리코 문학의 신체·공간·감각 표현을 좀 더 정밀하게 해석하고자 한다. 페미니즘 분석이 여성을 소외하는 근대성에 기초한다면, 인프라 인문학 분석은 정신적 측면이 형성되도록 고안된 인프라 시스템이 어떤 식으로 소설 표현에서 작동되는지를 드러내 줄 것이다.

8　Brian Larkin. "The Politics and Poetics of Infrastructure," *Annual Review of Anthropology* 42, 2013, p. 328.

9　Brian Larkin. "The Politics and Poetics of Infrastructure," p. 329.

10　Brian Larkin. "The Politics and Poetics of Infrastructure," p. 336.

11　김주영, 〈미야모토 유리코(宮本百合子) 문학의 신체표현 -《노부코(伸子)》 도입부 분석을 중심으로 -〉, 《일본어문학》 53, 2012, 183~202쪽.

12　HK3.0 프로젝트를 수행 중인 건국대학교 모빌리티인문학 연구원은 인프라 인문학을 "인문학의 시선을 인간적인 것에서 이를 가능하게 하는 (비)물질적 인프라로 돌리는, '인문학의 인프라적 전환'을 실현한다. 인문학의 인프라적 전환은 인프라를 인간 존재에 외재적인 수단이나 도구가 아니라 인간의 삶을 내재적으로 형성하는 행위자로 포착한다"(건국대학교 모빌리티인문학연구원 사이트. https://mobilityhumanities.org/hk3-0-infrastructure-humanities/#section-01. 접속일 2025년 11월 20일)고 정의한다.

세 가지 인프라적 요인

《노부코》에서 인프라에 주목해야 하는 이유는 이 작품의 주인공 노부코가 미국 체류 동안 보여 주는 일관된 부정적 감정과 비판적 시선을 설명할 수 있는 핵심 단서를 제공하기 때문이다. 7장으로 구성된 이 장편에서 미국 체류는 제2장까지, 전체의 약 4분의 1에 달하지만, 선행 연구에서 지적한 바와 같이 노부코는 미국 사회에 대해 매우 비판적이고 냉담한 관찰자로 그려진다.[13] 이러한 태도를 단순히 서양 문명에 대한 부정적 정서나 이문화에 대한 반감으로만 해석하는 것은 충분하지 않다. 여기서 필자는 노부코가 미국에서 경험하는 부정적 감정의 근원에 세 가지 인프라적 요인이 작용한다고 본다.

첫째, 뒤에서 곧 언급하게 될 아버지의 작업 공간에서 목격되었듯이, 주인공이 일본에 있든 미국에 있든 사회는 여성을 자연스럽게 배제하도록 배치된 남성중심적 공간 인프라에 의해 작동한다.

둘째, 유학생 사회에서 주인공 노부코가 겪는 소외감은 단지 낯선 인간관계 때문이 아니라, 미국 유학생 공동체가 갖는 폐쇄된 인적 네트워크(인적 인프라)에 대한 부적응의 결과이다.

셋째, 뉴욕이라는 도시의 지하철·거리·미술관·호텔 등이 구성하는 생경한 물질적·감각적 인프라가 노부코의 신체 감각과 충돌하면서 지속적인 부조화를 일으킨다. 이 부조화는 이후 그녀의 방향감각 상실, 몸의 피로, 심리적 공허함 등으로 구체화된다.

주인공의 감정 궤적은 이러한 인프라적 조건을 고려해야 비로소 설

---

13 김주영, 〈미야모토 유리코의 미국관〉, 《일본어문학》 55, 2012, 129~147쪽.

득력 있게 이해될 수 있다. 실제로 노부코가 유학생 쓰쿠다에게 의지하게 되고, 나아가 그와 결혼을 결심하게 되는 과정도 단순한 감정적 호감이나 모성 본능의 발동으로 환원하기 어렵다. 이는 남성중심적 세계의 인프라 속에서 질식할 듯한 압박을 받던 주체가 미국의 도시 인프라와 접촉하는 과정에서 느낀 심리적·정동적 붕괴가 쓰쿠다에게로의 의존으로 이어진 결과로 읽는 것이 더 합당하다고 본다.

노부코와 쓰쿠다의 결혼이 작가의 실제 삶과 전기적 유사성을 보임에도 불구하고, 소설 속 노부코의 미국 생활은 작가의 개인적 향수나 이문화적 호기심의 표출을 담고 있지 않다. 오히려 미국이라는 거대한 인프라 체계 속에서 주체가 어떻게 소외되는지를 관찰하는 방식으로 구성되어 있다. 그렇기에 《노부코》는 미국 도착의 설렘이나 기대가 아니라, 이미 미국에 도착한 순간의 나른함과 공허함을 보이며 서술이 시작된다. "노부코는 두 손을 뒤로 모으고, 반쯤 열린 창틀에 몸을 기댄 채 실내 풍경을 응시하고 있었다"[14]로 시작되는 《노부코》의 첫 장면은 표면적으로는 독자에게 실내 풍경과 작업에 몰두한 두 남성 그리고 이를 관찰하는 노부코의 위치만을 보여 준다. 어려서부터 아버지가 작업할 때는 접근하지 못하도록 교육받은 주인공은 밖으로 열린 창틀에 기대서 방 안쪽을 들여다본다. 주인공이 설계 작업에 참여할 수 있는 전문가가 아니고 건축가로 보이는 아버지의 딸 자격이니만큼 당연한 공간 배치이다. 그런데 왜 이런 단순한 사실이 소설 세계의 첫머리를 길게 장식하고 서술되어야만 하는 것일까.

먼저 창틀窓枠과 노부코의 위치를 보자. 이 창틀은 단순한 건축자재

---

14 宮本百合子,《宮本百合子全集》3卷, 新日本出版社刊, 1979에 의한 필자의 번역임. 이하 전집의 쪽수를 달음.

가 아니라, 실내/실외, 작업/비작업, 생산/관찰, 남성의 일/여성의 시선
이라는 다층적 경계를 물질적으로 구현한다. 노부코는 이 남성들이 구
축하는 인프라의 경계에 위치함으로써 근대 지식 생산의 공간에 직접
편입되지 못한 주변적 주체로 자리하게 된다. 첫 문장부터 작가는 남성
과 여성을 구분하는 인프라를 매우 치밀하게 배치하는 셈이다. 창틀에
서 바라보는 주인공을 클로즈업한 후 그녀의 시선은 남성들의 영역으
로 향하게 한다.

> 방 중앙에는 직사각형의 큰 테이블이 놓여 있었다. 샹들리에의 불빛
> 은 그 테이블 위에 흩어져 있는 서류—타자기의 보라색 잉크가 번진 거
> 칠고 두꺼운 철붙이 뭉치, 모서리를 핀으로 고정해 반짝거리는 어떤 메
> 모—의 어수선한 더미와, 그 더미를 사이에 두고 마주 앉아 열심히 대조
> 하며 읽고 있는 두 남자를 선명하게 비추고 있었다.[15]

직사각형의 대형 테이블은 단순한 가구가 아니라 지식 생산의 플랫
폼으로 작동한다. 여기서 남성들은 문서를 읽고 맞춰 보며 '편집·검토'
라는 지적 노동을 수행한다. 테이블은 사회적 실천을 가능하게 하는 미
시적 단위의 장소성이다. 흩어진 서류, 두꺼운 서류철, 핀으로 고정된
메모는 이들이 모두 근대적 정보처리 인프라임을 독자에게 암시한다.
라킨은 "물리적 형태로서 인프라는 네트워크의 본질, 이동의 속도와 방
향, 시간성, 그리고 고장에 대한 취약성을 형성"[16]한다고 지적한다. 즉,
인프라는 순환을 위한 구조를 구성하여 "현대사회의 토대를 제공하며,

---

15 宮本百合子, 《全集》3卷, p. 5.

16 Brian Larkin. "The Politics and Poetics of Infrastructure," p. 328.

일상생활의 주변 환경을 생성"[17]한다는 것이다.

종이는 정보의 저장 및 공유 매체이고, 철침·핀은 문서를 엮고 구조화하는 기술적 장치이다. 타자기 잉크는 기계적 문서 생산 시스템의 흔적으로 읽을 수 있다. 이러한 사물들의 배열로 구성된 실내 풍경은 근대 일본에서 문서 기반 관료주의·지적 노동을 지탱한 인프라의 집합체를 그대로 보여 준다. 서류들이 비록 산란하고 잡다한 것처럼 묘사되지만, 이는 단순한 무질서가 아니다. 지식 생산을 비추는 샹들리에의 빛은 특정 대상(남성들의 작업)을 드러내고, 그 주변부(노부코)는 상대적으로 조명되지 않는다. 이 조명은 가시성·비가시성을 조직하는 장치로서, 근대 실내 공간에서 누가 중심인가, 누가 주변인가를 규정한다. 노부코가 조명의 중심에서 벗어나 있다는 설정은 근대 지식 생산의 주체로부터의 배제를 상징한다. 게다가 두 남자가 테이블을 사이에 두고 작업에 몰두하는 장면은 남성들의 전문적·합리적 노동을 강조하며, 여성은 이러한 지식 인프라에서 관찰자이자 주변인으로 위치된다.

라킨이 "인프라는 욕망과 환상의 형태를 드러내고 그 안에 저장하며, 때로는 기술적 기능과 완전히 독립된 물신적 측면을 띠기도 한다"[18]라고 지적하듯 인프라는 욕망과 환상을 저장한다. 《노부코》의 첫 장면에서 테이블·문서·조명은 단순한 기능적 장치가 아니라, 합리성·전문성·남성성이라는 근대적 욕망이 물질화된 공간적 페티시이다. 반대로 노부코는 그 욕망의 장면에 초대되지 않은 채, 그 장면을 멍하니 보는 자로만 남는다. 이렇듯 노부코의 서두 표현은 아주 단순한 작업 환경과 공간 인프라를 서술함으로써, 의식화되지 않는 일상생활 속에서 여성

---

17   Brian Larkin, "The Politics and Poetics of Infrastructure," p. 328.

18   Brian Larkin, "The Politics and Poetics of Infrastructure," p. 329.

주체가 소외되는 모습을 드러낸다.

노부코의 장소

인프라는 일상의 감각 조건을 형성하며, 일상생활의 주변 환경을 생성하는 방식에서 비롯되는 체화된 경험이다.[19] 여기서 문학적 인프라의 정의를 세우고자 한다. 인프라란, 첫째, 텍스트 내부의 공간·사물·조명·가구·문서 등 물질적 요소들이 만들어 내는 구조, 둘째, 그 구조가 인물의 신체 위치·가시성·감각·정동의 분포를 규정하는 서사적 장치, 셋째, 그러한 장치가 독자에게 특정한 근대성의 감각을 형성하도록 하는 기호적·미학적 형식을 의미한다. 즉, 문학 텍스트의 인프라는 고정된 배경이 아니라, 인물의 신체를 배치하고 관계를 형성하며 감각적 경험을 조율하는 작동적 구조로 이해될 수 있다.

이제 이러한 정의를 바탕으로 《노부코》 속 장소들이 어떠한 인프라적 장치로 기능하는지, 그리고 그 장소가 노부코의 신체와 경험을 어떻게 규정하는지 살펴보고자 한다. 아버지의 작업이 끝난 후 함께 투숙하는 호텔에서 나와 뉴욕의 유학생 모임에 초대받아 방문한 노부코는 유학생 사회에서도 소외감을 느낀다. 노부코는 건축가인 아버지를 따라 미국에 와서 유학을 할 예정이었다. 아버지는 3개월 정도 일하고 일본으로 귀국할 예정이라 자신의 인맥을 동원하여 유리코에게 인적 인프라를 제공하고자 했지만, 그 유학생회에서 노부코는 크게 이질감을 느끼

---

19 Brian Larkin, "The Politics and Poetics of Infrastructure," pp. 327-343.

고 소외되어 버린다.[20]

　　한동안 끊어졌던 학교 이야기와 유학생들의 소문이 곧 다시 살아났다. 어떤 사람은 노부코에게 친절하게 말을 걸어 왔다. 그녀는 싹싹하게 하나하나 대답했다. 그러나 마음은 이상하리만큼 침울해졌다. 노부코는, 이 방을 가득 채우고 있는 좁고 답답하며, 조금도 탁 트이지 않은 분위기가 어딘지 모르게 갑갑하여 도무지 익숙해질 수 없었다. 모처럼 새로운 자연과 인간의 생활 속으로 들어왔음에도 불구하고, 아무것도 보지도 듣지도 못한 채, 친구들과 모이면 과목, 과제, 바쁨, 혹은 제3자에게는 조금도 흥미를 불러일으키지 못할 사람들의 소문밖에 말할 수 없는 해외 유학생들의 처지에, 노부코는 두려움을 느꼈다.
　　매여 있는 듯한 그 느낌은 층 아래 홀로 내려가고 나서도 노부코에게서 떠나지 않았다.[21]

이 부분을 사와다 아키코 식으로 읽으면 노부코가 유학생들의 "통속적이고 평범한 집단"[22]에 실망한 것이 된다. 또 작가나 주인공의 내면에 입각한 평범한 해석으로 이 소설을 읽을 경우, 작가 주체가 어떻게 사회에 대항하는가 하는 작가의 내면적 "자기표현"[23]으로 환원되어 버린다. 또는 생소한 공간에 놓인 외부인이라면 누구나 느낄 법한 감정이라고

20　김주영, 〈미야모토 유리코(宮本百合子) 문학의 신체표현 -《노부코(伸子)》 도입부 분석을 중심으로 -〉, 190~194쪽.

21　宮本百合子,《全集》3卷, p. 13.

22　澤田章子,《《伸子》の情熱と知性〉, 伊豆利彦 外,《いまに生きる宮本百合子》, p. 58.

23　生方智子, 〈徴候としての身体 -《伸子》における〈主体〉の様態〉,《国文学 解釈と鑑賞》899, 2006, 至文堂, p. 101.

볼 수도 있다. 그런데 주인공은 유학생의 장소에 참여하려는 노력을 전혀 하지 않고 있으며, 오히려 그 부류에 들어가는 것을 거부한다. 유학생들의 모임 쪽에서도 사정은 비슷하다. 노부코가 느낀 "좁고 답답하며, 조금도 탁 트이지 않은 분위기"는 물리적 공간의 협소함을 의미하지 않는다. 오히려 그 방을 가득 채우고 있는 대화의 코드, 관심사, 관계 맺기의 방식이 하나의 밀폐된 체계를 이루고 있으며, 그 유학생 인프라 체계가 새로운 외부인을 배제하는 방식으로 작동함을 암시한다.

유학생들이 서로 공유하는 일상의 정보—과목, 과제, 바쁨, 유학생들끼리의 소문— 등은 표면적으로는 사소해 보이나, 실제로는 관심과 시간의 흐름을 독점하는 폐쇄적 회로를 형성한다. 노부코가 이 방의 분위기를 좁고 답답하다고 느낀 까닭은, 이 구조가 외부 세계와의 접속을 원천적으로 차단하는 구조이기 때문이다. 그녀는 자신이 "새로운 자연과 인간의 생활 속으로 들어왔다"고 인식하고 있음에도, 유학생들의 대화는 그 새로운 세계와 어떠한 관계도 맺지 않는다. 그들은 도시·자연·문화·사회라는 외부 환경과 단절된 채, 서로의 과제와 소문만을 반복하는 내부 순환적 정보 체계 안에 갇혀 있다.

이와 같은 인적 인프라의 작동 방식은 노부코에게 단순한 불편이 아니라 "두려움"으로 감각된다. 이 두려움의 감정을 삽입하는 것은 타인의 세계를 이해하지 못하는 데서 비롯된 감정이 아니라, 주인공의 감각과 신체가 이 구조에 의해 길을 잃는 체험을 서술하고자 하는 것이다. 그녀는 그 속에서 정보를 흡수하지도, 관계를 맺지도, 시간을 공유하지도 못하는 스스로의 위치를 자각하면서 정동적인 고립을 경험한다. 이때 노부코는 자신보다 연상으로 어른스럽고 말이 없으며 유학생 네트워크와 크게 섞이지 않고 있는 쓰쿠다를 주시한다.

노부코가 자리에서 벗어나 "아래층 홀"로 이동했음에도 "매여 있는 듯한 그 느낌"이 떠나지 않았다는 것은, 인프라적 부조화가 물리적 공간을 벗어난다고 해소되는 것이 아님을 입증한다. 즉, 그녀를 옭아맸던 것은 방이라는 장소 자체가 아니라, 그 방을 구성하는 관계적·정보적·감각적 조건의 네트워크였다. 소설에서는 이 뉴욕에서의 일본인 사교 인프라에 노부코는 참여하지 않고, 아버지의 병간호, 자신의 병간호에 몰두한 쓰쿠다와의 연애만으로 이야기가 진행된다. 그것은 지금부터 분석하는 노부코의 자의식과 관련하여 미국 생활에서의 인프라 부조화를 해소하기 위한 대체라고 할 수 있다.

유학생회에서 불편함을 느꼈던 노부코의 다음 날 아침 장면은 이와 매우 대조적이다. 그러나 이 대조는 단순히 장소의 변화가 아니라, 노부코의 신체가 놓인 인프라의 성격이 바뀐 결과다.

다음 날 아침, 노부코는 언제나처럼 원기를 회복하고 산뜻한 기분으로 잠에서 깨어났다. 침실의 커튼은 아직 닫힌 채였다. 커튼의 가느다란 틈 사이로 한 줄기 가늘고 떨리는 금실 같은 빛이 어스레한 방 안으로 비스듬히 들어와, 화장대 위의 분가루 단지에 작은 타오르는 횃불 같은 섬광을 만들어 내고 있었다.

그녀는 조용한 마음으로 이불을 걷어 내고 일어났다. 노부코는 목을 길게 빼어 건너편 침대를 바라보았다. 아버지는 이미 일어나 나간 듯했고, 침상은 비어 있었다.

노부코는 머리맡의 시계를 보았다. 아홉 시 반이 되어 있었다. 그녀는 문득 지난밤의 약속을 떠올렸다. ──

노부코는 실내복을 걸치고 창문을 열었다. 오늘도 좋은 날씨다. 약간 아지랑이 낀 하늘에 아침 햇살이 따스하게 비쳐, 10월 하순의 길거리와 건물 위를 환히 밝히고 있었다. 노부코는 특별히 서두르지 않고 세수를

하고 머리를 묶고 옷을 갈아입었다. 그녀는 간단한 흰 비단 칼라가 달린, 어젯밤과 같은 감청색 옷을 입고 넓은 홀로 내려갔다.[24]

우선, 호텔의 침실은 노부코가 타자의 시선에서 벗어나 자기 몸의 리듬을 회복하는 공간으로 기능한다. 커튼이 완전히 열리지 않은 채, 그 틈 사이로 들어오는 가느다란 빛은 전날의 샹들리에와는 달리 누군가의 작업을 강조하지 않고, 오히려 노부코의 신체와 동선에 맞춰 조용히 방을 물들인다. 전날의 남성적 중심성을 강조하던 빛과 달리, 이 아침의 빛은 그녀의 몸이 스스로를 감각하는 데 필요한 부드러운 환경을 만들어 준다.

이때 주목할 것은 호텔의 사물들이 그녀의 감각을 자극하고 다시 구성하는 방식이다. 분가루 단지 위에 비친 "작은 타오르는 횃불 같은 섬광"은, 전날 산란한 서류 뭉치 위에 떨어지던 샹들리에의 빛과 전혀 다른 종의 인프라적 상호작용이다. 전날의 빛이 지식 생산의 중심을 드러내며 여성 신체를 주변화하는 방향으로 작동했다면, 이 아침의 빛은 노부코의 신체를 향해 조용히 말을 걸며 그녀의 감각을 중심에 둔다.

창문을 여는 행위 또한 중요한 변환점이다. 전날 창틀 앞에서 노부코는 열린 공간 안으로 들어가지 못한 채 물리적·정동적 경계를 몸으로 경험했다. 그러나 호텔의 창문을 여는 순간, 그녀의 신체는 외부 세계와의 접촉을 스스로 선택하고 조율한다. 이는 더 이상 경계에 갇힌 몸이 아니라, 경계를 스스로 열고 외부와 관계를 맺는 몸으로 변모한 순간이다. 아침 세면, 머리 묶기, 옷을 갈아입는 행위는 단순한 일상적 루틴

---

24 宮本百合子,《全集》3卷, p. 17.

이 아니다. 전날 남성들이 서류를 정리하고 텍스트를 대조하며 공간의 중심을 점유하던 것과 달리, 이 아침의 사물—세면대, 거울, 손수건, 빗, 옷—은 모두 노부코의 몸을 위해 준비된 인프라들이다. 사물의 배치와 사용 방식, 그녀가 이 공간에서 움직이는 동선 모두가 그녀의 몸을 중심으로 공간이 작동하고 있음을 보여 준다.

결국, 아침, 호텔의 인프라 속에서 노부코의 몸은 전날과 달리 주체적·내적·감각적 중심성을 가진다. 전날의 그녀가 '경계에 선 몸'이었다면, 이 아침의 그녀는 '공간의 중심에서 자기 감각을 회복하는 몸'이다. 그녀가 중심이 되는 인프라 속에서 그녀의 주체성은 회복되고 안정된 자아를 획득할 수 있을 것이다. 그러나 이 회복은 완전하지 않다. 그녀는 곧 다시 외부의 낯선 인프라—뉴욕의 거리, 유학생 모임, 타 문화의 조도와 냄새와 소리—로 나가야 하며, 그 공간들은 다시 그녀의 신체에 압력을 가할 것이다. 바로 이 지점에서 노부코의 경험은 단순한 서사적 이동이 아니라, 신체가 낯선 인프라와 마주할 때 생기는 감각적, 정동적 조율의 반복 과정으로 읽히게 된다.

도시 인프라와의 부조화

다음 장면은 노부코가 아버지와 함께 호텔을 나와 도시 인프라로 진입하는 과정, 그리고 미술관 내부에서 경험하는 공간적·감각적 이질성을 중심으로 전개된다.

노부코는 열한 시가 되기 전에, 다운타운으로 가는 아버지와 함께 호텔을 나와 지하철역까지 함께 갔다. 거기서 헤어진 뒤, 그녀는 혼자서 걸어서 미술관으로 갔다.

　토요일, 일요일을 제외하면 관내는 조용했다. 오른편 입구에는 로댕의 작품만 모아 놓은 방이 있었다. 렘브란트의 '꽃을 든 여인' 앞에서는 이탈리아 사람으로 보이는 한 남자가 그것을 모사하고 있었다. 그는 열심히, 화가처럼 블라우스를 걸친 채 허리를 굽히고 원화와 자신의 화면을 번갈아 보며, 신비로운 원화가 지닌 훌륭한 색조를 재현하고자 세심하게 애쓰고 있었지만, 노부코의 눈에는 그의 캔버스는 흉측한 것 말고는 아무것도 아닌 듯 보였다. 또 한편에는, 잡지 표지에라도 쓸 모양인지, 아라비아인이 창을 휘두르며 뛰어오르는 검은 말을 타고 있는 그림을 석판화처럼 또렷하게 옮겨 그리고 있는 중년의 여자가 있었다. 노부코는 가벼운 점심을 아래층의 찻집에서 때운 뒤 이곳저곳을 두루 걸어다녔다.

　이제 돌아가려고 하던 참에, 그녀는 문득 어떤 생각이 떠올라 다시 한 번 위층으로 되돌아갔다. 잠시 헤맨 끝에, 안내인에게 물어 노부코는 인기 없는 전시실 하나에 들어갔다. 그곳은 고대 페르시아의 미술품과 필사본 등을 전시한 방이었다.[25]

이 장면은 전날 호텔에서의 아침 장면, 더 나아가 그 전날 밤 창틀에 기대 서 있던 노부코의 신체와 분명한 대비를 이룬다. 전날 밤 노부코의 신체가 방 내부와 외부의 경계면, 즉 창틀에 위치함으로써 참여하지 못하는 몸, 주변부로 머무는 몸의 상태를 나타냈다면, 본 장면에서의 신체는 외부 도시 인프라, 특히 지하철·거리·미술관이라는 일련의 공공적

25　宮本百合子,《全集》3卷, pp. 18-19.

공간 속으로 이동한다. 그러나 이 이동이 곧바로 장소적 귀속이나 안정감을 제공하는 것은 아니다. 오히려 노부코의 신체는 더 광범위하고 더 규율화된 구조들 속에 배치되면서, 새로운 형태의 이질감을 경험하게 된다.

도쿄의 일상적 인프라와 비교할 때, 뉴욕이라는 도시 공간은 노부코에게 감각적 리듬과 공간적 질감이 전혀 다른 구조물들의 집합체로 작용한다. 아버지와 헤어진 뒤 혼자 걷는 길은 단순한 이동이 아니라, 그녀의 신체가 도시 인프라의 낯선 리듬 속으로 진입하는 경험을 의미한다. 이 과정을 낯선 도시에서 누구나 겪을 법한 이질감 혹은 노스탤지어와 다른 점에 주목해서 보자. 왜냐하면, 그 과정에서 노부코는 장소적 주체성을 회복하기보다는 오히려 더 미묘한 소외를 겪는다. 이는 그녀가 도착하는 미술관에서 더욱 명백하게 드러난다.

미술관은 근대 도시가 구축해 온 일종의 감각 규율의 제도적 공간이다. 정해진 동선, 통제된 조명, 작품 앞의 침묵과 '감상자'로서의 신체 규범이 미술관 내부를 구성한다. 노부코는 이러한 공간적 규범성을 즉각적으로 감지하며, 미술관이 제공하는 감각의 코드—조명·소리·동선·거리—가 자신의 신체 감각과 일치하지 않음을 깨닫는다. 로댕 전시실에서 모사에 몰두하는 남성 화가, 아라비아인의 역동적 이미지를 기계적으로 재현하는 중년 여성은 모두 미술관이 부과하는 '재현의 규칙'을 수행하는 신체들이다. 이 신체들은 공간의 구조에 부합하여 그 기능을 수행하지만, 노부코의 시선에는 이들의 행위가 불편하고 부자연스럽게 비친다. 그녀의 신체는 그 규칙의 일부가 아니라 그 외부에서 이를 관찰하는 위치에 서 있기 때문이다.

이러한 이질감은 그녀가 미술관의 중심부를 벗어나 "인기 없는 전시실"로 향하는 장면에서 절정에 달한다. 노부코는 자연스럽게 중심적 공간이 아닌 경계 공간 혹은 주변부의 장소로 발길을 옮긴다. 이는 단순히 호기심에서 비롯된 이동이 아니라, 오히려 미술관의 규범적 감각 체계와 부합하지 않는 자신의 신체를 수용할 수 있는 장소를 찾아가는 것으로 이해할 수 있다. 고대 페르시아의 유물과 필사본이 놓인 전시실은 관람객이 거의 없는 장소이며, 노부코는 바로 그 비어 있음 속에서 일시적으로나마 자신의 감각을 회복할 수 있는 틈을 발견한다.

이 장면의 핵심은, 노부코의 신체가 미술관의 감각적·공간적 인프라에 매끄럽게 편입되지 못함으로써 나타나는 장소적 부적응, 그리고 그 부적응 속에서 오히려 경계적 장소를 선택하는 신체의 방향성이다. 전날 밤의 창틀, 호텔의 아침, 그리고 미술관은 모두 노부코의 신체가 놓이는 공간적 조건이 어떻게 다른지를 보여 주는 서사적 지점이다. 그러나 공통된 점이 있다면, 노부코의 신체는 언제나 공간의 중심이 아니라 주변·경계·빈 공간을 향하고 있으며, 그 장소들을 통해서만 자신의 감각과 존재성을 겨우 확보할 수 있다는 점이다. 이러한 반복은 이 소설이 여성 주체가 외부적 구조물 속에서 어떻게 위치화되고, 어떻게 소외되며, 또 어떻게 자신만의 공간적 감각을 모색하는가를 서사적으로 드러내는 방식이라 할 수 있다.

노부코가 아침 일찍 호텔에서 나와 지하철역으로 향하는 장면은, 그녀의 신체가 본격적으로 도시 인프라의 흐름 속으로 흡수되는 순간을 제시한다. 그러나 이 흡수는 순조로운 편입이 아니라, 오히려 감각적 혼란·공간적 오류·리듬의 불일치를 통해 노부코의 신체가 도시 인프라와 부조화를 일으키는 과정을 선명히 드러낸다.

노부코는 수면 부족으로 이상하게 오싹거리는 몸을 외투에 감싸고, 커피와 달걀만으로 아침을 때운 채 외출했다. 출근 시간이라 지하철역에는 신문과 서류 가방을 들고 있는 남녀가 몰려 있었다. 노부코는 마침 들어온 급행열차에 올라탔다. 호텔에서 대학교까지는 20분도 걸리지 않을 예정이었다. 116번가라는 곳에서 내렸다. 플랫폼의 구조가 전에 쓰쿠다와 함께 내렸을 때와 조금 다르다는 점을 수상하게 여기면서 개찰구를 지나 거리로 나왔다. 거리 풍경을 잠시 훑어본 노부코는 이내 난감해졌다. … 역 앞 광장에서 C대학의 건물이 보이기는커녕, 거리 양쪽에 늘어선 것은 창고 같은 건물들뿐이었다. 지하철에서 함께 쏟아져 나온 사람들은 냉담하게 모퉁이를 돌아 모두 사라져 버렸고, 오래된 신문지가 흩어진 더러운 아침 보도 위를 드문드문 느릿하게 걷고 있는 사람들은 줄무늬 바지에 검정 상의와 사냥모를 쓴 남자나 작업복 차림의 노동자들뿐이었다.

노부코는 마음을 정하고 한결같이 어퍼타운을 향해 걷기 시작했다. 학교는 120번가에 있었다. … 한참이나 걸은 끝에 그녀는 겨우 한 명의 교통경찰을 만났고, 그제야 자신이 열차를 잘못 타서 브로드웨이보다 훨씬 동쪽으로 와 버렸다는 사실을 처음으로 알게 되었다.[26]

우선, "수면 부족으로 이상하게 오싹거리는 몸"이라는 표현은 단순한 긴장 혹은 불안의 심리적 반응을 넘어, 그 뒤에 실제로 드러나는 바와 같이 병으로 이어질 신체적 전조로 읽힌다. 그러나 흥미로운 점은 이 신체적 불편이 단지 생리적 징후에 그치지 않고, 노부코의 몸이 외부 환경―특히 뉴욕의 급격한 기후 변화, 도시의 밀도, 지하철의 공기, 출퇴근 체계가 만들어 내는 압력―을 제대로 감지하고 조율하지 못하는 경

---

26 宮本百合子,《全集》3卷, p. 52.

험과 맞물려 있다는 사실이다. 즉, 그녀의 신체는 이미 약화된 상태에서 도시 인프라의 이질적인 조건을 맞닥뜨리고 있으며, 그 조응 실패가 곧 감기라는 생리적 현실로 구체화되는 셈이다.

여기서 독자들은 왜 이와 같은 서사에 큰 영향을 미치지 않는 '길 잃음'을 텍스트가 미시적으로 묘사하는지, 그 서술 의도를 궁금해할 수 있다. 출근 시간대 지하철역에 몰린 사람들의 동작, 호흡, 걸음의 속도, 신문과 서류 가방으로 표준화된 움직임은 하나의 규율화된 도시적 신체성을 구성한다. 이러한 속도와 밀도는 노부코의 몸에 맞지 않는 리듬을 강요하며, 그녀는 그 흐름에 따라잡히듯 급행열차에 올라탄다. 그러나 이미 병의 전조로 민감해진 그녀의 신체는 이 흐름과 템포에 제대로 적응하지 못한다. 이 점은 이후의 방향감각 상실과 공간적 판단 오류로도 이어진다.

이때부터 노부코의 신체는 뉴욕 도시 인프라가 제공하는 정보 구조 안에서 지속적으로 길을 잃는다. 116번가역의 플랫폼이 "전에 쓰쿠다와 함께 내렸을 때와 조금 다르다"고 느낀 순간은, 도시 인프라가 표면적으로는 동일한 구조를 지닌 것처럼 보이나, 실제로는 초미세한 차이들로 구성된 감각적 지형임을 드러낸다. 건강한 신체라면 순간적으로 보정할 수 있는 이러한 미세한 차이는, 이미 불편을 느끼는 노부코에게는 더욱 크게 다가온다.

지상으로 올라온 뒤 노부코가 마주한 거리 풍경—창고 같은 건물들, 흩어진 신문지, 사라져 버린 사람들—은 도시적 감각 체계와의 불협화음을 더욱 심화시킨다. 여기서 그녀가 느끼는 당혹감은 단순한 낯섦이 아니라, 신체적 컨디션과 도시 인프라의 리듬이 서로 맞물리지 않는 상황에서 발생하는 공간 감각의 붕괴라고 할 수 있다.

결국 노부코가 120번가를 향해 걸어가는 행위는 자신을 중심으로 한 방향 탐색이라기보다, 감각적 불안과 신체적 불편을 안고 도시의 구조에 맞서 버티는 형태의 이동으로 변모한다. 그녀가 교통경찰을 통해 "브로 드웨이보다 훨씬 동쪽으로 와 버렸다"는 것을 알게 되는 상황은, 그녀의 이탈이 단순한 공간적 실수라기보다는, 이미 약화된 신체가 도시의 인프 라적 질감과 충돌하는 과정에서 필연적으로 발생한 결과임을 시사한다.

요컨대 이 장면에서의 인프라 부조화는 신체와 환경 간의 조응 실패 를 단순히 표상하는 데서 그치지 않는다. 그것은 감기라는 생리적 약화 와 도시 인프라가 요구하는 속도·규범·감각 체계가 서로 엇갈리면서 발생하는 구조적 부조화를 보여 준다. 노부코의 신체는 결국 도시의 흐 름 안으로 자연스럽게 통합되지 못한 채 주변부로 밀려나며, 이러한 과 정은《노부코》전반에서 반복되는 장소적 소외의 핵심 구조를 이루고 있다. 이 장소적 소외는 미국 생활을 마친 소회도 없이 쓰쿠다와 결혼하 고 급작스럽게 귀국해 버리는 부자연스러운 서사의 흐름을 이해할 수 있게 해 준다.

여성 주체를
주변화시키는 인프라

《노부코》에서 주인공이 미국 사회를 향해 일관되게 비판적 시선을 드 러내는 이유는, 단순한 문화적 낯섦이나 성격적 기질에서 찾을 수 없다. 이 글의 분석에서 보았듯이 그 원인은 인프라의 부조화에서 비롯된 장 소적 소외에 있다. 기존 연구가 지적하듯이,[27] 노부코는 미국에 대해 비

---

27 김주영,〈미야모토 유리코의 미국관〉, 129~147쪽.

평가와도 같은 태도를 견지하지만, 본 연구는 그 태도의 구조적 근거가 여성 주체를 주변화하는 인프라적 조건에 있음을 밝히고자 했다.

첫째, 아버지의 작업실 장면에서 확인했듯이, 미국 사회를 구성하는 공간적·물질적 인프라는 여성의 신체를 중심에서 배제하는 방식으로 작동한다. 노부코는 창틀이라는 경계에 놓인 채 남성들의 생산 활동을 보는 위치에 고정되며, 이는 그녀의 신체를 처음부터 주변으로 밀어낸다. 둘째, 미국 유학생 사회에서의 이질감은 단순히 인간관계의 어색함이 아니라, 유학생 공동체가 형성한 폐쇄적인 인적 인프라의 작동 방식에 편입되지 못한 데서 발생한다. 과제·시험·소문으로만 순환하는 좁은 대화의 회로는 노부코의 신체와 감각을 수용할 자리를 제공하지 못한다. 셋째, 뉴욕의 지하철·거리·미술관·호텔로 이어지는 도시 인프라는 노부코의 감각적 리듬과 지속적으로 충돌하며, 방향감각 상실·정동적 피로·신체적 불편함이라는 형태로 부조화를 드러낸다. 이 복합적 부조화는 결국 그녀에게 도시 전체가 '자신의 장소가 아닌 것'으로 경험되도록 만든다.

이러한 인프라적 소외 속에서 노부코가 쓰쿠다 이치로에게 점차 의지하게 되는 과정은, 단순한 남녀 간의 감정적 결속이나 모성 본능의 발현만으로 설명될 수 없다. 작중 서사 구조와 실제 작가 미야모토 유리코의 경험이 암시하듯이, 쓰쿠다는 노부코가 미국 사회의 인프라 속에서 경험한 압박과 부적응을 완충하는 유일한 매개였다고 볼 수 있다. 다시 말해, 쓰쿠다에게 기울어진 감정은 미국 사회의 인프라가 제공하지 못했던 안정성·소속감·해석 가능성을 보충해 주는 기능을 수행했다. 그러한 기능은 서구 근대의 남성중심적 질서 속에서 질식할 듯한 주체가 생존을 위해 찾게 된 대체적 기반이었다고 할 수 있다.

결국《노부코》의 미국 비판은 단순한 문화적 충돌이 아니라, 여성 주체가 미국의 인프라 체계 속에서 반복적으로 주변화되고 배제되는 구조적 경험을 반영한다. 노부코는 미국을 향해 비판적인 태도를 견지하는 것이 아니라, 그녀의 신체가 배치된 환경이 그녀를 지속적으로 소외시키는 방식에 반응하고 있을 뿐이다. 이 점이 중요한 것은 작가가 소설 텍스트에 의식적이든 무의식적이든 인프라 부조화 장면들을 강조함으로써 독자들에게는 어떤 메시지가 전달되는가 하는 것이다.

결국 일본에서 미국으로 건너온 주인공의 낯설고 어색한 인프라 경험이 부각되는 장면들을 해석하면, 주인공의 자의식은 일본이든 미국이든 수용될 여지가 없어 보인다. 따라서 이 글은 노부코의 미국 체류 장면을 단순히 문화적 차이만의 문제가 아니라 인프라적 부조화를 겪는 주인공의 문제로 전환해 읽음으로써, 이 소설이 여성 주체가 여전히 억압당하는 미국에 비판적 메시지를 담고 있는 텍스트라는 점을 보여 준다.

참고문헌

김주영, 〈미야모토 유리코의 여성적 글쓰기 – 결혼모티프를 통해 본《노부코》와《암야행로》–〉,《세계문학비교연구》41, 2012.

김주영, 〈미야모토 유리코(宮本百合子) 문학에 나타난 주인공 분석〉,《일본학연구》35, 2012.

김주영, 〈미야모토 유리코(宮本百合子) 문학의 신체표현 –《노부코(伸子)》도입부 분석을 중심으로 –〉,《일본어문학》53, 2012.

김주영, 〈미야모토 유리코의 미국관〉,《일본어문학》55, 2012.

岩淵宏子,《宮本百合子─家族, 政治, そしてフェミニズム》, 翰林書房, 1996.

生方智子, 〈徴候としての身体 –《伸子》における〈主体〉の様態〉,《国文学 解釈と鑑賞》899, 至文堂, 2006.

江種満子. 《《伸子》論 – ディスタンクシオン(卓越化)とジェンダーの交点 –〉, 翰林書房, 2001.

澤田章子,《《伸子》の情熱と知性〉, 伊豆利彦 外,《いまに生きる宮本百合子》, 新日本出版社, 2004.

沼沢和子,《《伸子》のプロポーズ〉, 江種満子・漆田和代編,《女が読む日本近代文学》, 新曜社, 1992.

宮本百合子,《宮本百合子全集》3卷, 新日本出版社刊, 1979.

Larkin, Brian. "The Politics and Poetics of Infrastructure," *Annual Review of Anthropology* 42, 2013, pp. 327–343.

건국대학교 모빌리티인문학연구원 사이트. https://mobilityhumanities.org/hk3-0-infrastructure-humanities/#section-01 (접속일 2025년 11월 20일)

인프라는 인간을 어떻게 윤리적으로 형성하는가?

: 히라노 게이치로平野啓一郎의 〈한 남자ある男〉를 중심으로

| 양명심 |

이 글은 《日本文化學報》 제107집(2025. 11.)에 게재된 원고를 수정 및 보완하여 재수록한 것이다.

인프라로 읽는
문학 텍스트

히라노 게이치로平野啓一郎(1975~)의 소설《한 남자ぁる男》는 한 남자가 자신의 법적 신분인 호적을 바꾸고 다른 사람으로 살다가 죽음과 함께 이 사실이 알려지면서 출생과 함께 부여되는 국가의 제도적 시스템이 갖는 정치적, 윤리적 문제에 대해 물음을 제기하는 소설이다. 여기서 문제가 되는 '호적제도'는 일상생활에서 가시적으로 드러나지 않지만 일본 사회에서 국민을 안정적으로 관리하고 사회질서를 유지하기 위해 사용한 하나의 제도적 기반, 즉 사회적 인프라였다.

인프라스트럭처Infrastructure(이하 '인프라'로 표기)로 번역되는 기반시설은 보통 사람이나 물, 에너지, 자원, 정보와 같이 지구상에 있는 모든 것을 유통하는 데 관여하는 과학기술 체제를 가리키는 의미로 사용되었다. 1995년에 외래어로 '인프라'라는 용어 사용을 국립국어원이 허용하면서, 기반시설이라는 말과 함께 '인프라'라는 외래어가 일상적으로 친숙하게 사용되고 있다.[1] 좁은 의미에서 보면 인프라는 도로, 다리, 통신망과 같은 물리적이고 기술적인 구조물을 의미하는데 역사학자들은 그동안 이러한 맥락에서 인프라를 연구해 왔다.[2] 인프라를 물리적이고 기술적인 기반시설로 이해하며 "비활성적이고 거의 비가시적이고 기능적으로 보는 근대적 표상" 때문[3]에 인문학 영역에서는 인프라 관련 연

---

1 이정, 〈기반 시설, 혹은 사회생태 기간망을 통한 생태적 역사학〉, 《개념과 소통》 33, 2024, 319쪽.

2 Mary Bridges, "The Infrastructural Turn in Historical Scholarship," *Modern American History* 6-1, 2023, p. 105.

3 Marco Di Nunzio,, "Anthropology of Infrastructure", *LSE Cities*, Governing Infrastructure Interfaces-Research Note 1, 2018, p. 1.

구에 크게 관심을 보이지 않았다.

1990년대 초 이후, '인프라'는 연구 대상이자 분석 개념으로서 사회과학과 인문학 분야에서 점점 더 주목을 받기 시작[4]했고, 연구 영역 또한 확대되면서 물질과 비물질을 포함한 다양한 범주의 인프라 유형에 대한 폭넓은 연구와 중층적 개념 해석이 시도되고 있다.[5] 인프라에 대한 연구가 심화, 확대되고 있는 것은 '인프라' 개념이 단일한 구조물이나 현상을 넘어서 문화적, 정치적, 경제적 권력이 서로 얽혀 있는 물질적 연결성과 틀을 분석하는 수단으로 확장되고 있음을 의미한다.[6] 인프라 연구에 대한 높은 관심은 물질적 시스템이나 구조물로서의 인프라 범위를 넘어 새로운 인프라에 대한 개념화를 보여 주고 있다. 즉, 단순히 눈에 보이는 도로, 다리와 같은 구조물뿐 아니라 학교, 금융 시스템, 푸드 체인, 감옥, 가족과 같은 비물질적인 제도와 규범들을 포괄하는 것[7]임을 의미한다. 이처럼 인프라에 대한 관심이 인문학의 영역으로까지 확장되고 연구의 필요성 또한 강조되고 있지만, 아직까지 국내에서 인프라에 대한 인문학적 관점에서의 연구는 시작 단계에 있다.

2022년 '모빌리티, 인프라, 그리고 인문학Mobility, Infrastructure, and the Humanities'이라는 주제로 개최된 건국대학교 글로벌 모빌리티인문학 컨퍼런스(GMHC)에서는 기술, 지리, 역사, 문화뿐만 아니라 사회적 존재, 윤

---

4 Axel Volmar, "From Systems to "Infrastructuring": Infrastructure Theory and Its Impact on Writing the History of Media", *Rethinking Infrastructure Across the Humanities*, 2023, p. 51.

5 김태희, 〈인류세의 기후 – 인프라: 인프라 인문학의 관점에서〉, 《International Journal of Diaspora & Cultural Criticism》 15-2, 2025, 21쪽.

6 Mary Bridges, "The Infrastructural Turn in Historical Scholarship," p. 105.

7 김수철 · 이희은 · 김영욱 · 정은혜 · 고민경 · 백일순 · 파라 셰이크 · 이병하 · 이용균, 《모빌리티 인프라스트럭처와 생활세계》, 앨피, 2025, 10쪽.

리, 정의, 감정 등의 관점에서 모빌리티 인프라를 논의한 바 있다.[8] 이 컨퍼런스를 기반으로 한 특집호《Mobility Humanities》에 실린 논문들은 모빌리티와 인프라에 대한 다성적인 접근을 통해 이 두 개념의 범주를 확장하여 모빌리티를 개념화하고, 물질적 측면뿐만이 아니라 비물질적인 인프라에 대한 연구 가능성까지 제시하고 있다.[9] 또한 최근에 학술지《International Journal of Diaspora & Cultural Criticism》은 '인프라 인문학의 시각으로 탐구하는 인류세Exploring the Anthropocene through the Lens of Infrastructure Humanities'를 주제로 특집호를 발간하였다. 여기에는 '인프라 인문학'을 "인프라의 복합적 성향과 개념적 잠재력을 토대로 세계의 (재)형성에 관한 학문-횡단적 연구를 수행하는 학문"으로 정의 내리고, 그 실천 방법으로서 인프라 텍스트 연구를 시론적으로 연구[10]한 이진형의 논문이 발표되었다.

이 글에서는 인프라 연구를 둘러싼 이러한 최근 연구 결과를 참조하면서 인문학적 인프라 연구의 일환으로 인프라의 기능적, 물리적인 개념을 넘어 인프라 텍스트 연구의 한 사례로서 문학작품을 매개로 한 인프라 텍스트 연구를 시도해 보고자 한다. "인프라의 복합적 성향과 개념적 잠재력을 고려한"[11] 인프라 인문학의 관점에서 인프라가 인간의 삶과 어떻게 관계하는지 '인프라'의 서사적 재현 양상을 앞서 언급한 히라

---

8   건국대학교 글로벌 모빌리티인문학 컨퍼런스(GMHC) 웹사이트. https://www.mobility humanities.net/copy-of-2021-gmhc (검색일 2025년 11월 12일)

9   Peter Adey, Jinhyoung Lee, Giada Peterle and Tania Rossetto, "Mobility, Infrastructure, and the Humanities", *Mobility Humanities* 3-1, 2024, p. 9.

10 이진형, 〈인프라 인문학과 인프라 텍스트 연구 시론〉, 《International Journal of Diaspora & Cultural Criticism》 15-2, 2025, 103~104쪽.

11 이진형, 〈인프라 인문학과 인프라 텍스트 연구 시론〉, 122쪽.

노의 작품을 통해 분석해 보고자 한다.

작품 속에서 인프라가 어떻게 인간의 삶을 구성하거나 제한하는지, 나아가 윤리적·존재론적 주체로서의 인간을 형성하는지, 인프라와 인간의 관계에 주목하여 비물질적 인프라로서 호적제도를 재개념화해 보고자 한다. 여기서 '인프라'는 법이나 제도, 정책 등 인간 삶의 기반이 되는 사회구조와 같은 비물질적 인프라까지 포괄하는 넓은 의미[12]를 담고 있다.

일본 사회에서 '호적'은 천황을 중심으로 한 통일국가를 건설하려는 목적으로 국민을 새롭게 공식적으로 등록한 기술이다. 일본은 호적을 사용해 국민이라는 관념을 만들어 냈고, 호적은 바로 그 국민의 존재 방식을 결정짓는[13] 인프라였다. 히라노의 소설《한 남자》는 가족을 단위로 호적에 등록된 자아와 개인의 선택과 경험에 의해 구성된 자아가 고정된 것이 아니며, 또한 반드시 일치하지 않을 수 있음을 함께 보여 주는 작품이다. 이러한 점에서 이 작품은 '호적'이라는 비물질적 인프라의 서사적 재현 양상을 탐구하기 위한 좋은 제재라고 말할 수 있다.

1999년 작품《일식日蝕》으로 제120회 아쿠타가와상芥川賞을 수상한 히라노는 당시 23세의 최연소 수상이라는 찬사와 함께 주목을 받았고, 그 이후에도 각종 문학상을 수상하며 일본 현대문학을 대표하는 작가로 지위를 굳혔다.《한 남자》는 2018년 제70회 요미우리 문학상読売文学賞을 수상한 작품으로 2022년 일본에서 영화로 제작되었으며, 한국에서도 2023년에 개봉되어 화제가 된 바 있다.

---

12 김태희,〈인류세의 기후 – 인프라: 인프라 인문학의 관점에서〉, 21쪽.

13 임경택,〈일본식 근대 호적기술의 전개과정과 이에(家) 및 이에제도〉,《일본사상》18, 2010, 177쪽.

히라노는 그의 공식 홈페이지에서 저작을 중심으로 문학적 시기를 제1기 낭만주의 3부작, 제2기 단편·실험기, 제3기 전기 분인주의, 제4기 후기 분인주의로 구분하고 있다. 작품 《한 남자》는 제4기에 해당하는 2010년대에 발표되었는데, 이때는 세계화의 분위기가 활기를 띠면서 일본 국내외의 배타적 민족주의가 한층 더 고조된 시기였다.[14] 히라노는 "일본 문단의 주류에 편승하지 않고 현시대가 직면한 암울한 상황과 사회적 논란을 직시하며 세상과 독자의 변화에 민감하게 반응"[15]해 온 작가로 평가받고 있듯이 오랫동안 쟁점이 된 일본 내 외국인 차별 문제, 혐한 문제, 헤이트스피치, 배외주의에 대한 문제의식을 지속적으로 제기해 왔다.

앞서 언급한 바와 같이 히라노는 일본 현대문학의 한 축을 장식해 온 작가임에도 불구하고 국내에서 그의 작품에 대한 연구는 활발히 이루어졌다고 보기 어렵다. 비교적 최근에 일본에서의 한국과 한국인에 대한 인식을 연구한 논문에서 자이니치在日가 등장하는 히라노의 《한 남자》를 한 예로 분석하였고,[16] 히라노가 그의 작품에서 일관되게 다루고 있는 '분인주의' 개념과 그것이 텍스트에서 어떻게 구현되는지를 고찰한 논문[17]이 발표된 정도이다. 일본에서의 연구 상황도 구체적인 작품론보다 주요 작품에 대한 소개나 감상, 서평, 평론을 중심으로 히라노의

---

14 平野啓一郎 公式サイト. https://k-hirano.com/books (검색일 2025년 10월 11일)

15 김소희, 〈히라노 게이치로(平野啓一郎) 문학 연구 – 분인주의 사상의 문학적 구현을 중심으로〉, 《일본어문학》 109, 2025, 192쪽.

16 심정명, 〈2000년대 이후 일본 문학에 나타난 한국인 표상: 한국인 등장인물의 (비)한국성〉, 《일본비평》 27, 2022, 154~181쪽.

17 김소희, 〈히라노 게이치로(平野啓一郎) 문학 연구 – 분인주의 사상의 문학적 구현을 중심으로〉, 191~216쪽.

작품을 큰 틀에서 언급하고 있는 데 불과하다.[18]

따라서 여기서는 선행 연구에서 밝힌 분석 결과를 토대로 한 개인과 집단의 정체성이 '인프라'를 통해 어떻게 재구성될 수 있는지 분석해 보고자 한다. 앞에서도 언급한 바와 같이 사회과학 분야에서 인프라를 사회가 정상적으로 작동하게 하고 사회구조를 지탱하게 하는 '기술적 수단'이자 부차적인 것으로 다루었다면, 지금은 인간의 삶이 인프라에 의해 어떻게 형태화되거나 통제될 수 있는지[19]에 대한 문제로까지 관심이 확대되고 있다. 이러한 연구 흐름을 반영하여 구체적으로 작품 속에서 '호적'이라는 비물질적 인프라가 인간의 삶을 어떻게 지배하고 억압할 수 있는지 고찰해 보고, 인프라와 인간의 상호작용과 그 관계 맺음을 통해 드러나는 상징적 인프라의 윤리와 정치성에 대해 탐구해 보고자 한다.

소설 《한 남자》
: 호적의 인프라적 기능과 균열

이 소설은 크게 서사를 이끌어 가는 자이니치 기도 아키라城戸章良의 삶과 그에게 사건을 의뢰한 다케모토 리에竹本里枝의 죽은 남편 'X'를 중

---

18 青木陽子, 〈平野啓一郎《ある男》〉, 《民主文学》 649, 日本民主主義文学会, 2019, pp. 114-
    119; 鈴村和成, 《《ある男》とは誰か?》, 《文學界》 72-10, 文藝春秋, 2018, pp. 32-38; 亀山郁
    夫, 《《ある男》感想》, 《文學界》 72(10), 文藝春秋, 2018, pp. 26-28; 若林正恭, 《《ある男》にな
    りたい》, 《文學界》 72-10, 文藝春秋, 2018, pp. 29-3; 富岡幸一郎 · 諏訪哲史 · 朝比奈あす
    か, 〈創作合評(第508回)《ある男》平野啓一郎, 〈生き方の問題〉乗代雄介, 〈藁の王〉谷崎由依〉,
    《群像》 73-7, 講談社, 2018, pp. 386-401.

19 전원근, 〈연안마을 인프라의 연쇄와 폐허의 생산: 애월항의 다중적 모빌리티를 중심으로〉,
    《사회와 이론》 49, 2024, 94~95쪽.

심으로 한 삶으로 나눌 수 있다.

정체를 알 수 없는 'X'의 과거를 추적해 가는 미스터리 소설의 성격을 띠는 이 작품은 이혼 전문 변호사이자 현재는 일본인으로 귀화한 자이니치 3세 기도 아키라가 중심이 되어 서사를 전개해 나간다. 그는 네 살짜리 아들이 있고, 부인 가오리香織와는 이혼을 생각할 정도로 가정생활의 위기를 겪고 있다. 그런 기도의 일상에 과거 의뢰인이었던 리에가 다시 등장하고, 그녀의 남편과 관련한 사건을 맡게 되면서 그의 일상에 변화가 찾아온다.

리에는 누구나 알 만한 동네 문구점의 외동딸로 둘째 아들을 뇌종양으로 잃고 첫 번째 남편과 이혼 후, 큰아들과 함께 본가로 돌아와 어머니를 대신해 문구점을 꾸려 나갔다. 문구점의 손님으로 드나들던 다니구치 다이스케谷口大祐와 인연이 되어 재혼을 하게 되지만 결혼 생활 3년 9개월 만에 두 번째 남편마저 사고로 잃는다. 그런데 남편이 세상을 떠난 뒤, 남편의 이름과 과거를 포함해 모든 것이 전혀 다른 사람의 것이었으며, 함께 살던 남편이 실제 리에가 알던 사람이 아니라는 사실이 밝혀진다. 충격에 빠진 리에는 첫 번째 남편과의 이혼을 도와주었던 변호사 기도에게 두 번째 남편 다이스케에 대한 진상 조사를 의뢰한다. 기도는 다니구치라고 불렸던 리에의 남편을 'X'로 칭하고 리에의 남편이 실제 어떤 인물이었는지 정체를 밝히기 위해 다이스케의 친형 교이치恭一와 다이스케의 과거 연인이었던 미스즈美涼를 시작으로 관련 인물들을 한 명씩 만나며 본격적인 조사를 시작한다.

결국 리에의 죽은 남편 'X'가 호적을 사고파는 브로커를 통해 호적을 매매했다는 사실이 밝혀진다. 1985년에 살인 사건을 저지른 고바야시 겐키치小林謙吉의 아들은 먼저 소매치기의 아들 소네자키曾根崎와 호적을 바꿨고, 다시 다니구치와 두 번째 호적을 바꿨다. 결국 리에와 결혼한 'X'라는 남자는 도박으로 진 빚 때문에 살인과 방화를 저지른 사형수의 아들 하라 마코토原誠였다. 그리고 가족과의 불화로 인연을 끊고 싶었던 진짜 다니구치 다이스케는 타인의 호적을 매매하여 과거를 지우고 다른 사람의 신분으로 살고 있었다. 이 소설은 미스터리 소설의 성격으로 'X'의 정체를 파헤치는 구조이지만, 호적제도가 사회적 인프라로 기능하는 방식에 따라 한 인간에게 주어진 정체성이 어떻게 재형성될 수 있는지에 대한 윤리적 물음을 남긴 채 열린 결말로 마무리된다.

호적은 율령제 시대부터 기본적으로 징세와 치안 유지가 그 목적이었고, 에도 시대에는 그리스도교를 금지하기 위해 좀 더 내밀하게 개입해서 '종문인별장宗門人別帳'으로 출생부터 혼인, 양자 결연, 이혼, 주소 변경, 직업 변경, 사망 등등 개인의 ID를 광범위하게 관리했다.[20]

기능적 측면에서의 호적제도는 인용문에서 알 수 있듯이 일본 사회에서 국민을 안정적으로 관리하기 위한 장치 중 하나였다. 호적은 개인의 출생, 혼인, 이혼, 사망, 입양 등을 포함해 모든 '가족의 이력'을 기록하는 데이터로서 일본 사회에서 법적으로 개인의 정체성에 공식성을 부여하는 기초 인프라 기술이었다. 호적은 본래 행정 처리 목적을 위해 등록하는 것이 일반적이지만, 일본에서는 호적제도를 만들어 국민을 하나의 '재산'으로서 등록하는 자체가 최초의 목적[21]이었다. 그런데 호적에는 일본 국적을 가진 사람만 기재될 수 있었기 때문에 결국 호적은 일

---

20 히라노 게이치로,《한 남자》, 양윤옥 옮김, 현대문학, 2020, 170쪽. 이하 텍스트 인용은 쪽수만 표기함.

21 임경택,〈일본식 근대 호적기술의 전개과정과 이에(家) 및 이에제도〉, 179쪽.

본인임을 증명하는 하나의 공적인 증명서 역할을 했다.[22] 역사적으로 거슬러 올라가면 고대 국가부터 호적은 징세나 징병을 부과하기 위해 국민을 인적자원으로 파악하는 수단이었다.[23] 이동이 잦은 직업인이나 주소 없이 떠도는 사람 등 호적과 관계없이 살아가는 사람들은 지속적으로 존재했고, 징병을 피하기 위해 허위로 사망신고를 하거나 실종을 가장하는 등의 방법으로 자신의 호적 지우기[24]를 시도하는 경우도 있었다.

작품 속에서 호적 매매 행위는 한 인간이 도덕적으로 어떤 사람이고 과거에 어떤 삶을 살아왔는가보다 국가의 등록 시스템이 증명하는 호적이 한 인간의 정체성을 규정하고 정의하는 기준으로 여겨지는 사회 구조에서 비롯되었다. 불법적으로라도 신분을 바꿔 출생과 함께 맺어진 관계를 끊고, 어두운 가족의 이력을 지움으로써 법적 정체성을 새롭게 구성하려는 시도가 이루어졌던 것이다. 호적은 가족 단위로 기록되면서 개인의 자율성을 제한하는 구속력을 지녔는데, 그런 의미에서 호적은 단순히 국민을 관리하기 위한 행정 처리 목적뿐 아니라 개인의 법적 정체성과 사회적 지위를 규정하고 제한하는 기능까지도 포함하고 있었다. 기도는 이 미스터리를 파헤치며, 호적이 바뀐 인물들의 삶을 재구성하면서 한 인간의 정체성에 호적이 관여하는 방식, 법과 제도와 같은 사회 구조가 안고 있는 윤리적 문제를 두고 혼란에 빠진다.

다니구치 다이스케 호적은 꽤 인기가 있었어요. 범죄 전과도 없고 과거가 깨끗했으니까. 지푸라기 하나를 바꾸고 바뀌서 큰 부자가 됐다는

---

22 엔도 마사타카, 〈호적을 통해서 본 국적: '일본인'이란 무엇인가?〉, 《일본비평》 29, 2023, 51쪽.
23 엔도 마사타카, 〈호적을 통해서 본 국적: '일본인'이란 무엇인가?〉, 52쪽.
24 엔도 마사타카, 〈호적을 통해서 본 국적: '일본인'이란 무엇인가?〉, 60쪽.

옛날이야기처럼 몇 번씩 호적을 바꾼 끝에 내 호적에 와 닿은 사람이 있었을 정도였죠. 나도 그 무렵에는 아무튼 그 집안과 연을 끊고 싶은 마음뿐이어서 누가 내 호적을 가져가건 상관없었지만, 일단 전과자는 싫었고 재산 노리고 나중에 다니구치 집안과 문제를 일으킬 만한 놈도 안 되잖아요. 하라 마코토 씨를 만나 이래저래 얘기해 봤는데, 이 사람 인생이 좀 나아진다면, 이라는 생각이 들어서 승낙했어요. (330-331쪽)

호적을 타자화하고, 호적이 규정한 '나'와 실존적 '나'를 분리하여 서술하는 인용문에서도 알 수 있듯이, 호적을 교환한 인물들은 또 다른 자신으로 변신할 수밖에 없었던 개인마다의 사정이 있었다. 호적 교환으로 어떤 사람은 덕분에 사랑받는 존재가 되어 행복한 삶을 얻기도 하고, 또 어떤 사람은 뜻하지 않았던 새로운 전락을 경험하기도 한다. 슬픔이 극에 달해서, 혹은 어쩔 수 없는 궁지에 몰려서, 혹은 반강제로 이루어진 호적 매매 행위에는 다양한 층위의 정서적 긴장감이 개입하게 된다. 인프라로서의 호적은 일본인들에게 국민으로서의 안정감과 소속감을 부여하는 긍정적 기능으로 작용하지만, 호적에 등록되지 못한 외국인들에게는 소외감과 불안감과 같은 차별적 감정을 형성하기도 한다. 호적에 등록되었다 하더라도 그것이 감추고 싶은 어두운 가족사일 경우, 사회적 편견과 낙인찍힘과 같은 혐오의 대상으로 간주될 수 있다는 두려움이 작용하게 된다. 한 개인이 호적이라는 인프라와 맺는 관계에 의해 생성되는 감정은 개인적인 차원을 넘어 사회나 국가와 같은 공동체의 윤리적인 문제로 확대되기도 한다.

경험해 보지 않은 사람은 모르겠지만 호적을 바꾸고 1년쯤 지나면 진짜로 그 사람이 돼요. 누가 다니구치라고 하면 솔직히 나한테 하는 얘긴

가, 하고 어리둥절해요. 과거도 함께 모두 다 바꿔 버렸으니까. 나도 호
적 바꾸기 전에는 다니구치 집안 사람들을 미워했지만 이제는 아예 남
의 일이에요. 페이스북에서 교이치를 얼핏 봤는데 뭐, 시골 온천 여관의
한심한 사장으로만 보이더라고요. … 인간관계도 다 끊고 그 지역 떠나
버리면 저절로 잊어버려요. 아니, 그냥은 잊으려 해도 잊히지 않죠, 안
좋은 과거가 있는 사람은. 그래서 남의 과거를 덧쓰는 거예요. 지울 수
없다면 뭐가 뭔지 모를 때까지 덧그리면 되죠. (328쪽)

　인용문에서 설명하고 있듯이, 하라 마코토는 호적을 바꾸고 다니구
치 다이스케라는 새로운 정체성을 부여받음으로써 새로운 인생이 가능
해졌다. 리에의 죽은 남편 'X'는 다른 사람의 호적으로 새로운 법적 신
분을 획득함으로써 과거의 이력을 지우고 '다른 사람'(타인)으로 살았
다. 자신에게 덧씌워진 살인자의 아들이라는 오명 때문에 느꼈을 상실
감이 호적 매매 이후에는 진짜 다이스케가 된 듯한 해방감과 자신감으
로 변했고, 비로소 'X'는 리에와 새로운 삶을 설계할 수 있었다. 이는 법
이 규정한 개인의 정체성과 실제 삶을 통해 구성되는 정체성 사이의 불
일치를 의미한다. 그리고 사회적인 편견과 배제, 낙인찍힘으로부터 벗
어나기 위해 선택한 '호적 매매'는 비물질적 인프라가 인간의 삶을 제한
하며 주체성을 약화시키기도 하고, 한편으로는 주체성을 강화함으로써
행위의 범위를 확장할 수도 있음을 보여 준다.

　기도는 재일 3세지만 부모님이 자식들에게 딱히 민족의식에 관한 얘
기를 한 적도 없고, 코리아타운이 아닌 가나자와의 작은 도시에서 살았
기 때문에 '이'라는 성을 쓰던 시절부터 차별이라는 건 거의 경험한 적
이 없었다. 기도라는 일본 성을 쓰게 된 것은 그가 중학교에 입학한 때

였지만 그 이유는 말해 주지 않았던 것을 보면 그래도 뭔가 차별 같은 게 있었던 것인지도 모른다. (77쪽)

　기도가 'X'의 과거와 관련한 사건에 흥미를 느끼게 된 것은 자이니치 3세라는 자신의 신분과도 관계가 있었다. 기도는 자신의 과거를 버리고 전혀 다른 인생을 선택하고자 했던 'X'를 통해 자이니치라는 출신 때문에 자신의 신분을 감추지 않으면 안 되는 사람의 처지를 상상해 볼 수 있었다. 기도 본인은 일본에서 태어나 일본에서 교육받으며 한국이라는 나라를 특별히 의식하지 않은 채 살아왔다. 한국이라는 나라를 처음으로 실감한 것은 학창 시절 수학여행으로 호주에 가게 됐을 때, "여권이 신경 쓰이면 귀화하는 게 어떻겠느냐"(78쪽)는 아버지의 권유가 있었을 때였다. 일본인과 다르지 않다고 생각하면서도 그 이후로도 취업 차별을 의식한 진로 선택을 해야 했을 때, 일본인 가오리와 결혼을 결심해야 했을 때는 어쩔 수 없이 자신이 완전한 일본인이 아니라는 신분을 의식할 수밖에 없었다.

　1946년 4월부터 일본 정부는 조선인을 본국으로 송환하기 시작했지만, 조선의 불안정한 국내 상황과 식량 부족 문제, 그리고 무엇보다 일본 정부가 본국으로 가지고 돌아갈 수 있는 재산의 범위를 제한했기 때문에 조선인 중에는 송환을 망설이는 사람들이 예상보다 많았다. 결국 약 56만 명에 달하는 조선인이 일본 잔류를 선택[25]했다. 일본에 남게 된 자이니치가 부정할 수 없는 차별의 근거가 '호적'과 공식 문서에 기록된 '혈통'이었고, 일본 사람 행세를 하려고 할 때도 호적과 통명은 약점으

25　엔도 마사타카, 〈호적을 통해서 본 국적: '일본인'이란 무엇인가?〉, 72쪽.

로 작용했다.[26]

인프라는 보통 눈에 잘 드러나지 않으며, 다른 종류의 작업을 위한 배경의 일부로서의 속성을 지니지만, 그것이 없으면 사회가 작동하지 않는다. 이러한 인프라의 내재성Embeddedness[27]은 사람들이 평소에는 호적을 거의 의식하지 않고 살아가지만 신분을 바꾸거나 증명해야 하는 순간, 법적 갈등 상황에 직면하게 되었을 때 인프라의 강력한 힘을 경험하게 한다. 호적이라는 인프라를 중심으로 일본 사회의 차별과 지배 구조가 드러나듯이 호적 제도는 삶을 지탱하는 보이지 않는 구조이자, 동시에 개인의 실존적 정체성과 충돌하는 사회적 장치이다. 즉, 호적 제도는 자이니치를 '일본인'에서 배제해 가는 기제mechanism의 기본적인 구도[28]이자 보이지 않는 사회적 배관망으로서의 기능을 갖는 인프라라고 말할 수 있다.

한 인간의 정체성, 그 사람이 누구인가를 규정하는 것이 개인의 축적된 경험이나 기억, 감정이 아니라 공식 문서에 기록된 정보라는 점에서, 호적 제도는 인간 존재를 국가가 정해 놓은 기준에 따라 구성하고 제한하는 강력한 인프라 기술로 작동하였다. 호적이라는 제도적 인프라가 한 인간의 삶에 깊숙하게 관여하며 권력, 불평등, 폭력, 배제의 도구로 활용될 수 있는 것이다. 개인이 지닌 윤리적 정체성과는 무관하게 인프라로서의 호적에 한 인간의 삶의 이력이 기재됨으로써 비물질적 인프

---

26 존 리, 《자이니치: 디아스포라 민족주의와 탈식민 정체성》, 김혜진 옮김, 소명출판, 2019, 229쪽.

27 Susan Leigh Star, "The Ethnography of Infrastructure", *American Behavioral Scientist* 43-3, 1999, pp. 380-381.

28 신승모, 〈재일디아스포라의 탄생: 국적을 둘러싼 법적 해석과 제도의 적용 과정을 중심으로〉, 《일본학보》 115, 2018, 328쪽.

라로서의 호적은 물리적으로 작동하는 기술의 문제에서 윤리적, 정치적 문제로 확장된다.

정체성의 구성과
인프라의 권력

앞에서 언급한 바와 같이 인프라로서의 호적은 물리적이고 가시적인 기반 시설은 아니지만 국가가 개인의 신분을 증명하고, 국가 시스템과 국민을 연결하기 위해 구축한 사회적 인프라였다. 호적에 등록이 되어 있다는 것은 국가로부터 공인받은 구성원이라는 감각과 함께 법적 권리와 정서적 안정, 공동체 의식을 개인에게 부여하였다. 한편 호적에 기록되지 못하거나 누락되는 경우는 국가가 인정하는 구성원이 아님을 의미하며 이는 정서적 불안과 긴장, 위기감 같은 차별적 감정을 야기하는 요소로 작용하였다. 정책적 설계에 의해 인프라가 사회적 불평등으로 작용하면서 누군가에게는 장애물이 되기도 한다. 즉, 호적은 법적으로 누구인지를 증명하는 신분 증명서이면서 동시에 개인을 가족 단위로 구성하여 관리하는 데이터 인프라였다. 이 등록 시스템에 등록되지 않거나 지워지거나 매매 등의 불법적 행위를 통해 기록이 변경되면 사회적 권리에서 누락되거나 배제된다. 인프라의 보이지 않는 구조가 인간의 삶에 관여하면서 폭력과 권력을 생산하는 정치로 작용하게 된다.

뭔가 내가 아는 예전의 다이스케가 있고, 그 다음에는 미야자키에서 멋진 가정을 꾸렸고, 임업 현장에서 사고로 사망한 다니구치 다이스케 씨가 있고, 그리고 지금부터 만날 진짜 다이스케의 인생이 있다. (322쪽)

인용문에서 언급하고 있듯이 다이스케라는 한 인물에게 과거와 현재, 미래라는 세 개의 정체성이 존재하고 있다. 위 인용문에서 호적 매매 과정을 둘러싼 다니구치의 진술은 제도에 의해 고정되었다고 여겨진 개인의 본질적 자아가 호적이라는 인프라를 바꿈으로써 새로운 정체성으로 재형성될 수 있음을 상징적으로 보여 준다. 호적 매매 행위는 불법 행위에 그치는 것이 아니라, 인간 존재가 국가의 제도적 인프라를 통해서 어떻게 구성되고 허용될 수 있는지에 대한 근본적인 물음으로 확장된다. 호적 제도는 한편으로는 사회적 안정성을 보장하지만, 다른 한편으로는 구조적인 문제를 통해 개인의 자유와 실존적 정체성을 억압하는 폭력적 형태로 가시화된다.

"실존은 본질에 앞선다"는 명제를 남긴 사르트르는 인간을 본질에 의해 미리 결정된 존재가 아니라 먼저 실존하고 그 다음에 자기 스스로를 규정해야 하는 존재로 보았다. 인간은 고정된 본질을 갖고 있지 않기 때문에 자유로울 수밖에 없으며, 그렇기 때문에 자신의 선택과 실존에 대해 책임지면서 자신의 삶을 주체적으로 이끌어 나가야 한다는 것이다.[29]

반면 히라노는 정체성을 고정된 것이 아니라 관계 속에서 끊임없이 구성되는 것으로 보는 분인주의[30] 개념을 주장하며 그의 문학을 통해 한 인간의 정체성에 대해 지속적으로 탐구해 왔다. 개인individual은

---

29 김남준, 〈사르트르의 실존주의와 윤리의 문제〉, 《윤리연구》 142-1, 2023, 242쪽.

30 '분인dividual'은 '개인individual'을 대체하는 새로운 인간 모델로 제안된 개념이다. '개인'은 분할할 수 없는 하나의 인간으로, 그 중심에는 단 하나의 '진짜 자아'가 존재하며, 다양한 가면을 상황에 따라 사용하면서 사회생활을 한다고 여겨진다. 이에 반해 '분인'은 대인 관계마다, 환경마다 분화된 서로 다른 인격을 의미하며, 중심에 하나의 '진짜 자아'가 있다고 보지 않고 여러 인격 모두를 '진짜 자아'로 간주한다. 이러한 사고방식을 '분인주의'라고 부른다. 分人主義 公式サイト. https://dividualism.k-hirano.com/?_ga=2.30175738.451141160.1759021184-225744901.1752569574 (검색일 2025년 10월 8일)

in+dividual로 구성되며 divide라는 동사에 부정의 접두어를 붙여 직역하면 더 이상 나눌 수 없다는 의미이다.[31] 이것은 한 사람 속에 여러 개의 분인이 존재한다는 것으로 상대와의 관계에 따라 다양한 자아들로 변할 수 있다는 의미이다.[32] 분인은 여러 개의 자아와 인격을 모두 '진짜 자아'로 보는데, 여기서는 호적이 규정하는 법적 자아와 실존적 자아를 분인 개념에 적용해 볼 수도 있을 것이다.

> 누가 죽었지? 라고 리에는 마음속에서 계속 중얼거리고 있었다. 호적상으로는 다니구치 다이스케라는 사람이 죽은 것이었다. 하지만 다니구치 다이스케의 죽음은 오로지 그 본인밖에는 죽을 수 없다. 그는 대체 누구였을까, 라고 리에는 죽은 남편에 대해 생각했다. 그것은 결국 그가 누구의 죽음을 죽은 것인가, 라는 질문이었다. (101쪽)

인용문에서 알 수 있듯이 리에는 자신이 처음부터 남편의 과거를 알았다면 과연 남편을 사랑할 수 있었을지에 대해 자문해 보며, 한 인간의 과거가 사랑이라는 감정에 개입할 수 있는지를 고민하게 된다.

한 남자를 만나 호감을 갖게 되고 과거까지 사랑했다고 생각했는데, 사랑했던 남편이 사실은 내가 알던 사람이 아닌 완전히 다른 사람이라면 그 사람과 사이의 사랑은 과연 진실한 사랑이었다고 말할 수 있는가?라는 의문을 두고 리에는 고민하게 된다. 이는 사랑의 진실성을 묻기 전에 한 인간의 정체성 문제로 환원된다. 리에는 함께 살아온 시간과 감정, 한 인간의 존재에 대한 사랑은 그 자체로 진실성을 가질 수 있지

---

31 平野啓一郎,《私とは何か〈個人〉から〈分人〉へ》, 講談社現代新書, 2022, p. 3.

32 平野啓一郎,《私とは何か〈個人〉から〈分人〉へ》, p. 69.

만, 남편의 과거와 연결되어 있는 살인자의 '피', '혈통' 측면에서 접근했을 때 과연 남편의 과거까지 사랑할 수 있을지에 대해서는 여전히 해답을 찾지 못한다.

호적은 개인의 국적, 귀화나 혼인 상태, 범죄 기록 등 개인의 과거를 포함하여 민감한 정보를 기록하고 있다. 따라서 국민과 비국민을 구분하고, 사회에서 낙인찍힌 소수자를 구분하는 폭력의 도구가 될 수 있었다. 시간이 지나도 '호적'이라는 인프라에는 과거의 기록이 남아 있어, 개인의 선택에 따른 과거와의 단절은 불가능했다.

윤리적·정치적 차원에서 제도적 인프라인 호적에는 권력과 불평등, 폭력적 기제가 내재되어 있고, 배제하는 주체와 차별받는 주체 사이의 정당성에 대한 윤리적 문제가 제기된다. 제도가 규정하는 정체성으로 개인의 자아가 고정되는 순간, 인간은 제도에 의해 존재가 삭제되거나 수정될 수도 있는 불안정한 상태에 놓인다. 이는 인프라가 사회적 삶의 안정성을 가능하게 하는 동시에 특정 방식이 작동하는 경우 그 삶을 새롭게 재형성할 수도 있다는 모순에 직면한다.

《한 남자》는 호적 제도를 단순한 배경 장치가 아니라, 개인의 정체성과 존재를 규정하는 사회적 인프라로 재현한다. 호적 제도는 국가와 사회질서를 지탱하는 눈에 보이지 않는 인프라이자 동시에 한 인간의 실존적 정체성과 끊임없이 충돌하는 장치이다. 한 인간이 어떤 이름으로 불리고 어떤 관계 속에 위치하는지를 결정하면서, 한 개인의 정체성을 제도적으로 '증명'할 수도 있고 '삭제'할 수도 있는 이중적 도구로 기능한다.

이 소설은 인프라가 결코 중립적이거나 단순한 기술적 장치가 아니라, 인간의 삶을 관통하는 사회적·정치적 구조임을 드러낸다. 결국 호적 제도의 서사적 재현은 인간의 정체성이 제도에 의해 고정될 수 있는지, 아니면 한 인간이 살아온 경험과 실체와의 관계 속에서 새롭게 구성될 수 있는지를 묻는 존재론적 질문으로 확장된다.

인프라로서의 호적은 인간에게 구체적인 어떤 삶을 가능하게 하기도 하고 불가능하게도 할 수 있는 윤리적·정치적 문제를 내포하고 있다. 인프라는 차별의 근거이자 새로운 정체성 형성의 도구일 뿐만 아니라 재형성된 정체성을 통해 새로운 관계 형성을 가능하게 한다. 사회의 소수자, 과거를 지우고 싶은 사람들은 호적을 하나의 상품처럼 매매하는 방식으로 새로운 삶을 구성한다. 그렇게 제도적 인프라를 통해 재형성된 개인의 정체성은 '죽음'과 함께 다시 제도가 규정한 정체성으로 돌아온다.

인프라가 남긴
윤리적 질문들

라킨Brian Larkin에 따르면, 인프라는 순환의 구조물architecture for circulation로 기능하며 현대사회의 기반을 제공하고, 일상생활의 주변적 환경을 생성해 낸다. 따라서 인프라는 단지 기술적 기능만으로 정의할 수 없으며, 그와 별개로 존재하는 '형태form'로서의 성격[33]도 갖는다. 물리적 인프라가 도시의 물리적 삶을 가능하게 하는 것처럼, 제도적 인프라로서 호적은 사회적 관계를 형성하고 인간의 정체성의 구성을 가능하게 하는 기능을 수행한다.

앞에서 언급한 바와 같이 최근 인프라 연구의 인문학적 전환이 새롭

---

[33] Brian Larkin, "The Politics and Poetics of Infrastructure," *Annual Review of Anthropology* 42, 2013, pp. 328-329.

게 주목받으며, 물질적 시스템이나 구조물을 넘어선 다층적 인프라에 대한 연구가 시도되고 있다. 이 글은 이러한 인프라에 대한 인문학적 관심에 기반한 텍스트 연구의 한 사례로서, 물리적 구조로서의 인프라를 넘어 사회, 문화, 정치 문제를 둘러싼 복합적 관계 속에서 '호적 제도'가 인프라로서 어떻게 서사적으로 재현되고 있는지를 극히 제한된 범위에서 간략하게 살펴보았다.

텍스트 속에서 인프라로서의 호적이 인간의 삶 속에 어떻게 관계하고 있는 시스템인지, 접근할 수 있는 사람은 누구이고, 반면 배제되는 사람은 누구인지, 이 제도적 시스템과 인간의 정체성 사이에 어떤 감정이 생성될 수 있는지에 대해 분석해 보았다. 또한 인간과 사회구조의 관계를 통해 인프라가 개인과 집단, 공동체의 삶을 윤리적으로 어떻게 형성하고 재구성할 수 있는지를 함께 살펴보았다. 인간의 욕망과 이해관계가 얽히면서 출생과 동시에 부여된 본성과 실제 삶 속에서 구성된 정체성 사이에서 인간의 감정적 관계가 형성되고 작동함을 알 수 있다. 또한 소설 속에서 호적 매매가 단순 불법 사건이 아니라, 한 인물의 정체성을 중심으로 윤리적 갈등을 드러내는 상징적 장치로 확장되어 재현되고 있음을 확인하였다.

히라노의 소설《한 남자》는 호적을 통해 구성된 법적 존재가 윤리적·존재론적 자아와 충돌하면서 호적이라는 인프라가 개인의 삶을 어떻게 형성하고, 때로는 지우거나 대체할 수 있는지를 비판적으로 보여 준다. 특히 호적이 제도적으로 매매되거나 도용될 수 있다는 사실은, 법적 공식 문서에 기록된 정체성과 개인의 기억, 경험, 감정이 복합적으로 작용하여 형성된 자아 사이에 깊은 단절이 존재함을 의미한다. 호적 제도는 일본 사회의 사회적 인프라로서 개인의 법적 정체성과 사회적 위치를 결정하는 제도이자 기술이다. 그러나 그것이 제공하는 안정성과 질서

이면에는, 개인의 실존적 자유와 다양성을 억압하는 윤리적, 정치적 문제도 함께 존재함을 알 수 있다.

《한 남자》는 법적 경계와 실존적 경계에 대한 고찰을 통해, 인간의 정체성이란 무엇인가에 대한 근원적인 물음을 사유하게 하고, 인프라가 인간 존재를 어떻게 형성하고, 제약하고, 나아가 해체할 수 있는지를 윤리적인 관점에서 성찰하게 한다.

참고문헌

김수철·이희은·김영욱·정은혜·고민경·백일순·파라 셰이크·이병하·이용균,《모
　　빌리티 인프라스트럭처와 생활세계》, 앨피, 2020.

존 리,《자이니치: 디아스포라 민족주의와 탈식민 정체성》, 김혜진 옮김, 소명출판,
　　2019.

히라노 게이치로,《한 남자》, 양윤옥 옮김, 현대문학, 2020.

김남준,〈사르트르의 실존주의와 윤리의 문제〉,《윤리연구》142-1, 2023.

김소희,〈히라노 게이치로 문학 연구-분인주의 사상의 문학적 구현을 중심으로〉,
　　《일본어문학》109, 2025.

김태희,〈인류세의 기후-인프라: 인프라 인문학의 관점에서〉,《International Journal
　　of Diaspora & Cultural Criticism》15-2, 2025.

신승모,〈재일디아스포라의 탄생-국적을 둘러싼 법적 해석과 제도의 적용 과정을
　　중심으로-〉,《일본학보》115, 2018.

심정명,〈2000년대 이후 일본문학에 나타난 한국인 표상: 한국인 등장인물의 (비)한
　　국성〉,《일본비평》27, 2022.

엔도 마사타카,〈호적을 통해서 본 국적: '일본인'이란 무엇인가?〉,《일본비평》29, 2023.

이정,〈기반 시설, 혹은 사회생태 기간망을 통한 생태적 역사학〉,《개념과 소통》33,
　　2024.

이진형,〈인프라 인문학과 인프라 텍스트 연구 시론〉,《International Journal of
　　Diaspora & Cultural Criticism》15-2, 2025.

임경택,〈일본식 근대호적기술의 전개과정과 이에(家) 및 이에제도〉,《일본사상》18,
　　2010.

전원근,〈연안마을 인프라의 연쇄와 폐허의 생산: 애월항의 다종적 모빌리티를 중심
　　으로〉,《사회와 이론》49, 2024.

Adey, Peter, Jinhyoung Lee, Giada Peterle and Tania Rossetto, "Mobility,
　　Infrastructure, and the Humanities", *Mobility Humanities* 3-1, 2024.

Bridges, Mary, "The Infrastructural Turn in Historical Scholarship," *Modern*

American History 6-1, 2023.

Di Nunzio, Marco, "Anthropology of Infrastructure", *LSE Cities*, Governing Infrastructure Interfaces-Research Note 1, 2018.

Larkin, Brian, "The Politics and Poetics of Infrastructure", *Annual Review of Anthropology* 42, 2013.

Leigh Star, Susan, "The Ethnography of Infrastructure", *American Behavioral Scientist* 43-3, 1999.

Volmar, Axel, "From Systems to "Infrastructuring": Infrastructure Theory and Its Impact on Writing the History of Media", *Rethinking Infrastructure Across the Humanities*, 2023.

青木陽子, 〈平野啓一郎《ある男》〉, 《民主文学》649, 日本民主主義文学会, 2019.

亀山郁夫, 《ある男》感想〉, 《文學界》72-10, 文藝春秋, 2018.

鈴村和成, 《ある男》とは誰か?〉, 《文學界》72-10, 文藝春秋, 2018.

富岡幸一郎·諏訪哲史·朝比奈あすか, 〈創作合評(第508回)〈ある男〉平野啓一郎, 〈生き方の問題〉乗代雄介, 〈藁の王〉谷崎由依〉, 《群像》73-7, 講談社, 2018.

平野啓一郎, 《私とは何か〈個人〉から〈分人〉へ》, 講談社現代新書, 2022.

若林正恭, 《ある男》になりたい〉, 《文學界》72-10, 文藝春秋, 2018.

건국대학교 글로벌 모빌리티인문학 컨퍼런스(GMHC) 웹사이트. https://www.mobility humanities.net/copy-of-2021-gmhc (검색일 2025년 11월 12일)

平野啓一郎 公式サイト. https://k-hirano.com/books (검색일 2025년 10월 11일)

分人主義 公式サイト. https://dividualism.k-hirano.com/?_ga=2.30175738.45 1141160.1759021184-225744901.1752569574 (검색일 2025년 10월 8일)

사회적 인프라로서의 공장

: 이시무레 미치코 《고해정토》를 중심으로

| 우연희 |

이 글은《日本語文學》제107집(2025. 12.)에 게재된 원고를 수정 및 보완하여 재수록한 것이다.

공장과 사회적 인프라

이 글의 목적은 '공장'이 사회적 인프라로 기능해 온 방식을 밝히고, 전후 일본 사회에서 사회적 인프라로서의 '공장'이 문학 텍스트에서 어떻게 재현되는지를 고찰하는 데 있다. 산업 인프라로서의 공장은 고도성장기 경제성장을 견인한 핵심 기반이었으나, 동시에 사회구조와 삶의 양식을 구성하고 재편하는 장치로 작동했으며, 특정 집단에게는 배제와 억압의 매개로 기능하기도 했다. 이 글은 이시무레 미치코石牟礼道子의 《고해정토—나의 미나마타병》(1969)(이하《고해정토》)을 대상으로, 비판적 인프라스트럭처 읽기[1]를 통해 이러한 공장의 양가성을 분석한다.

오늘날 우리의 삶은 도로, 철도, 통신망과 같은 인프라의 구축과 발전을 통해 가능해졌다. 인프라는 우리의 삶을 구성하는 동시에 다양한 사회적 관계를 매개하며 이동할 수 있거나 없는 틀을 제공한다[2]는 점에서 매우 중요하다. 일반적으로 인프라는 도로, 항구, 철도 등 구체적이고 물질적인 구조물로 인식되지만, 일상에서는 흔히 '보이지 않는 배경'으로 취급되는 경향이 있다. 인프라가 인식되고 가시화되는 순간은 대체로 그것이 작동하지 않거나 기능하지 않을 때이다. 이는 인프라가 '연결'과 '흐

---

[1] '비판적 인프라스트럭처 연구critical infrastructure studies'는 '인프라' 개념을 중심으로 사회와 물질적 구조 사이의 복잡한 관계를 분석하는 방법론이다. 이 접근은 인프라를 단순한 물리적 시스템에 한정하지 않고, 유지 또는 관리와 같은 비가시적이고 무형적인 과정까지 포함한 확장된 의미로 이해한다. 이를 통해 인간과 비인간의 삶이 어떤 구조에서 조직되는지 새로운 시각에서 조명할 수 있는 분석틀을 제공한다. 이러한 방식은 인프라가 삶, 관행, 정체성을 어떻게 형성하고 (비)인간이 인프라 시스템에 어떻게 내재되어 있는지 탐구할 수 있는 기반을 마련한다는 점에서 유용하다.

[2] Mari Korpela, "Infrastructure," *Keywords of Mobility: Critical Engagements*, Salazar, Noel B. and Kiran Jayaram eds., New York: Berghahn Books, 2016, p. 113.

름'을 가능하게 하며, 원활히 작동하는 동안에는 그 존재가 인식되지 않는 특성을 지니기 때문이다. 이 글에서 다루는 공장 역시 정상적으로 가동될 때는 국가의 경제성장과 지역 발전에 기여하는 기반으로 기능하지만, 문제가 발생할 경우 그 영향은 사회 전반에 걸쳐 광범위하게 미친다.

인프라는 인프라스트럭처infrastructure를 의미하며, 이는 '아래'를 의미하는 infra와 '구조'를 뜻하는 structure의 합성어이다.[3] 문자 그대로는 '구조의 아래에 있는 것, 어떤 시스템을 떠받치는 기반'을 의미한다. 전통적으로 인프라는 기술사회학적 관점에서 정의되어 왔으며, 도로·철도·자전거길·통신망과 같은 물리적 시설뿐 아니라, 도시나 지역처럼 사람·사물·지식(정보)의 흐름과 연결성을 강화시키는 기반까지 포함한다. 이러한 맥락에서 인프라는 광범위한 의미에서 모빌리티를 더욱 강화시키는 수단으로 이해될 수 있다.[4] 그러나 이와 같은 도구주의적 관점에 기반한 인프라에 대한 기술중심적 시각은 인프라의 비가시적 특성과 결합되어, 인문학적 논의에서 인프라가 충분히 조명되지 못한 배경이 되기도 했다.

인프라 개념의 철학적·이론적 뿌리는 19세기 카를 마르크스가 사회를 하부구조와 상부구조로 구분하면서, 사회 행위의 기반으로서 인프라를 개념화한 사례를 제시한 데서 찾을 수 있다. 초기 인프라 개념은 철학적·사회학적 사유를 통해 사회구조의 기반을 이해하는 틀로 작용[5]했

---

3 '인프라'라는 단어의 출현과 역사에 관해서는 김태희, 〈인류세의 기후 – 인프라: 인프라 인문학의 관점에서〉, 《International Journal of Diaspora & Cultural Criticism》 15-2, 2025, 9~11쪽 참조.

4 김수철, 〈인프라 스트럭처와 모빌리티 연구〉, 《모빌리티 인프라스트럭처와 생활세계》, 앨피, 2020, 9쪽.

5 Stephen C. Slota and Geoffrey C. Bowker, "How Infrastructures Matter," *The Handbook of Science and Technology Studies*, Felt, Ulrike, Rayvon Fouché, Clark Miller and Laurel Smith-Doerr eds., 4th edition, Cambridge, MA: The MIT Press, 2017, pp. 529-554.

던 것이다. 이후 19~20세기 전기 시스템 발전을 통한 물리적 인프라의 역사적 전개를 분석한 기술시스템적 접근[6]은 에디슨을 발명가가 아닌 시스템 구축자로 제시한다. 더 나아가 행위자 연결망 이론과 연결해서 분석한 인류학자 브라이언 라킨Brian Larkin을 비롯한 인류학·지리학·매체학·도시학 연구들은 인프라를 단지 기술적 시스템에 국한하지 않고 사회·문화·정치적 행위자들과 얽힌 복합체로 파악해 왔다.[7] 오늘날 일반적으로 널리 인용되는 포괄적 인프라 정의는 "다른 것의 움직임을 가능하게 하는 것matter that enable the movement of other matter"[8]으로 규정하는 것이다. 이는 기술적 요소뿐 아니라 사회적 조건과 가치가 인프라에 깊이 얽혀 있음을 강조한다.[9]

인프라를 물리적 구조물로 보는 견해는 인프라를 도구주의적 시각에서 보고 인프라의 유지, 보수, 혁신에 주로 관심을 가졌다. 이에 비해 인문학자들은 행위성, 수행성, 역동성과 같은 속성들을 중심으로 인프라를 사유하는 경향이 있다.[10] 인프라는 단순한 물적 구조가 아니라 보이지 않게 사회를 작동시키는 기술적·조직적 장치라는 것이다. 즉, 사회, 제도와 분리되어 존재하지 않는 '다중성'과 '혼종성'을 갖는다. 인프라는 본질적으로 관계적인 개념으로 다음과 같은 속성을 지닌다. ① 인프라는 다른 구조, 사회적 배치, 기술 속에 내재되어 있으며, ② 사용자가 의

---

6 Thomas Parker Hughes, *Networks of Power*, Baltimore: Johns Hopkins University Press, 1993.

7 인프라, 기반시설의 물질적 전회에 대한 연구는 이정, 〈기반 시설, 혹은 사회생태 기간망을 통한 생태적 역사학〉, 《개념과 소통》 33, 2024, 317~354쪽을 참조.

8 Brian Larkin, "The Politics and Poetics of Infrastructure," *Annual Review of Anthropology* 42, 2013, p. 328.

9 Stephen C. Slota and Geoffrey C. Bowker, "How Infrastructures Matter," pp. 529-554.

10 이진형, 〈인프라 인문학과 인프라 텍스트 연구 시론〉, 《International Journal of Diaspora & Cultural Criticism》 15-2, 2025, 104쪽.

식하지 않아도 자연스럽게 활용할 수 있으며, ③ 시간과 공간을 넘나들며 지속되고, ④ 공동체 속에서 자연스럽게 학습되고 익숙해지며, ⑤ 공동체의 실행 관습과 연결되며, ⑥ 표준을 구현하며, ⑦ 기반 위에 구축되며, ⑧ 고장이 나면 보이며, ⑨ 한 번에 전면적으로 변경되는 것이 아니라 점진적으로 변경된다는 것이다.[11] 이러한 특성을 가진 인프라는 도로나 공장과 같은 물질적 시설을 넘어, 권력, 감정, 기억, 공동체가 교차하는 장소이자 사회적 질서와 근대성을 구현하고 유지하는 장치로 이해될 수 있다. 따라서 인프라 개념은 근대 산업사회의 기반을 구성하는 동시에, 사회적 관계와 권력의 배치를 드러내는 비가시적 구조를 해명하는 키워드로 기능한다.

이 글이 주목하는 공장은 산업 인프라의 대표적 형태이다. 인프라는 사회와 산업을 작동하게 하는 물적·기술적 기반일 뿐만 아니라 사회적 관계와 권력이 교차하는 장치로 기능한다.[12] 이러한 관점에서 공장은 생산을 담당하는 물리적 설비를 넘어 노동, 기술, 지역이 결합하는 복합적 인프라 구조로 기능한다. 공장이 위치하는 지역 공간을 재편하고 노동하는 신체를 규율하는 방식은 인프라가 사회의 질서를 구성하고 조직하는 과정을 구체적으로 보여 준다. 이러한 관점에서 공장은 경제성장을 가능하게 하는 핵심 산업 인프라인 동시에, 사회적 관계와 인간의 삶을 구성하고 매개하는 인프라로 이해될 수 있다.

《고해정토》는 근대 자본과 고향과의 관계를 비롯하여, 실제 자료에 기반해 미나마타병을 기록했다는 점에서 기록주의 문학으로 높이 평가

---

11 Susan Leigh Star, "The Ethnography of Infrastructure," *American Behavioral Scientist* 43-3, 1999, pp. 381-382.

12 Susan Leigh Star, "The Ethnography of Infrastructure," pp. 381-382.

되어 왔다. 또한 타자의 죽음을 둘러싼 경계들에 주목하여 재난문학으로 분류한 연구, 미나마타병을 근대 자본주의의 폐해로 분석한 연구, 반근대·탈근대 혹은 주변으로서의 고향이라는 맥락에서 해석한 연구, 발병과 공해병 인정의 과정과 역사를 계보학적으로 정리한 연구, 공생의 윤리로 독해한 연구 등이 축적되어 있다.[13] 이러한 선행 연구들은 중심과 주변, 근대와 반근대/탈근대의 대립, 산업화와 경제 발전에 따른 공해의 영향을 분석해 왔다.

이 글에서는 선행 연구들을 토대로, 산업 인프라로서의 '공장'이 경제성장을 견인하는 동시에 사회구조와 인간의 삶을 구성하고 재편하는 과정에서 어떻게 배제와 억압의 장치로 기능했는지를 이시무레 미치코의 《고해정토》를 통해 분석하고자 한다. 또한 공장이 들어서게 되는 과정을 일본 전후의 사회경제적 상황을 참조하며 검토하고 미나마타병이 발생한 그 지역의 갈등과 영향을 분석한다. 이를 통해 공장이 단순한 생산시설에 그치는 것이 아니라, 근대화의 그늘, 권력의 작동과 배제된 자들을 복합적으로 생산해 내는 사회적 인프라임을 밝히고자 한다.

---

13 김경인, 〈石牟禮道子 《苦海淨土 わが水俣病》의 기록주의〉, 《일본연구》 18, 2012, 176~202 쪽; 심정명, 〈경계를 묻는 문학적 실천: 이시무레 미치코 《고해정토》로부터〉, 《비교문학》 66, 2015, 91~101쪽; 오미정, 《《고해정토》에 나타난 공해병과 양가주망 – 1인칭 여성 언어로 기록하기〉, 《아시아문화연구》 51, 2019, 135~158쪽; 오미정, 〈고도성장기의 반근대적 상상력 – 이시무레 미치코(石牟禮道子)의 《고해정토(苦海淨土)》를 중심으로〉, 《日語日文學硏究》 109, 2019, 269~290쪽; 유수정, 〈'공해의 원점'에서 보는 질병 혐오〉, 《횡단인문학》 11, 2022, 27~52쪽; 이영진, 〈'질병'의 사회적 삶: 미나마타병의 계보학〉, 《일본비평》 25, 2021, 260~297쪽; 結城正美, 《苦海浄土》にみる汚染と食の言説〉, 《アジア遊學》 143, 2011, pp. 175-179; 강원준, 《이시무레 미치코의 《고해정토》와 공생의 윤리》, 서울대학교 석사학위논문, 2024.

전후 고도성장과
삶을 조직하는 인프라로서의 공장

미나마타병의 원인 물질은 메틸수은화합물이다. 신일본질소비료 미나마타공장은 초산이나 가소제 등의 원료가 되는 아세트알데히드를 제도하는 과정에서 촉매제로 무기수은을 사용하고, 그 과정에서 생성된 메틸수은을 1966년까지 대부분 정제 처리 없이 미나마타만으로 방류했다. 이로 인해 미나마타만의 바다가 오염되었고, 메틸수은화합물이 어패류의 체내에 축적되면서 이를 지속적으로 섭취한 사람들에게 중추신경계의 중독성 질환이 발생했다.[14]

이 글은 미나마타에 중추신경계의 중독성 질환, 이른바 괴질이 발생하고, 그 원인이 규명되며 환자에 대한 배상 결정과 이를 둘러싼 지역사회와의 갈등이 전개되는 과정에 신일본질소비료(이후 짓소チッソ, Chisso) 공장이 중심에 있음에 주목한다. 미나마타병을 둘러싼 문제는 신일본질소비료라는 특정 기업, 특정 지역의 사례로 국한할 수 없으며, 경제성장을 최우선 과제로 설정한 국가 정책, 지역사회의 이해관계, 발생한 문제에 대한 책임 회피가 중층적으로 결합한 결과로 이해되어야 한다. 이러한 맥락에서 인프라로서의 공장이 전후 일본에서 어떤 조건 속에서 등장하고 작동했는지 검토하고자 한다.

일본은 한국전쟁을 계기로 1970년대 초반까지 약 20년간 평균 10퍼센트 내외의 고도 경제성장을 이루었다. 한국전쟁에 필요한 군수물자 공급을 통해 성장의 발판을 마련한 일본은 '국민소득배증계획'을 기

---

14   이시무레 미치코, 《신들의 마을》, 서은혜 옮김. 녹색평론사, 2015, 23쪽.

점으로 본격적인 고도 경제성장의 시대에 진입하면서 1950년대부터 1970년대 중반까지 유례없는 자본주의 황금시대를 맞았다. 특히 이 시기 영국과 서독을 앞지른 일본은 미국에 이어 세계 제2위의 경제력을 갖게 되었다. 고도성장기 국민총생산GNP의 실질성장률은 연평균 약 10퍼센트대로, 메이지 이래 전전의 평균 성장률의 약 3배, 전후 서구 주요국 평균의 약 2배였다. 전후 일본이 전쟁을 치르지 않았다는 조건은 군사비 부담을 상대적으로 줄이는 동시에 인적자원을 생산과 노동에 집중 투입할 수 있는 여건을 제공했다.[15] 또한 공업화와 도시화는 생산성 향상과 소비 확대, 국내시장 성장의 촉매제로 작용했다.

전후 일본의 경제성장은 급격한 공업화와 도시화를 통해 이루어졌으며 특히 고도성장기에는 중화학공업 중심의 산업구조 전환이 가속화되었다. 기계공업, 금속광업, 화학공업으로 대표되는 중화학공업의 성장은 정부의 산업정책과 입지유도정책에 힘입어 콤비나트를 비롯해 임해공업지대나 내륙공업단지 조성으로 이어졌다.[16] 이러한 공업단지 형성과 성장은 생산 효율성과 국가 경쟁력을 강화하는 한편, 이면에 오염물의 대량 배출이라는 심각한 공해 문제를 동반했다. 수질 및 대기오염 등의 공해는 전후 고도 경제성장의 이면에서 이미 진행되고 있었지만, 성장이 최고조에 달한 이후에야 비로소 사회적 문제로 주목을 받았다.[17]

전후의 국민소득배증계획은 고도성장정책의 대명사로 볼 수 있다. 이케다 하야토 내각은 1960년 안보투쟁 이후 정치적·사회적 분열을 수습

---

15 미야모토 겐이치,《공해의 역사를 말한다》, 김해창 옮김, 미세움, 2016, 125~126쪽.

16 공해의 정치·경제시스템으로서 고도 경제성장 구조에 대해서는 미야모토 겐이치,《공해의 역사를 말한다》참조.

17 이시카와 마스미,《일본전후정치사》, 박정진 옮김. 후마니타스, 2012, 145쪽.

하기 위한 통합 전략으로 국민소득배증계획을 제시했다. 이 계획은 ① 사회자본의 충실, ② 산업구조의 고도화, ③ 무역과 국제 경제협력 추진, ④ 인적 능력 향상과 과학기술 진흥, ⑤ 중소기업·농업 간의 이중구조 완화와 사회적 안정 확보, 이 다섯 가지를 주요 목표로 설정했다.[18] 이 가운데 '사회자본의 충실'은 도로, 항만, 용지, 용수 등의 생산 기반 정비 및 사회자본 확충을 포함하는 것으로, 이는 생산과 물류를 뒷받침하는 물리적 인프라 구축을 의미했다. 즉, 국가 차원에서 정책적으로 생산과 물류에 필요한 도로와 항만, 용수 등의 구축 계획을 수립하고 생산에 적합한 곳에 공장 및 공업단지 등을 조성했던 것이다.

이러한 산업구조 고도화에 따른 경제성장은 공해 발생을 비롯해 노동과 공동체의 재편을 가져왔다. 일본 노동운동의 전환점으로 평가받는 미쓰이 미이케三井三池 쟁의 패배 이후, 노동운동은 경제성장의 논리 아래 편입되었고, 노사 협력적인 방향으로 변화했다. 종신고용과 생산 향상에 따라 임금 상승, 사택·의료·연금 등의 복지 확대는 대기업 노동자들의 기업주의, 회사에 대한 충성으로 나타났다. 대기업 노동자들은 지역사회보다 기업을 중심으로 공동체 정체성을 갖는 경향을 보였다. 이러한 변화는《고해정토》에서도 찾아볼 수 있다.

공장의 연기를 지금도 분홍빛 신흥의 기분으로 바라보고 있는 세대가 무수히 많다고 해도 이상할 것은 없었다.

경제학 용어로 말하자면 '노동자계급에 기생하는 자본'이라 할지라도, 우리 농민적 시민파들은 이를 같은 토양에 서식하는 공동체의 새로

---

18 미야모토 겐이치,《공해의 역사를 말한다》, 138쪽.

운 구성원쯤으로 받아들이고 있었던 것이다.[19]

《고해정토》의 마을 주민들은 "일본 화학 산업계의 이색적 재벌기업인 일본질소를 받아들이고 키워 왔다는 선진先進 의식을 환상적 보수保守의 심정"(104쪽)으로 바라보고 있었다. 기업의 노동자는 차치하고, 마을 주민들조차 무수히 공장유치운동을 시도했지만 실패한 구마모토현熊本県과 자신들을 비교하며 우월함을 느낄 정도로 짓소를 정체성의 일부로 받아들였다. 이러한 태도는 대기업 노동자들이 공해 발생 이후에도 실태를 외면하고, 기업의 책임을 추궁하기는커녕 피해 주민과 대립하는 양상으로 이어지기도 했다.[20] 미나마타병 초기에 짓소 노동조합이 환자와 대립한 사례는 전형적인 예라 할 수 있다. 대기업 노동조합은 회사측에 서서 시민들의 공해반대운동에 가담하지 않은 경우가 많았고, 이러한 모습은 미나마타병에 대한 배상 책임을 안은 공장의 존속을 걱정하는 지역의 주민들에게서도 찾아볼 수 있다.

실제로 1959년 7월 구마모토대학 연구팀이 미나마타병이 유기수은에 의한 것이라고 발표하면서 짓소 미나마타공장은 오염원으로 강한 의혹을 받게 되었다. 같은 해 11월 2일, 시라누이해不知火海 연안 어민들이 미나마타공장에 몰려가 폐수 배출 중단을 요구하면서 경찰과 충돌했고, 이 과정에서 100명 이상의 부상자가 발행했다. 그러나 이후 지역 여론은 어민들에게 비판적으로 기울었으며, 공장의 가동 중단이 지역 경제에 미칠 영향을 우려하는 목소리가 확산되었다. 11월 8일자 기사에

---

19 이시무레 미치코, 《고해정토 나의 미나마타병》, 김경인 옮김. 달팽이출판, 2007, 104쪽. 이하 텍스트 인용은 쪽수만 기입함.
20 미야모토 겐이치, 《공해의 역사를 말한다》, 137~138쪽.

서는 미나마타시水俣市에서 짓소의 막대한 존재감을 확인할 수 있다. 기사에 따르면 "청원자들은 미나마타시의 총세입 약 1억 8천만 엔의 절반이 짓소 공장에 의존하고 있어, 공장이 일시적으로라도 가동을 중단하면 미나마타의 5만 시민이 어떤 식으로든 영향을 받을 것"[21]이라며 시위대를 부정적으로 보고 있다. 여기에 더해 어민을 제외한 미나마타 지도자들, 미나마타 시의회, 상공회의소, 농업협동조합, 노동조합 등 28개 단체 대표 약 50명이 구마모토현 도지사에게 미나마타 시민 전체의 생계가 타격을 입지 않도록 공장에 폐수 배출 중단을 명령하지 말아 달라고 요청할 정도였다.[22]

메이지明治 말기 수력발전 회사로 출발한 짓소는 전기를 이용한 카바이트공장을 미나마타에 설립하면서 화학비료 생산을 시작했고, 이를 계기로 일본에서 중요한 화학 회사로 성장했다. 군수산업의 핵심을 담당했던 일본질소비료는 패전으로 조선질소비료 공장이 위치했던 흥남을 상실한 후, 일본의 구마모토현 미나마타시에서 전후 고도 경제성장을 견인하는 화학공업 산업을 이어갔다. 사실 1908년 설립 초기부터 어민들과의 사이에서 해역 오염 분쟁이 있었고, 1926년 지역 어업협동조합이 짓소에 대한 불만을 영구적으로 포기하는 것을 조건으로 짓소로부터 1,500엔의 현금 배상금을 받은 전례가 있었다.[23] 그럼에도 지역사회는 짓소의 발전이 미나마타의 발전이라는 논리에 지속적으로 동조해 왔다.

전후 짓소는 가장 먼저 재건에 착수하여 1945년 10월에 미나마타공

---

21 Takeshi Takamine. "A Social History of Minamata Disease-What Do You Know about Minamata Disease?-," 熊本大学水俣研究センター, 2022, p. 6.

22 〈廃水停止は困る 市民の生活に響く〉, 1959年 11月 8日, 《熊本日日新聞》.

23 Takeshi Takamine. "A Social History of Minamata Disease-What Do You Know about Minamata Disease?-," p. 5.

장에서 비료 출하를 재개했고, 1950년 「기업재건정비법企業再建整備法」
에 따라 일본질소비료가 해산되고 신일본질소비료가 설립되었다. 당시
신일본질소비료는 일본에서 선진 기술을 보유한 유력 기업이었다. 짓소
가 위치한 미나마타초町는 1949년 4월 시제市制 시행으로 미나마타시市
로 승격되었고, 미나마타병이 공식 확인된 1956년 5월에는 5만 461명
의 사상 최대 인구를 기록하며 공업도시로 자리매김했다. 노동자 고용
과 시 재정에서 짓소가 차지하는 비중은 해마다 증가하여 1960년에는
시세市稅 총수입의 약 48퍼센트에 달했다. 더 나아가 짓소의 전 공장장
과 전직 사원들이 미나마타 시장이나 미나마타 시의회 의원이 되는 등,
짓소는 미나마타 시정 여러 분야에서 큰 영향력을 행사했다. 더불어 짓
소의 확장과 함께 도로, 병원, 주택 등이 정비되는 등, 미나마타시는 '공
장을 중심으로 재조직된 도시企業城下町'로 재편되었다.[24]

이러한 공장 중심의 질서는 미나마타의 행정 및 경제뿐만 아니라 어민
들의 감각과 삶의 양식에도 스며들었다. 《고해정토》에서 센스케 노인은
공장 사이렌에 맞춰 자명종의 태엽을 감으며 일상의 리듬을 조정한다.

"어이 어이, 센스케가 바다에 나갔어, 벌써 다섯 시라고. 안 일어날거
야?"라며 옆 사람을 깨웠다.

때가 한참 지나서야 하품 섞인 소리로 울어 대는 부락의 수탉보다, 태
엽 감는 것을 잊어버린 집집의 시계보다, 센스케 노인의 거동에 맞추는
편이 만사가 어김없이 진행되었던 것이다.

센스케 노인은 항상 가까이에 낡아 빠진 자명종 시계를 두고, 눈 아래

---

24   衆議院調査局環境調査室,《水俣病問題の概要》, 衆議院調査局環境調査室, 2015, p. 2.

내려다뵈는 신일본질소 미나마타 비료공장이 울리는 사이렌 소리에 맞춰 아침 여섯 시와 낮 열두 시, 그리고 오후 네 시에 정확히 태엽을 감는다. 아침에 정수를 길어 와 차를 끓이고, 열두 시에는 막 지은 밥을 먹고, 오후 네 시 반에는 선로를 넘어 올라간 길의 점방으로 소주를 마시러 간다. 그것은 느긋하면서도 단 일 분도 틀리는 법이 없었다. (57쪽)

미나마타병에 걸리지 않았으면 "분명 백 살까지 살 양반"(55쪽)으로 여겨졌던 센스케 노인은 마을이나 부락공동체에 관여하지 않았지만 "마을의 시계" 역할을 수행해 왔다. 마을 사람들은 공장의 사이렌 소리에 맞춰 태엽을 감아 시간을 맞추고 빈틈없이 정해진 시간에 움직였던 센스케 노인을 보며 시간을 가늠할 정도였다. 이는 공장이 센스케 노인만이 아니라 마을 사람들의 신체와 습관을 매개로 공동체의 시간과 질서까지 조직하고 있음을 상징적으로 보여 준다. 짓소는 고용과 세금이라는 경제적 인프라, 주택·병원·복지 등 생활 인프라를 제공하는 동시에 주민들의 일상 리듬과 시간 감각 같은 삶의 영역에까지 영향을 주면서 지역사회의 의존 구조를 촘촘하게 형성했다. 이러한 점에서 공장은 단순한 생산시설이 아니라 삶의 기반을 구성하고 재편하는 사회적 인프라로 작동했다.

도로와 가장자리의 삶
:《고해정토》의 인프라 폭력

1954년 규슈의 구마모토현 미나마타시를 중심으로 발생한 미나마타병은 전후 일본의 공해 사건 중 가장 먼저 공해병으로 공식 인정받았다.

미나마타병을 소재로 한 대표적 텍스트가 이시무레 미치코의 《고해정토》(1969)이다. 《고해정토》는 산업공해로 인해 발생한 미나마타병의 피해와 갈등을 다루며, 이시무레는 이를 3부작으로 확장해 집필했다. 1부 《고해정토 나의 미나마타병》(1969)은 미나마타병 발견 이후 피해자들의 삶을 서사화하고, 2부 《신들의 마을神々の村》(2004)은 환자 가족 29세대가 소송을 제기한 1969년부터 이듬해까지의 국면을, 3부 《하늘 물고기天の魚》(1972)는 환자 가족들의 짓소 도쿄 본사 점거 투쟁을 다룬다.

《고해정토》에 그려지는 미나마타는 본래 "일 년에 한두 번, 태풍이나 와야 파도가 이는 조그마한 만을 둘러싼"(13쪽) 조용하고 작은 마을이었다. "가늘게 떨리는 속눈썹 같은 유도湯堂만의 잔물결 위로 작은 배와 정어리 망태 등이 떠 있고, 아이들은 발가벗은 몸으로 이 배에서 저 배로 뛰어다니거나 바닷속으로 풍덩 뛰어들며"(13쪽) 물놀이하며 노는 곳, 어부들은 "저마다 돔 낚시의 명인이며, 작살 다루기의 명인이며, 다래끼 짜는 일에 도가 텄다고 믿는"(15쪽), 바다를 생업으로 삼던 어촌 마을의 풍경은 산업화 이전의 삶의 감각을 드러낸다. 그러나 미나마타병 발병 이후 '널문이 떨어져 나간 지 오래되고 텅 빈 마룻바닥에 금이 간 청년회관'으로 표상되는 이 공간은 젊은 세대가 떠나고, 병든 신체가 일상의 풍경으로 남은 곳으로 전환된다. 이를테면 미나마타병을 앓는 생기를 잃은 소년 큐헤이는, 뒷모습과 하반신을 보면 노인이라고 착각할 만큼의 형상을 하고 있다. "서 있을 때건 다리를 굽히려고 할 때건 구부정하고 엉거주춤한 자세의 소년"(17쪽)은 라디오로 야구 경기를 듣는 것이 유일한 낙이다. 그가 보이지 않는 눈으로 혼자 '야구 연습'을 하는 장면은 적막한 오후의 마을을 정지된 풍경으로 고착시키며, 발병 이후의 삶이 시간과 공간을 어떻게 바꾸는지 드러낸다.

게타를 신은 두 발로 앙버티고 서서, 양다리와 허리에 지나치게 힘을 준 나머지 경미한 경련마저 일고 있었지만, 소년은 그대로 웅크리고 앉아 양손으로 쥔 막대기로 지면을 톡톡 치면서 온몸으로 빙그르 원을 그렸다. … 막대기 끝으로 뭔가를 찾고 있는 것 같았다. 그러기를 몇 번, 톡 하는 소리를 내며 막대기는 찾고 있던 돌멩이를 건드렸다.

소년은 눈이 보이지 않았다.(18쪽)

소년은 돌멩이를 야구공, 손에 쥐고 있는 막대기를 야구방망이 삼아 혼자서 유일한 즐거움, 야구 연습을 하고 있다. 소년의 놀이는 손상된 신체가 겨우 지속하는 생활의 표식이다. 그 돌멩이는 소년이 5년 전 집 앞 도로 공사 때 주운 뒤 줄곧 애용해 온 것으로, 소년은 항상 그 돌을 집의 토방 한쪽 자신이 파 놓은 구덩이에 넣어 보관했다. 집 앞 도로 공사 때 주운 돌멩이라는 설정은 '사회자본의 충실'의 일환으로 물류를 원활하게 하기 위해 추진된 도로 건설이 역설적으로 병든 신체의 일상 속에 흔적으로 남아 있음을 시사한다. 즉, 산업 인프라의 확장은 그 지역을 삶의 편의와 발전으로만 재구성하는 것이 아니라 취약한 집단을 통해 그 폭력성을 가시화한다.

《고해정토》에 인용된 구마모토의학회 잡지(1957.01)에서는 환자 발생 지역을 "구마모토현 남단에 있는 미나마타시의 주변 부락으로 햐쿠켄항구百間港에 인접한 풍광이 아름다운 항만연안지구"로 설명한다. 수은 중독으로 가장 심각한 피해를 입은 이들은 묘진妙見, 츠키노우라月ノ浦, 데츠키出月, 유도 등 해안가 네 마을의 주민들로, 근해와 항만 내에서 어획을 생업으로 삼고 있었다. 이들은 전반적으로 생활수준이 낮았고, 주식으로 배급된 쌀, 밀이나 감자, 부식으로 어획한 어패류를 섭취하는 식

생활을 유지하고 있었다.[25] 이들은 도심부에 사는 사람들보다 생활수준
이 낮아 어패류 섭취 비중이 높았기 때문에 수은 오염의 첫 번째이자 가
장 심각한 피해자가 되었다. 1960년대 일본이 산업 발전과 경제성장으
로 풍요를 구가하고 있던 시기에, 변방의 어민들은 그 혜택으로부터 상
대적으로 벗어나 피해를 고스란히 온몸으로 감내하고 있었다는 점이
여기서 확인된다.

　　미완성의 3번 국도에는 급격하게 늘어난 대형 트럭 행렬이 굉음을 내
며, 초라한 장례행렬을 찌부러뜨리기라도 하려는 듯 맹렬한 속도로 달
려 나갔다. 그 바람에 사람들의 간소한 상복 옷자락이나 가슴께에도, 위
패에도, 한 상 차려진 공물에도 가차 없이 흙탕물이 튄다.
　　내 고향인 이 지방에서는, 한 세대 전까지만 해도 장례행렬 하면 비가
오나 눈이 오나 피리를 불고 징을 울리고 비단이며 오색찬란한 깃발을
휘날리며, 명정 하나 세우지 못한 초라한 장례라도, 길 한가운데를 엄숙
하게 행진하면 마부는 말을 멈추게 하고, 자동차는 뒤로 물러서 주었다.
…
　　1965년 2월 7일, 일본국 구마모토현 미나마타시 데츠키의 어부이자
노동자였던 미나마타병의 마흔 번째 사망자인 아라키 타츠오 씨의 장례
행렬은, 굉음을 울리며 연달아 달려가는 트럭에게 길을 내주고 질척한
흙탕물을 뒤집어쓰면서, 폭 8미터의 3번 국도 가장자리를 논으로 구를
것처럼 위태롭게 비틀비틀 숨죽이며, 바다를 바라보도록 파 놓은 묘지
를 향해 걸어가고 있었다. (65쪽)

25　이시무레 미치코,《고해정토 나의 미나마타병》, 45쪽.

대량생산, 대량소비가 미덕인 소비사회에서 넓은 국도를 내달리는 대형 트럭은 성장의 상징으로 제시된다. 반면 국도의 가장자리를 걸어가는 초라한 장례행렬은 발전과 성장에서 밀려난 존재들을 표상하며 극명하게 대비된다. 가까운 바다에서 물고기를 잡아 생활하던 어민들은 성장을 지원하는 후방 기지 역할을 하면서 지역사회, 국가로부터의 돌봄에서 배제되어 있었다. 국도 가장자리를 위태롭게 걸어가는 흙탕물을 뒤집어쓴 미나마타병의 사망자 장례행렬이야말로 고장난 사회적 인프라의 피해를 입은 존재이다. 한 세대 전까지만 해도 초라한 장례라도 길 한가운데를 엄숙히 행진할 수 있었지만, 자동차와 장례행렬의 위치가 전복되어 도로의 '가장자리'로 밀려났다. 발전과 성장의 논리 속에서 누군가의 피해가 사실상 필연적이거나 감수해야 할 비용으로 처리되는 질서가 작동하고 있음을 드러내는 장면이다.

이때 포착되는 폭력은 우연이나 특정 개인의 악의에서 비롯된 것이 아니다. 그것은 "특정한 사회질서에 속한 모든 이들에 의해 체계적으로 가해지는 폭력"이라는 점에서 구조적 폭력의 형태를 띠며, 물질적 인프라를 매개로 작동하는 '인프라 폭력'[26]으로 이해될 수 있다. 인프라 폭력 개념은 사회·공간적 고통이 어떻게 생산되는지 고통을 야기하는 사회를 정면에서 바라보게 한다는 점에서 의미가 있다.[27] 물질적 인프라 형태, 물질적 네트워크 저변에는 개인을 넘어서는 사회, 공동체, 기업 국

---

[26] Rodgers와 O'Neill은 인프라가 물리적 기반에 그치지 않고 사회질서를 조직하는 권력 장치로 작동하며, 필수적인 생활 기반을 제공하는 동시에 특정 집단의 삶을 제한하고 위험에 노출시키는 구조적 폭력을 '인프라 폭력'이라고 명명한다. Dennis Rodgers and Bruce O'neill, "Infrastructural violence: Introduction to the special issue," *Ethnography* 13-4, 2012, pp. 401-412.

[27] Dennis Rodgers and Bruce O'neill, "Infrastructural violence: Introduction to the special issue," p. 405.

가와 같은 큰 힘이 작동하고 있다. 장례행렬로 표상되는 사회적 약자들은 이러한 체제 속에서 통제되고 배제당하는 존재들이다.

니가타현의 미나마타병까지 포함해, 이들 산업공해가 변방의 촌락을 정점으로 발생했다는 것은, 이 나라 자본주의 근대산업이 체질적으로 하층 계급의 모멸과 공동체 파괴를 심화시켜 왔다는 것을 보여 준다. 그 집약적인 표현이라 할 수 있는 미나마타병의 증상을 우리는 직시하지 않으면 안 된다. (276쪽)

미나마타병은 신일본질소비료 공장이 일으킨 기업 공해인 동시에, 정부와 관료, 이를 지지하는 일부 학자들政官財이 중층적으로 결합해서 발생한 시스템 공해이기도 하다.[28] 1956년 처음 미나마타병이 발견되었음에도 기업은 책임을 인정하지 않았고 정부 역시 적극적으로 해결에 나서지 않으면서 피해는 장기간 지속되었다. 공장의 수은 배출로 인한 공해병의 발병과 그 이후의 대응 과정을, 인프라가 폭력적으로 작동하도록 의도적으로 설계되거나 실행되는 '능동적 인프라 폭력'으로 단정하기는 어렵다. 그러나 사회적으로 해로운 결과가 인프라의 한계와 누락, 책임 회피가 지속되는 가운데 계속되었다는 점에서 이를 '수동적 인프라 폭력'으로 이해할 수 있다.[29] 미나마타의 삶을 지탱하는 기반으로서

---

28 미야모토 겐이치, 《공해의 역사를 말한다》, 6쪽.

29 Rodgers와 O'Neill은 인프라 폭력 개념을 능동적active 인프라 폭력과 수동적passive 인프라 폭력이라는 두 가지 방식으로 구분한다. 능동적 인프라 폭력은 인프라가 구축 과정 또는 기능 수행 과정에서 폭력을 가하도록 설계된 경우를 말한다. 엘리트 집단이 취약한 인구를 통제하기 위해 인프라를 전유하고 동원하는 방식을 가리킨다. 수동적 인프라 폭력은 사회적 피해가 인프라의 직접적인 작동에서가 아니라 인프라의 한계와 누락에서 비롯되는 것임을 말한다. Dennis Rodgers, and Bruce O'neill. "Infrastructural violence: Introduction to

의 짓소라는 공장은 고용과 지역 경제를 유지하는 핵심 인프라였지만, 작동 방식과 문제 발생에 따른 책임 회피를 통해 결과적으로 폭력의 매개로 전환되었다. 《고해정토》는 공장이 지역을 구성·유지하는 기반인 동시에 신체와 공동체를 파괴하는 장치로 작동함을 포착함으로써, 인프라가 삶을 지탱하는 동시에 훼손하는 조건이 될 수 있음을 드러낸다.

사회적 인프라로서의 공장

전후의 일본의 정치·경제·사회 시스템은 급격한 구조적 전환을 경험했다. 농업 중심의 산업구조는 공업, 특히 중화학공업 중심의 산업구조로 재편되었고, 이에 따라 농촌인구는 급격히 대규모로 도시에 집중되었다. 교통 체계 역시 철도 중심에서 고속도로 등 도로망 중심으로 전환되면서 물자·인력의 대량·고속 수송을 가능하게 하는 체계가 구축되었다. 대량생산, 대량소비, 대량폐기를 특징으로 하는 생활양식은 일상생활의 편의성과 물질적 풍요를 확대했지만, 동시에 농약, 식품첨가물, 산업폐기물 등 여러 유해물질에 둘러싸인 환경을 초래했다. 이와 같은 소비사회, 경제 대국을 만들어 낸 경제·사회 시스템은 이전에는 경험해 보지 못했던 형태의 공해를 발생시키는 하나의 원인이 되었다.

이시무레 미치코의 《고해정토》에서 공장은 단순히 공해병을 발생시킨 배경으로만 그려지지 않는다. 공장은 '공장 없이는 살아갈 수 없다'

---

the special issue," pp. 406–407.

는 주민들의 의존과 정체성, 공장의 사이렌 소리를 중심으로 조직되는 일상, 그리고 풍요와 오염, 질병이 공존하는 긴장 속에서 재현된다. 마을은 본래 돌봄과 연대, 가족관계를 기반으로 하는 생활 인프라였지만, 공장 의존도가 높아지면서 공동체에 균열이 생기기 시작했다. 공장노동자와 어민, 환자를 돌보는 사람과 환자를 숨기려는 사람, 보상금을 택하는 사람과 소송과 투쟁을 선택하는 사람들로 마을과 공동체는 분열되었다. 이러한 과정은 공장 중심의 지역 구조가 기존의 사회적 관계를 어떻게 재편했는지 보여 준다.

이러한 분열은 단순히 개인적인 선택의 문제가 아니라 마을과 지역이 공장에 종속된 경제적 구조 속으로 들어가면서 형성된 구조적 결과로 볼 수 있다. 공장의 역할과 영향이 커질수록 기존 공동체가 지니고 있던 돌봄과 연대의 기반은 점차 약해지고, 그 대신 고용과 세금, 복지를 매개로 한 기업 중심 질서가 자리를 잡았다.

따라서 《고해정토》의 공장은 공해병을 일으키는 주범이자 배경에 머무는 것이 아니라 삶을 구성하고 조직하는 사회적 인프라로 기능한다. 공장은 소외된 지역에 경제적 안정과 발전을 가져왔지만, 동시에 바다와 건강한 신체, 공동체를 기반으로 한 기존의 생활 인프라를 대체하고 붕괴시켰다. 이시무레 미치코의 《고해정토》는 이러한 인프라 간의 충돌, 그로 인해 발생한 손상과 갈등, 투쟁의 과정을 기록한 텍스트이다.

이 글은 《고해정토》를 비판적 인프라스트럭처 연구의 관점에서 읽음으로써, 공장이 근대 산업사회에서 단순한 생산 설비를 넘어 지역사회의 구조와 삶의 조건을 조직하는 핵심 인프라로 기능해 왔음을 밝혔다. 특히 인프라가 삶을 지탱하는 조건이 되는 동시에 특정 집단에게는 구조적 폭력으로 작동할 수 있음을 보여 줌으로써, 사회적 인프라의 작동 방식과 그 폭력성이 구조적으로 생산되는 것임을 드러낸다.

참고문헌

강원준,《이시무레 미치코의《고해정토》와 공생의 윤리》, 국내석사학위논문 서울대학교 대학원, 2024.

김경인, 〈石牟禮道子《苦海淨土 わが水俣病》의 기록주의〉,《일본연구》18, 2012.

김수철, 〈인프라 스트럭처와 모빌리티 연구〉,《모빌리티 인프라스트럭처와 생활세계》, 앨피, 2020.

김태희, 〈인류세의 기후 - 인프라: 인프라 인문학의 관점에서〉,《International Journal of Diaspora & Cultural Criticism》15-2, 2025.

미야모토 겐이치,《공해의 역사를 말한다》, 김해창 옮김, 미세움, 2016.

심정명, 〈경계를 묻는 문학적 실천: 이시무레 미치코《고해정토》로부터〉,《비교문학》66, 2015.

오미정, 《《고해정토》에 나타난 공해병과 앙가주망 - 1인칭 여성 언어로 기록하기〉,《아시아문화연구》51, 2019.

오미정, 〈고도성장기의 반근대적 상상력 - 이시무레 미치코(石牟禮道子)의《고해정토(苦海淨土)》를 중심으로〉,《日語日文學研究》109, 2019.

유수정, 〈'공해의 원점'에서 보는 질병 혐오〉,《횡단인문학》11, 2022.

이시무레 미치코,《고해정토 나의 미나마타병》, 김경인 옮김. 달팽이출판, 2007.

이시무레 미치코,《신들의 마을》, 서은혜 옮김. 녹색평론사, 2015.

이시카와 마스미,《일본전후정치사》, 박정진 옮김. 후마니타스, 2012.

이영진, 〈'질병'의 사회적 삶: 미나마타병의 계보학〉,《일본비평》25, 2021.

이정, 〈기반 시설, 혹은 사회생태 기간망을 통한 생태적 역사학〉,《개념과 소통》33, 2024.

이진형, 〈인프라 인문학과 인프라 텍스트 연구 시론〉,《International Journal of Diaspora & Cultural Criticism》15-2, 2025.

Larkin, Brian, "The Politics and Poetics of Infrastructure," *Annual Review of Anthropology* 42, 2013, pp. 327-343.

Korpela, Mari, "Infrastructure," *Keywords of Mobility: Critical Engagements*,

Salazar, Noel B. and Kiran Jayaram eds., New York: Berghahn Books, 2016, pp. 113-132.

Rodgers, Dennis and Bruce O'neill, "Infrastructural violence: Introduction to the special issue," *Ethnography* 13-4, 2012, pp. 401-412.

Slota, Stephen C. and Geoffrey C. Bowker, "How Infrastructures Matter," *The Handbook of Science and Technology Studies*, Felt, Ulrike, Rayvon Fouché, Clark Miller and Laurel Smith-Doerr eds., 4th edition, Cambridge, MA: The MIT Press, 2017, pp. 529-554.

Star, Susan Leigh, "The Ethnography of Infrastructure," *American Behavioral Scientist* 43-3, 1999, pp. 377-391.

Takamine, Takeshi, "A Social History of Minamata Disease-What Do You Know about Minamata Disease?-," 熊本大学水俣研究センター, 2022.

Hughes, Thomas Parker, *Networks of Power*, Baltimore: Johns Hopkins University Press,1993.

衆議院調査局環境調査室,《水俣病問題の概要》, 衆議院調査局環境調査室, 2015.
結城正美,《《苦海浄土》にみる汚染と食の言説》,《アジア遊學》143, 2011.
〈廃水停止は困る 市民の生活に響く〉, 1959年11月8日,《熊本日日新聞》.

3부

인프라 미학

알고리즘적 통치성의 무대화

: 애니 도르센의 〈The Great Outdoors〉와 〈Prometheus Firebringer〉

| 박해리 |

이 글은 《새한영어영문학》 제67권 4호(2025. 11.)에 게재된 원고를 번역, 수정하여 재수록한 것이다.

알고리즘은 기본적으로 특정한 과제를 수행하거나 문제를 해결하기 위해 고안된 유한한 절차, 혹은 일련의 연산 과정으로 정의할 수 있다.[1] 그러나 오늘날 디지털 문화 속에서 알고리즘은 단순한 계산 절차를 넘어, 점점 더 높은 자율성을 갖춘 채 인간의 판단이나 맥락적 이해를 우회하여 데이터를 처리하고 결과를 산출하는 방식으로 작동하고 있다. 이른바 디지털 혹은 빅데이터 시대라 불리는 2020년대에 알고리즘의 영향이 미치지 않은 영역은 거의 없다. 인공지능, 데이터 분석, 추천 시스템 등을 구성하는 핵심 기술로서 알고리즘은 판매, 뉴스 큐레이션, 치안 전략, 금융 거래, 교육, 의료 진단에 이르기까지 현대사회 전반의 질서를 재구성하는 인프라적 힘으로 자리 잡았다.

알고리즘의 영향력은 예술 영역으로도 확장되고 있다. 시각적 패턴 생성, 음악 작곡, 디지털 아카이브 큐레이션 등에서 알고리즘은 이미 창작 도구로 활용되고 있으며, 연극 역시 예외가 아니다. 알고리즘 기반 텍스트 생성, 음향 및 이미지 구조화, 공연의 실시간 조정 등 다양한 방식으로 연극적 실천에 개입하고 있다. 예컨대 안토니오 피초Antonio Pizzo 등이 개발한 'DoPPioGioco'는 관객의 반응을 실시간 분석해 공연의 전개에 반영하는 '인터벌 스크립트interval script'를 구현한 계산 드라마투르기 시스템이다. 또한 제니퍼 탱Jennifer Tang의 〈AI〉는 챗GPT-3ChatGPT-3이 생성한 대사를 바탕으로 작가, 드라마투르그, 배우들이 이를 공동으로 편집하고 재구성하여 무대에 올린 작업으로, 생성 알고리즘이 연극적 창작 과정에 직접적으로 결합된 사례라고 할 수 있다.

그러나 미국 연출가이자 극작가인 애니 도르센Annie Dorsen은 알고리

1   Thomas H. Cormen, Charles E. Leiserson, Ronald L. Rivest and Clifford Stein, *Introduction to Algorithms*, 2nd ed. Cambridge: MIT Press, 2022, p. 5-6.

즘을 단순한 제작 도구나 드라마투르기적 보조 장치로 사용하는 데 그치지 않는다. 그녀는 알고리즘적 과정을 연극적 창작과 관객 경험의 중심에 배치하며, 이를 설명하기 위해 '알고리즘 연극algorithmic theatre'이라는 개념을 제시한다. 이 용어는 알고리즘이 하나의 생성적 주체로 작동하는 동시에, 그 작동 방식 자체가 비판적 탐구의 대상이 되는 공연 방식을 지칭한다. 도르센의 초기 작업들은 알고리즘의 절차적 실험성에 초점을 맞춘다. 〈Hello Hi There〉(2010)에서는 촘스키와 푸코의 대담을 챗봇이 즉흥적으로 변형해 재현하고, 〈A Piece of Work〉(2013)에서는 《햄릿》의 텍스트가 알고리즘에 의해 분해되고 재조합되며, 〈Yesterday Tomorrow〉(2015)에서는 생성 알고리즘이 비틀즈의 〈Yesterday〉를 〈Tomorrow〉로 변환해 매 공연마다 다른 결과를 산출한다. 하지만 이후 작업에서 도르센의 관심은 절차적 실험 자체를 탐구하는 차원을 넘어, 알고리즘이 현실과 지각을 어떻게 구성하는지에 대한 보다 정치적이고 비판적인 문제로 이동한다. 그녀는 동시대 문화가 "겉모습, 환영, 가짜, 복제물 사이의 경계가 점차 모호해지는 깊은 혼란"[2] 속에 놓여 있다고 진단하며, 현실과 인공의 경계를 가로지르는 불안정성을 탐색한다. 도르센의 최근 프로젝트에서 핵심적으로 부상하는 것은 바로 "계산 가능한 것과 계산 불가능한 것, 그리고 저자성과 생성성 사이의 긴장"[3]에 대한 탐구이다.

도르센의 최근 작업들에서 알고리즘은 연극적 구성 속에서 단순한 보조 장치를 넘어, 하나의 생성적이자 자율적인 행위자로 자리한다. 인간의 개입은 최소화되고, 알고리즘이 작품의 전개와 구조를 주도한다.

---

2   Annie Dorsen, "Plato, Procedures, and Artificial Everything," *TDR* 63-4, 2019, p. 114.

3   Annie Dorsen, "Plato, Procedures, and Artificial Everything," p. 19.

〈The Great Outdoors〉(2017)와 〈Prometheus Firebringer〉(2023)는 이러한 알고리즘 연극의 대표적 사례로, 두 작품 모두에서 관객은 동일한 공간에 모여 알고리즘이 처리하고 구성한 텍스트가 무대 위에서 실시간으로 펼쳐지는 과정을 목격하게 된다. 이 두 공연을 통해 도르센은 알고리즘이 정동과 인지에 개입하는 불투명한 작동 방식을 가시화한다.

도르센의 알고리즘 연극을 둘러싼 최근 논의는 주로 그 절차적 혁신성과 탈인간적posthuman 저자성에 초점을 맞추어 왔다. 그러나 동시에 정치적 · 윤리적 한계를 지적하는 비평 역시 제기되고 있다. 미리엄 펠턴-댄스키Miriam Felton-Dansky는 기존 연구가 도르센 작업의 사회적, 정치적 함의보다는 절차적 실험성과 존재론적 도발에 과도하게 치우쳐 있다고 비판한다.[4] 도르센 또한 이러한 문제의식을 인정하며, 알고리즘 연극의 창작자와 관객 모두가 "디지털적이면서 동시에 신체적 존재로서 우리가 직면한 문제들"[5]을 성찰할 수 있는 장소로 공연 공간을 활용해야 한다고 강조한다. 이러한 논의들은 알고리즘을 활용한 연극적 실험과 그에 대한 정치적인 분석 사이에 여전히 해소되지 않은 간극이 존재함을 드러낸다.

본 연구는 이러한 간극을 메우기 위해 도르센의 알고리즘 연극을 '알고리즘적 통치성' 개념을 통해 다시 읽고자 한다. 이를 통해 형식적 실험의 차원을 넘어, 알고리즘이 정동과 인식에 작동시키는 통치적 힘을 분석하고, 연극이 이러한 알고리즘 권력의 보이지 않는 인프라를 어떻

---

[4] Miriam Felston-Dansky, "The Algorithmic Spectator: Watching Annie Dorsen's work," *TDR* 63-4, 2019, p. 68-9.

[5] Elise Morrison, Tavia Nyong'o and Joseph Roach, "Algorithms and Performance: An Introduction," *TDR* 63-4, 2019, p. 8-13.

게 감각적 경험으로 드러내는지를 밝히고자 한다.

알고리즘적 메커니즘은 인간의 감정과 사고를 데이터로 전환하여 표준화함으로써, 주체성 및 정치적 의식을 재구성한다는 점에서 하나의 통치성으로 이해될 수 있다. 안토아네트 루브로이Antoinette Rouvroy와 토마스 벤스Thomas Berns는 〈알고리즘적 통치성과 해방의 가능성〉에서 알고리즘적 통치성을 디지털 시대의 새로운 권력 형태로 규정한다. 전통적 통치성이 인간 주체성과 규범적 판단을 전제로 한다면, 알고리즘적 통치성은 자동화된 데이터의 수집·집계·분석을 기반으로 작동한다.[6] 이 권력은 담론적, 상징적 재현을 통해 현실을 구성하려 하지 않고 방대한 데이터 속 상관관계와 패턴을 탐지해 인간 행동을 모델링하고 예측하며, 때로는 선제적으로 개입한다.[7] 이러한 과정에서 인간 주체는 더 이상 결정의 중심이 아니게 되고, 알고리즘이 비인격적이지만 강력한 행위자로서 가능한 정동과 행동의 조건 자체를 설정하게 된다.

루브로이와 벤스가 지적하듯, 알고리즘적 통치성은 "욕망을 형성하거나 표현하지 않은 상태에서 행동하도록 개인을 유도하는 것"[8]을 목표로 하며, 이는 데이터 기반 사회에서 자율성과 책임의 문제를 새롭게 제기한다. 알고리즘적 통치성은 주체가 형성되는 시간적, 공간적, 언어적 조건을 해체하고, 비의미적non-signifying 사고, 비의미적 지식, 비의미

---

6   Antoinette Rouvroy and Thomas Berns, "Algorithmic Governmentality and Prospects of Emancipation," Liz Carey-Libbrecht trans, *Réseaux* 177, 2013, p. X.

7   Antoinette Rouvroy and Thomas Berns, "Algorithmic Governmentality and Prospects of Emancipation," p. XIX.

8   Antoinette Rouvroy and Thomas Berns, "Algorithmic Governmentality and Prospects of Emancipation," p. XIII.

적 개입이라는 세 단계로 작동한다.[9] 이 세 단계는 도르센의 〈The Great Outdoors〉와 〈Prometheus Firebringer〉에서 구체적으로 드러난다. 두 작품은 알고리즘이 우리의 지식과 감정, 나아가 주체 형성의 과정까지 어떻게 재구성하는지를 보여 주며, 알고리즘적 통치성의 정동적, 인식론적 차원을 탐색한다.

본 연구는 루브로이와 벤스의 논의를 바탕으로 〈The Great Outdoors〉를 정동적 통치성이 무대화되는 사례로 읽는다. 이 작품은 플랫폼 알고리즘이 집단적 정동을 어떻게 분류하고 조율하는지, 그 내적 작동 방식을 감각적으로 드러낸다. 반면 〈Prometheus Firebringer〉는 AI가 지식, 해석, 저자성의 조건을 재구성하는 과정을 무대에 올림으로써 알고리즘적 통치성의 인식론적 측면을 부각한다. 두 작품을 함께 고려하면, 도르센의 알고리즘 연극은 단순히 알고리즘적 통치 메커니즘을 재현하는 데 그치지 않고, 그 메커니즘이 인간의 정동과 인지에 어떤 영향을 미치는지를 관객이 신체적으로 체감하는 미학적 경험으로 전환한다. 다시 말해, 도르센은 알고리즘의 작동을 연극적 미학의 영역으로 끌어올려 디지털 권력의 보이지 않는 구조를 가시화한다. 이러한 작업은 '기계가 발화하는 시대'에 주체가 된다는 것의 의미, 그리고 그 의미가 앞으로 어떻게 변형될지를 성찰하게 한다. 궁극적으로 본 연구는 현실과 재현 사이에 위치한 연극이 알고리즘 권력의 작동을 인지하게 하는 동시에, 그 속에서 감각하고 사고하며 응답할 수 있는 인간의 능력을 재확인하는 비판적 공간을 제공한다는 점을 밝히고자 한다.

---

9   Antoinette Rouvroy and Thomas Berns. "Algorithmic Governmentality and Prospects of Emancipation," p. XIII-XIV.

〈The Great Outdoors〉의
정동적 통치성

〈The Great Outdoors〉는 2017년 뉴욕 링컨센터 페스티벌의 클라크 스튜디오 극장에서 초연된 이후, 2019년까지 유럽의 여러 페스티벌과 극장을 순회하며 공연되었다. 이 작품은 이동식 플라네타륨 내부에서 이루어지며, 공기 주입과 조립을 통해 약 한 시간 만에 설치할 수 있는 돔 구조로 제작되었다. 돔은 약 45명의 관객을 수용할 수 있도록 설계되었으며, 크기는 가로·세로 8미터, 높이 5미터 규모이다.[10] 돔 내부 중앙에는 정육면체 형태의 대형 프로젝터가 배치되어 있으며, 이 장치는 천장 전체에 360도 밤하늘 영상을 투사한다. 관객들은 바닥에 놓인 요가 매트 위에 자유롭게 앉거나 서거나 눕는 방식으로 공연을 경험하게 되며, 이 공간은 친밀한 밀폐된 구조 속에서도 우주적 광대함을 환기하는 독특한 감각 환경을 형성한다.

공연이 시작되면 단 한 명의 퍼포머가 사용자 기반 플랫폼인 레딧 Reddit에서 수집된 익명 댓글을 낭독한다. 텍스트는 공연 직전 24시간 동안 게시된 글 가운데 알고리즘을 통해 자동 선별된 것이다. 이러한 발화 조각들은 천체 영상과 앰비언트 사운드와 결합하여 인물, 플롯, 서사적 구조가 부재한 비전통적 연극 환경을 구축한다. 즉, 공연은 인터넷 사용들이 생성한 온라인 담론의 파편들을 알고리즘이 실시간으로 수집·배열하며 만들어 내는 유동적 스크립트로 구성된다. 도르센은 이러한 댓글을 "익명성이 보장된 상태에서 무제한으로 분출되는 인터넷의 이드

---

10 Annie Dorsen, *The Great Outdoors: Project Dossier*, 2020. https://anniedorsen.com/wp/wp-content/uploads/2023/10/TGO-DOSSIER-2020.pdf, PDF download

id"[11]라고 부르며, 이는 온라인에서 익명성이 허용될 때 디지털 사용자들로부터 드러나는 가공되지 않은 충동, 즉 필터링되지 않은 정동의 언어가 이 텍스트들 속에 고스란히 담겨 있음을 시사한다.

관객이 듣게 되는 댓글들은 구체적으로 어떤 유형일까? 공연은 "고마워," "응," "정말?", "진짜로?"와 같은 짧고 단순한 의사소통적 표현들로 시작한다. 그러나 시간이 흐르면서 텍스트는 점차 더 개인적이고 정동적으로 밀도 높은 방향으로 이동한다. 고백, 불안과 욕망의 표출, 때로는 절망의 순간을 담은 정동적 발화들이 등장하는 것이다.[12] 도르센은 이러한 진행 방식이 정보 엔트로피의 패턴을 모방하도록 설계되었다고 설명한다.[13] 그녀는 협업자 마일스 톰슨Miles Thompson과 함께 클로드 섀넌Claude Shannon의 엔트로피 개념을 기반으로 한 일련의 정렬 알고리즘을 개발하였다. 이 맞춤형 소프트웨어는 온라인 댓글을 정보 밀도에 따라 재배열하며, 그 결과 공연은 예측 가능하고 반복적인 표현에서 출발해 점차 드물고 예측 불가능하며 정동적으로 강렬한 발화로 이동하는 구조를 갖게 된다.

이와 같은 구성은 관객으로 하여금 감정을 단편화되고 익명화되며 수량화된 '데이터'로 경험하게 만들 뿐 아니라, 플랫폼 기반 알고리즘이 정동을 어떤 방식으로 조절하는지를 드러낸다. 도르센이 레딧을 텍스트의 원천으로 선택한 것도 이러한 맥락에서 이해할 수 있다. 레딧은 다양

11   Annie Dorsen, *The Great Outdoors: Project Dossier*, 2020.

12   Molly Grogan, "Review: *The Great Outdoors* at FIAF Florence Gould Hall," *Exeunt*, 2017. 09. 29. https://exeuntmagazine.com/reviews/review-great-outdoors-fiaf-florence-gould-hall/ (접속일 2025년 6월 10일)

13   Christopher Tibble, "Algorithms Are Artists: An Interview with Annie Dorsen, Whose The Great Outdoors Takes the Public on an Intergalactic Voyage," *Medium*, 2017. 10. 09. https://medium.com/artsculturebeat18/algorithms-are-artists-b7b15f81a128 (접속일 2025년 8월 10일)

한 주제를 아우르는 수억 건의 짧은 댓글이 축적되는 세계 최대 규모의 온라인 커뮤니티 가운데 하나로, 디지털 발화가 방대하게 생산·축적되는 장소라는 점에서 미학적 잠재력을 지닌다.[14] 이러한 잠재력은 익명성과 즉시성이라는 레딧의 구조적 특성에서 비롯되며, 이 조건은 정동적 언어가 고밀도로 축적되는 환경을 조성한다.

레딧은 또한 자체 알고리즘을 기반으로 한 순위화 체계를 갖고 있다. 댓글은 업보트upvote, 다운보트downvote, 그리고 윌슨 점수 구간Wilson score interval 등 통계적 신뢰도 지표에 따라 정렬된다. 이러한 시스템은 짧고 직접적이며 다수의 공감을 얻기 쉬운 표현을 우선적으로 노출시키는 반면, 모호하거나 논쟁적이거나 복합적인 감정 표현은 가시성에서 배제한다. 다시 말해, 플랫폼은 정동의 복잡성과 주저함을 억제하고 명료하고 양극화된 정서를 강화하는 '정동적 필터링affective filtering'을 수행한다. 이는 감정을 더 쉽게 '보이게' 하기 위해 정동을 단순화하고 과도하게 증폭하는 알고리즘의 구조적 편향을 드러낸다.

도르센의 연극은 바로 이러한 알고리즘적 조절 방식을 무대 위에서 감각화한다. 그녀의 목적은 알고리즘을 긍정하거나 미화하는 데 있는 것이 아니라, 플랫폼 알고리즘이 수행하는 정동적 통제의 메커니즘을 드러내고 그로 인해 발생하는 윤리적 불편함을 관객이 직접 마주하도록 만드는 데 있다. 도르센은 레딧 댓글을 엔트로피의 논리에 따라 재배열함으로써 플랫폼의 순위화 메커니즘을 동시에 전유하고 전복한다. 이를 통해 관객은 알고리즘이 정동의 순환을 어떤 방식으로 관리하고 조

---

14 Miriam Felston-Dansky, "In Progress: An Interview with Annie Dorsen of *The Great Outdoors*," *We're Watching*, 2017. 03. 15. https://blogs.bard.edu/wearewatching/2017/03/15/in-progress-an-interview-with-annie-dorsen-of-the-great-outdoors/ (접속일 2025년 6월 11일)

절하는지를 체감할 수 있게 된다. 통상적 댓글 순위 구조에서는 쉽게 묻히거나 거의 가시화되지 않는 불확실성, 예측 불가능성, 모호성과 같은 정동적 표현이 도르센의 재배열에서는 오히려 공연의 정점으로 부상한다. 공연 후반부로 갈수록 텍스트 조각은 점차 글자·음절·기호의 무의미한 조합으로 해체되며, 장황한 비의미적 시퀀스로 확장된다.[15] 이러한 전략을 통해 〈The Great Outdoors〉는 플랫폼 알고리즘이 일상적으로 억압하는 '잔여 정동residual affect'을 관객이 집단적으로 경험하도록 만들며, 이를 공연의 정동적 클라이맥스로 전환한다.

궁극적으로 〈The Great Outdoors〉가 가시화하는 핵심은 알고리즘이 의미가 아니라 정보 밀도, 다시 말해 신호signal를 기준으로 데이터를 정렬한다는 점이다. 루브로이와 벤스가 지적하듯, 이러한 알고리즘적 논리는 담론을 의미적 구성물이 아니라 상관관계의 패턴으로 환원한다.[16] 이 과정에서 정동은 단순화되거나 과도하게 증폭되며, 이는 플랫폼 알고리즘이 지닌 구조적 편향을 드러낸다. 루브로이와 벤스는 이를 '정동적 통치성affective governmentality'—즉, "주체 없는 통치지만, 대상 없는 통치는 아닌 통치"[17]—라고 규정한다. 다시 말해, 알고리즘은 개인의 감정이나 맥락을 해석하지 않으며, 단지 데이터화된 정동의 흔적에서 추출된 상관관계에 반응을 할 뿐이라는 점에서이다.

도르센은 "오늘날 많은 알고리즘 과정은 더 이상 인간의 입력에 의존

---

15 Miriam Felston-Dansky, "The Algorithmic Spectator: Watching Annie Dorsen's work," p. 80

16 Antoinette Rouvroy and Thomas Berns, "Algorithmic Governmentality and Prospects of Emancipation," p. XVI.

17 Antoinette Rouvroy and Thomas Berns, "Algorithmic Governmentality and Prospects of Emancipation," p. X.

하지 않으며, 기계가 작동하는 한 계속 유지될 것"[18]이라고 언급한 바 있다. 이러한 관점에서 〈The Great Outdoors〉는 알고리즘이 인간 언어를 처리하는 수준을 넘어, 세계 속에서 하나의 자율적 '비인간 행위자 nonhuman actor'로 기능하는 방식을 무대 위에서 형상화한다. 이 작품은 인간이 사라진 미래를 가정하며, 그 후에도 계산, 거래, 위성 신호 송출과 같은 알고리즘적 활동의 기계적 잔여물이 끝없이 지속될 것이라는 상상을 불러일으킨다.

아이러니하게도, 이처럼 비감정적이고 비인간적인 행위성은 오히려 관객에게 강렬한 정동적 반응을 일으킨다. 신호와 잡음이 단순히 축적되는 것처럼 보이는 순간조차, 관객은 이를 구역질, 불안, 흥분, 혹은 숭고함과 같은 강도 높은 감각으로 체험한다.[19] 이 역설의 무대화는 〈The Great Outdoors〉가 플랫폼 알고리즘의 정동적 통치성을 드러낼 뿐 아니라, 알고리즘을 의도를 갖지 않은 비인간 행위자로 재위치시키는 작업이라는 점에서 중요하다. 작품은 신호의 반복적 순환이 집단적 정동을 어떻게 매개하는지 보여 주며, 알고리즘이 실질적 행위 능력을 지닌 기술적 주체로 작동할 수 있음을 감각적으로 제시한다.

루브로이와 벤스는 알고리즘적 통치성이 "통계적 대상을 가축처럼 취급하게 만드는 폭압적 통계의 위험"[20]을 내포하고 있다고 지적한다. 그들에 따르면 알고리즘은 개인의 경험이나 의지와 무관하게, 개인 이

---

18   Christopher Tibble, "Algorithms Are Artists: An Interview with Annie Dorsen, Whose The Great Outdoors Takes the Public on an Intergalactic Voyage," 2017.

19   Christopher Tibble, "Algorithms Are Artists: An Interview with Annie Dorsen, Whose The Great Outdoors Takes the Public on an Intergalactic Voyage," 2017.

20   Antoinette Rouvroy and Thomas Berns, "Algorithmic Governmentality and Prospects of Emancipation," p. X.

하의 미세한 데이터 흔적sub-individual data traces을 기반으로 초개인적 행동 모델과 프로파일supra-individual behavioural models and profiles을 자동적으로 생성함으로써 성찰, 비판, 저항의 가능성을 지연시키거나 차단한다. 마우리치오 라짜라토Maurizio Lazzarato 또한 알고리즘을 비의미적a-signifying 기호체계로 규정하며, 정동, 지각, 감정과 같은 개체 이전pre-individual, 언어 이전pre-verbal 요소들이 기계적 구성 요소로 편입되어 조율되고 조절된다는 점을 강조한다.[21] 그가 말하는 '기계적 예속machinic enslavement'은 이러한 과정에서 주체성이 기술적 연산의 일부로 포섭되는 상태를 의미한다.

루브로이와 벤스의 알고리즘적 통치성 개념과 라짜라토의 기계적 예속 개념을 함께 고려하면, 알고리즘은 단순한 분류 도구가 아니라 정동을 배열하고 사고의 조건을 조직하는 기술·정동적 장치로 이해할 수 있다. 알고리즘은 무엇을 볼 것인가뿐 아니라, 무엇을 느끼고 무엇에 주목하며 무엇을 사유할 수 있는지를 구조화한다. 의도나 의미 없이 작동함에도 불구하고, 알고리즘은 세계에 실질적 효과를 행사하는 행위자로 기능한다. 이러한 관점에서 보면 〈The Great Outdoors〉의 드라마투르기적 전개는 알고리즘적 조절의 역학을 극명하게 드러낸다. 관객은 단순히 텍스트를 전달받는 것이 아니라, 감정이 제거된 기계적 장치가 만들어 내는 정동의 집단적 조율 과정 속으로 끌려들어 간다.

또한 공연 공간 자체도 중요한 역할을 한다. 플라네타륨은 알고리즘적 '노이즈'를 증폭하는 매개 장치로 기능한다. 이 공간은 무질서한 데

---

21 Maurizio Lazzarato, "'Semiotic Pluralism' and the New Government of Signs: Homage to Félix Guattarim," Mary O'Neil trans., *transversal texts*, 2006. 06. http://eipcp.net/transversal/0107/lazzarato/en (접속일 2025년 7월 21일)

이터 조각들을 천체 이미지와 음악이 결합된 우주적 몰입 환경으로 변환하여, 데이터의 무생물적 지속성과 일종의 영속성을 시각적이고 청각적으로 드러낸다. 이때 플라네타륨은 경험의 풍부함을 담아내는 장소라기보다, 개인의 삶이 데이터 흔적으로 추상화되는 과정을 반영하는 디지털적 거울로 작동한다. 그 결과, 살아 있는 경험과 그 경험이 신호로 축소되는 알고리즘적 환원 사이의 긴장이 선명하게 부각된다.

⟨Prometheus Firebringer⟩의 인식론적 통치성

⟨The Great Outdoors⟩가 레딧과 같은 플랫폼 기반 알고리즘이 수행하는 정동적 통치성을 드러냈다면, ⟨Prometheus Firebringer⟩는 그와 긴밀히 연결되면서도 또 다른 알고리즘 체제—대규모 언어 모델large language model:LLM—를 전면에 부각한다. 도르센이 사용한 챗GPTChatGPT[22]는 방대한 데이터셋을 기반으로 학습된 생성형 언어 모델로, 이 기술을 통해 도르센은 지식, 해석, 저자성이 구성되는 조건 자체가 알고리즘에 의해 어떻게 재편되는지를 무대 위에서 탐구한다. 다시 말해, 그녀는 기존 연

---

[22] 챗GPT는 필터링된 커먼 크롤Common Crawl 데이터를 기본 학습 자료로 사용하며, 여기에 세 개 이상의 업보트를 받은 레딧 게시물, 온라인 전자책 자료, 위키피디아 항목, 각종 온라인 대화 기록 등이 추가된다. 이 언어 모델은 이러한 방대한 자료에 내재한 패턴과 구조를 압축해 새로운 문장을 생성한다(Muldoon, James, Mark Graham, Callum Cant, *Feeding the Machine: The Hidden Human Labour Powering AI*, Manchester: Manchester UP, 2023, p. 50). 이 점에서 ⟨The Great Outdoors⟩가 다루는 레딧 기반 플랫폼의 작동 논리와 ⟨Prometheus Firebringer⟩의 챗GPT의 생성 텍스트는 서로 겹치는 데이터 인프라와 알고리즘적 절차를 공유한다고 볼 수 있다.

극 형식에 AI의 작동 방식을 이식함으로써, 연극을 'AI가 작동하는 장場'
으로 전환한다.

〈Prometheus Firebringer〉는 2023년 1월 브린마우어 칼리지Bryn Mawr
College에서 초연된 뒤, 같은 해 5월 뉴욕 더 초콜릿 팩토리The Chocolate
Factory에서 다시 공연되었다. 작품은 AI가 생성한 대본과 도르센의 라이
브 강연을 병치하는 하이브리드 형식을 취한다. AI 대본은 도르센이 챗
GPT-3.5에게 아이스킬로스Aeschylus의 〈프로메테이아Prometheia〉 3부작
가운데 전승이 남아 있지 않은 두 편의 내용을 '새롭게 상상해 보라'고
요청하면서 생성된 것이다. 3부작 가운데 완전한 형태로 남아 있는 작
품은 〈Prometheus Bound〉뿐이며, 〈Prometheus Firebringer〉를 포함한 나머
지 두 작품은 단편적인 파편과 간접적인 언급만 남아 있다.[23] 도르센은
이 자료들을 챗GPT-3.5에 입력한 뒤, 그 단서를 바탕으로 나머지 3부
작의 서사와 결말을 구성하라고 지시한다.

공연이 시작되기 전, 무대 뒤편의 대형 스크린에는 스스로 수정하
고, 갱신되는 텍스트 흐름이 끊임없이 펼쳐진다. 모든 문단은 "연극은
다음과 같이 시작된다(The play begins/opens with)"라는 문구로 시작하며
(01:11-02:10),[24] AI는 이를 바탕으로 매번 새로운 시놉시스를 생성한다.
세부 전개는 조금씩 달라지지만 전체 구조는 크게 변하지 않으며, 결말
은 대체로 두 가지 유형으로 귀결된다. 하나는 제우스와 프로메테우스
의 화해이고, 다른 하나는 협상의 실패이다. 전자의 경우 신들의 권위

23   David Grene David and Richmond Lattimore, eds., *Greek Tragedies* 1, 2nd ed, U of Chicago P, 1991, p. xx.

24   이 논문에서 인용한 〈Prometheus Firebringer〉의 내용은 프로젝트 자료집에 포함된 공연 영상(2023년 5월 13일, 뉴욕 더 초콜릿 팩토리 시어터 촬영)을 바탕으로 하였다. 본문에 제시된 모든 인용문은 해당 영상의 시간 표시(분:초)를 기준으로 제시한다.

가 비극적 형태로 재확인되며, 후자의 경우에는 "연극은 인류의 미래에 대한 희망적 여운을 남기며 끝난다(the play ends with a note of hope for the future of humanity)"(05:26)라는 상투적 문장이 마지막에 배치된다. 무대에서는 이렇게 생성된 AI 대본이 영상과 음향, 그리고 배우를 대신하는 로봇 마스크를 통해 구현된다. 다섯 개의 마스크가 막대 위에 설치되어 프로메테우스와 '고아 아이들'로 이루어진 코러스를 구성한다. 조명이 어두워지면 마스크들은 자동 조정된 합성 음성으로 AI가 생성한 문장을 실시간으로 발화하면서 공연이 시작된다.

전통적인 그리스 비극에서 코러스는 공동체의 시민으로 구성되며, 극적 사건과 폴리스polis 세계를 매개하는 집단적 목소리를 담당한다. 코러스는 단순한 서사 장치가 아니라 공동체가 공유하는 윤리적, 정치적, 정동적 감수성을 표현하는 핵심 요소로 기능한다. 이를테면 〈Prometheus Bound〉의 코러스인 오케아니드Oceanids는 신적 존재로 설정되어 있으면서도, 무대에서는 연약한 젊은 여성들의 형상으로 등장해 당시 아테네 관객에게 제국, 권력, 억압의 문제를 성찰하도록 이끈다.

그러나 〈Prometheus Firebringer〉에서 AI가 생성한 코러스는 '고아 아이들orphaned children'로 나타난다. 이는 대규모 언어 모델이 학습 과정에서 축적한 통계적 연관성—고대 텍스트에서 반복적으로 등장하는 '처녀', '소녀', '딸', '아이들' 등의 표상—을 결합해 취약성과 유기를 상징하는 이미지로 재구성한 결과로 볼 수 있다. 그 결과 코러스는 더 이상 공동체적이거나 정치적 성찰을 이끄는 목소리라기보다, "우리는 길을 잃고 홀로 남겨졌다(we are lost and alone)"나 "프로메테우스는 우리를 아끼고 보살핀다(Prometheus adores us)"(22:00 - 24:00)와 같은 감정적 문구를 반복하는 정서적 장치로 축소된다. 이러한 변화는 알고리즘 생성 과정이 코러스의 정치적 기능을 감상적 클리셰로 치환해 버리는 방식을 잘 보여 준다.

이러한 단순화는 대규모 언어 모델의 작동 원리를 드러내는 단서이기도 하다. 챗GPT와 같은 LLM은 의미를 '창조'하는 장치가 아니라, 방대한 텍스트 자료에서 반복되는 언어 패턴을 압축해 단어와 구 사이의 관계를 통계적 구조로 저장하고, 그 확률적 경향에 따라 다음에 등장할 법한 표현을 산출하는 모델이다. 제임스 물든James Muldoon 등은 이를 다음과 같이 설명한다.

챗봇은 언어의 패턴을 감지하고 분석하며, 이를 다시 재현하도록 훈련된다. 기본적으로 이러한 모델은 문장에서 다음에 어떤 단어가 올지를 확률적으로 계산한다. … 문장의 다양한 요소 사이의 관계를 학습하고, 특정 단어들에 더 높은 가중치를 부여함으로써 문장의 의미를 판단한다.[25]

이와 같은 작동 방식 때문에 LLM이 생성하는 문장은 의미적 기반보다는 통계적 개연성에 더 크게 의존하게 된다. 댄 맥킬란Dan McQuillan이 지적하듯, 챗봇은 "문법적으로 타당하고, 대체로 맥락에 부합하며, 때로는 창의적으로 보이기까지 하는 텍스트를 만들어 내지만, 그 목적은 결국 '그럴듯함plausibility'에 있다."[26] 달리 말하면, LLM이 산출하는 문장은 표면적으로는 일관되고 자연스러워 보이지만, 새로운 의미를 생성하거

[25] James Muldoon, Mark Graham, Callum Cant, *Feeding the Machine: The Hidden Human Labour Powering AI*, 2023.

[26] Dan McQuillan, *Resisting AI: An Anti-fascist Approach to Artificial Intelligence*, Bristol: Bristol UP, 2022, para. 17.

나 고유한 해석을 제시하는 능력과는 거리가 있다.

〈Prometheus Firebringer〉의 AI 대본에서 반복적으로 나타나는 언어적 패턴은 이러한 작동 원리를 명확히 보여 준다. 2023년 뉴욕 공연을 리뷰한 사라 홀드런Sara Holdren은 로봇 마스크들이 동일한 표현을 계속 반복할 때 관객이 느끼는 피로감을 지적하며, 예컨대 "'sky'와 'try'를 지나치게 자주 운율로 연결한다"[27]라고 평가한다. 이러한 반복은 AI가 그리스 비극의 핵심 형식을 모방하는 과정에서 발생한다. 즉, 개인 대사는 이암부스 삼보격iambic trimeter, 코러스는 가사적 운율이라는 구조적 틀을 따르지만, 의미적 깊이나 형식적 변주도 없이 이 틀을 기계적으로 재현하는 데 그치기 때문에, 결과적으로 텍스트는 구조만 남고 언어적 에너지는 반복 속에서 소진되며, 전체 대본은 상투성과 단조로움으로 귀결된다.

그럼에도 AI 대본은 때로 예상치 못한 순간을 만들어 낸다. 문장 조각들이 우연히 결합되면서 기술을 둘러싼 오늘날의 불안과 맞물리는 대목이 드러나기도 하는데, 코러스가 "기술tech(ne)[28]은 우리에게 기쁨을 줄까, 눈물을 안길까? 치유할까, 두려움을 더할까? 성공을 가져올까, 아니면 고통을 더할까?"라고 묻는 장면이 대표적이다. 여기에 프로메테우스는 "답은 기술이 아니라 마음에 있다"(27:19 – 27:51)라고 응답한다. 이러한 구절은 원전에는 존재하지 않지만, 기술이 약속하는 미래와 그 이면의 위험을 둘러싼 현대적 양가성을 자연스럽게 반영한다. 특히 "techne"

---

27 Sara Holdren, "Did a Bot Write This Review of Prometheus Firgebringer? No, and Here's Why Not," *New York Magazine*, 2023. 09. 19. https://www.vulture.com/2023/09/theater-review-prometheus-firebringer-annie-dorsen.html (접속일 2025년 7월 19일)

28 본 논문은 여기서 "tech(ne)"라고 표기한 이유가, AI 음성이 이 단어를 명확히 발음하지 않아 'tech'로도, 'techne'로도 들릴 수 있었기 때문이라고 밝힌다.

와 "tech"가 거의 동일하게 들리는 음향적 유사성은 이 단어가 고대의 '기예' 개념과 현대의 '기술'을 동시에 환기하게 만들어 장면의 효과를 극대화한다. 그러나 이러한 표현은 기술에 대한 의도적 논평이라기보다, 고대적 이미지와 현대 담론이 뒤섞인 데이터셋을 기반으로 LLM이 통계적 패턴을 조합하는 과정에서 발생한 우연적 산물로 보는 것이 타당하다.

이러한 AI 대본과 뚜렷한 대비를 이루는 것이 장면 사이에 배치된 도르센의 강연-퍼포먼스이다. 〈Prometheus Firebringer〉 프로젝트 자료집에서 명시하듯, 이 강연은 "AI의 블랙박스적 작동 방식과 의도적으로 대조되는 형식"으로 설계되었다.[29] 도르센 역시 챗봇처럼 타인의 언어를 인용해 발화하지만, AI와 결정적으로 다른 점은 모든 인용의 출처를 즉시 무대 뒤 스크린에 투사함으로써 철저한 투명성을 확보한다는 점이다. 그녀의 강연은 처음부터 끝까지 인용문들로 구성되며, 각 문장은 하나의 각주처럼 기능하여 텍스트의 파편들이 점차 논리적, 사유적 구조를 이루도록 조직된다. 예를 들어 강연의 첫머리에서 도르센은 "현대사회에서 '개인'이라는 문제를 이야기해 보려고 한다"(Bernard Stiegler, *Symbolic Misery Vol. I*)[30]라고 말하며 문제의식을 제시한다. 이어 "이 작업은 에세이이자, 어쩌면 사유문에 가깝다"(Ted Berrigan, *On the Level Every Day*)"라고 말하며 강연의 형식을 스스로 규정한다. 그리고 곧바로 "보시다시피 저는 다른

---

29 Dorsen, Annie, *Prometheus Firebringer: Project Press Dossier*, 2023. https://anniedorsen. com/wp/wp-content/uploads/2023/10/Prometheus-Firebringer-Press-Dossier_ October-2023.pdf. PDF download

30 도르센의 강연-퍼포먼스에서 인용한 문장 뒤의 괄호 속 서지 정보는 공연 당시 스크린에 투사된 내용을 그대로 옮긴 것이다. 따라서 이 정보들은 참고문헌 목록에 포함하지 않았으며, 그 대신 인용은 모두 해당 공연 영상의 시간 표기(분:초)를 기준으로 제시한다.

사람의 말을 사용하고 있습니다. 모든 문장은 다른 데서 온 것이죠. 하지만 훔치는 것이 아닙니다. 도서관에서 책을 빌리듯 잠시 가져오는 것뿐이에요. 도서관에서 책을 빌린다고 해서 죄가 되지는 않잖아요?"(Neil Humphreys, *Princess Incognito: Nightmare at the Museum*)(07:28 – 08:02)라고 자신의 방법론을 설명한다.

이와 같은 방식은 AI가 불투명한 연산 과정을 통해 결과를 산출하는 것과 달리, 언어의 출처와 인용의 경로를 드러내는 인간적, 해석적 사유의 과정을 적극적으로 무대화한다는 점에서 중요한 의미를 갖는다. 이를 잘 보여 주는 몇 가지 인용문을 살펴보면 다음과 같다:

우리 모두, 혹은 거의 대부분의 사람들은 지금 끊임없이 우리를 향해 손짓하는 사물들에 휘말려 있습니다. 그 결과 우리는 자신에게 집중하지 못하고, 우리 안에서 성찰이 요구되는 것에도 더 이상 주의를 기울이지 못하게 되었습니다. 그런 시간을 갖지도 못하고, 잠시 멈추어 꿈을 꿀 시간도 없습니다. 우리는 원격 조정과 다름없는 상태에서 조종되고 있습니다.(Bernard Stiegler, *The Age of Disruption*)(33:20 – 33:46)[31]

데이터가 더 많아지면 상황이 나아지는 걸까요?(Talya W. 미출판 인터뷰) (35:53 – 35:54)

비극은 앤 칼슨N. Carson이 말하는 '순수한 모순의 뜨거운 냄새'에 관한 것입니다. 부분적 행위성, 제한된 자율성, 깊이 각인된 정동, 갈등과 긴

---

[31] Dorsen, Annie, *Prometheus Firebringer: Project Press Dossier*, 2023.

장, 성적 혼란, 정치적 복잡성, 도덕적 모호함. 비극의 진실은 바로 이러한 모호함을 견디고, 그 안에서 살아 내는 데 있습니다. 정의·권력·법 등 무엇이 핵심 개념이든, 그것은 하나가 아니라 적어도 둘 이상일 수 있습니다.(Simon Critchley, *Tragedy, The Greeks, and Us*)(36:27 – 37:05)

이러한 인용의 배열은 도르센이 동시대 AI 환경을 관통하는 모순과 그 영향력을 '타인의 언어'라는 우회적 방식으로 비판적으로 드러내기 위한 구성 전략임을 보여 준다. 스티글레르는 초산업사회에서 인간의 주의력과 자율성이 잠식되는 과정을 진단하고, 탈리아 W.의 질문은 데이터의 양적 축적이 곧 질적 이해로 이어진다는 '데이터주의'의 신화를 흔든다. 크리칠리의 비극론은 인간 존재 자체가 근본적으로 모순과 모호성 위에 놓여 있음을 일깨운다. 이러한 텍스트들의 연쇄는 곧 인간 지성의 고유한 능력―언어를 해석하고, 맥락을 부여하며, 판단과 성찰의 체계 안에 위치시키는 능력―을 부각시키는 동시에, AI가 야기하는 인식론적, 윤리적 문제들을 사유하게 만드는 장치로 작동한다. 다시 말해, 도르센의 강연-퍼포먼스는 알고리즘이 구축하는 비의미적, 비해석적 세계와는 다른 인식론적 질서를 관객 앞에 제시함으로써, 인간적 사고가 지닌 해석과 판단의 힘을 극 속에서 재확인하게 한다.

이러한 인간적 해석 능력은, 의미 작용 없이 통계적 상관관계만을 기반으로 작동하는 알고리즘의 방식과 선명하게 대비된다. 루브로이와 벤스가 제시한 '알고리즘적 통치성' 개념이 이 대비를 이론적으로 정교하게 설명한다. 그들에 따르면 알고리즘적 통치성은 데이터 내부의 상관관계만을 탐지하여 판단과 예측을 산출하며, 해석이나 의미는 체계적으로 배제된다. 다시 말해, 알고리즘은 "비의미화된 사고, 비의미화된 지식, 비의미화된 개입"[32]이라는 일련의 절차를 통해 작동한다. 이러한 체계에서는 '사실을 확인하는 과정'이 아니라, 가능성을 선제적으로 예측하는 작동 방식이 통치의 중심에 놓인다. 이 과정에서 알고리즘의 블랙박스적black-box 불투명성[33]은 지식의 기원과 산출 과정 전체를 인간의 인식 밖으로 밀어낸다. 검증의 절차는 점차 약화되고, 그 자리는 알고리즘의 권위적 판단을 신뢰하는 관행으로 대체된다. 이로 인해 사실과 무관한 산출물, 즉 AI의 환각hallucination[34]조차 '지식'처럼 굳어질 위험이 발생한다. 다시 말해 알고리즘은 진리를 검증함으로써 사회적 현실을 구성하는 것이 아니라, 권위를 띤 출력물을 반복적으로 유통시키는 방식으로 현실을 조직한다. 그 결과, 무엇이 참이고 거짓인지의 구분은 점점 더 주변화된다.

이에 비해 도르센의 강연-퍼포먼스는 알고리즘적 통치성과 정면으로 대조되는 인식론적 질서를 제시한다. 루브로이와 벤스가 설명하듯 알고리즘적 통치성이 불투명성과 패턴 기반의 비의미적 연산에 의존한다면, 도르센의 강연-퍼포먼스는 해석, 맥락화, 비판적 성찰을 중심으로 한 '인식론적 투명성'을 구현한다. 그녀는 각 인용문을 그것이 발생한 계보적 맥락genealogy에 정확히 위치시키며, 관객이 담론의 흐름을 비판적으

---

32 Antoinette Rouvroy and Thomas Berns,, "Algorithmic Governmentality and Prospects of Emancipation," p. XIV.

33 '블랙박스black-box적 불투명성'이란 기계학습 알고리즘의 불투명성을 가리키는 용어로, 이는 기업의 비밀주의뿐만 아니라 기술적 문해력의 부족과 대규모 모델이 지닌 수학적 복잡성에 기인한다. 보다 자세한 논의는 제나 버렐Jenna Burrell의 "How the Machine 'Thinks': Understanding Opacity in Machine Learning Algorithms"(*Big Data & Society*, January-June 2016: 1-12)을 참조할 것.

34 AI 담론에서 '환각hallucination'은 문법적으로 완결되어 있지만 사실과는 다른 내용을 생성하는 현상을 의미한다. 대규모 언어 모델은 자신이 만들어 낸 텍스트를 이해하지 못하기 때문에, 겉보기에는 지식처럼 보이지만 그 진위가 확인될 수 없는 산출물을 만들어 낼 수 있다.

로 추적하고 해석할 수 있는 틀을 마련한다. 노암 촘스키Noam Chomsky가 "인간의 지성이란 창의적 추측만이 아니라 창의적 비판을 포함한다"[35]라고 말하듯, 도르센의 강연은 해석과 비판이라는 인간적 지능의 핵심 작용을 무대 위에서 수행하는 실천적 모델이라고 할 수 있다. 그녀의 퍼포먼스는 알고리즘적 사고 체계가 만들어 내는 비의미적, 비해석적 세계와의 대비 속에서, 인간적 사유의 고유한 역량을 가시화하는 정치적, 미학적 장치로 기능한다.

결국 ⟨Prometheus Firebringer⟩는 도르센이 알고리즘 연극을 통해 일관되게 제기해 온 핵심 문제—"저자성과 생성성 사이의 긴장에 압력을 가하는 것"[36]—을 가장 구체적으로 구현한 작업이라 할 수 있다. 도르센은 이 긴장을 무대 위에 드러내면서, 알고리즘이 만들어 내는 인식론적 불투명성이 어떻게 해석적 투명성으로 전환되고, 더 나아가 성찰적 비판의 장으로 확장되는지를 제시한다. 알고리즘의 비의미적 연산과 달리, 그녀의 라이브 강연은 지식의 해석적, 윤리적 차원을 복원한다. 다시 말해 문맥화와 추론, 도덕적 성찰과 같은 인간 지성과 저자성을 구성하는 고유한 능력이 무대 위에서 재확인된다.

도르센이 ⟨AI 취기의 위험The Dangers of AI Intoxication⟩에서 말하듯, 알고리즘 연극은 관객이 AI의 작동을 직접 목격하고 그 불투명성을 해체하는 경험을 가능하게 한다.[37] 이러한 점에서 ⟨Prometheus Firebringer⟩는

---

[35] Noam Chomsky, "The False Promise of ChatGPT," *The New York Times*, 2023. 03. 08. (접속일 2025년 6월 10일)

[36] Annie Dorsen, "Plato, Procedures, and Artificial Everything," p. 119.

[37] Annie Dorsen, "The Dangers of AI Intoxication: Can Theatre Artists Use the Tools of Big Tech to Dismantle Its Influence?," *American Theatre*, 2023. https://www.americantheatre.org/2023/08/30/the-dangers-of-ai-intoxication/ (접속일 2025년 6월 10일)

알고리즘적 통치성이 심화되는 시대에 의미가 어떻게 형성되고 작동하는지를 다시 보이게 하고, 다시 생각하게 하고, 다시 논의의 대상으로 만드는 작업이다. 동시에 이 작품은 연극이 지닌 인식론적, 상징적 기능, 즉 세계를 비판적으로 사유하고 감각할 수 있도록 하는 연극 고유의 힘을 오늘의 기술 환경 속에서 새롭게 재확인한다.

결론: 알고리즘적 통치성의 연극적 미학화가 지니는 정치적 함의

본 연구는 애니 도르센의 〈The Great Outdoors〉와 〈Prometheus Firebringer〉가 알고리즘적 통치성을 이루는 두 차원—정동적 차원과 인식론적 차원—을 서로 다른 방식으로 감각화하고 있음을 분석하였다. 〈The Great Outdoors〉는 플랫폼 기반 알고리즘이 감정을 분절하고 선별하며 조절하는 방식을 플라네타륨이라는 몰입형 공간 속에서 가시화함으로써, 알고리즘 통치성의 정동적 작동 작동을 드러낸다. 반면 〈Prometheus Firebringer〉는 대규모 언어 모델 챗GPT가 지식·해석·저자성의 조건을 재구성하는 과정을 연극적 형태로 제시함으로써, 알고리즘 통치성의 인식론적 차원을 탐구한다.

두 작품은 서로 다른 주제를 다루는 독립된 실험이 아니다. 각각의 경로를 통해 동일한 알고리즘적 질서의 상호보완적 측면을 제시한다. 정동적 통치성과 인식론적 통치성은 별개의 작동 방식이 아니라, 알고리즘이 우리의 정서적 경험과 인지적 구조를 동시에 형성하며 서로를 강화하는 통치 구조임을 보여 준다. 도르센의 알고리즘 연극은 이러한 중첩된 알고리즘적 과정을 무대 위로 끌어올려, 디지털 인프라의 블랙박스 뒤편에서 일상적으로 작동해 온 알고리즘적 힘을 관객의 신체적, 감각적 경험 속에서 다시 체감 가능하게 만드는 미학적 실천을 수행한다.

그러나 이러한 미학적 노출은 곧 정치적 질문으로 이어진다. 알고리즘적 통치성은 '권위 있는 출력'을 반복적으로 유통시키는 방식으로 사회적 삶을 재편하고, 그 과정에서 참과 거짓의 구분을 흐리며, 정동, 지각, 욕망을 기계적 구성 요소처럼 균질화하는 '계산적 주체computational subject'를 만들어 낸다. 루브로이가 지적하듯, 이 통치 방식은 인간의 자율성을 약화시키며 인간을 순응적이지도 저항적이지도 않은 "재조합적 주체Homo numerus"[38]로 변형한다. 스티글레르 또한 알고리즘적 통치를 "디지털 파르마콘digital pharmakon"으로 규정하면서, 욕망, 애착, 개별성, 개체화, 그리고 공동의 존재감을 구성하는 "우연적인 것the improbable"을 파괴할 위험을 경고한다.[39] 이러한 맥락에서 도르센의 연극은 알고리즘을 단순한 기술적 도구가 아니라 무대 위의 행위자로 호출함으로써, 알고리즘의 편향성, 불투명성, 모호성의 소거를 관객이 직접 감각하도록 만든다. 그녀의 강연-퍼포먼스는 더 나아가 알고리즘이 결코 재현할 수 없는 인간 고유의 능력—해석적 판단, 윤리적 숙고, 비판적 사유—을 전면화하여, 알고리즘 시대에 인간 지성이 수행해야 할 역할을 재정의한다.

이 논의는 알고리즘 시스템이 작동하는 더 큰 경제적, 정치적 구조를 함께 비춘다. 소수의 빅테크 기업들은 데이터가 순환하는 인프라를 설

---

38 Antoinette Rouvroy, "Algorithmic Realism: Anarchive or Utopia," YouTube, uploaded by Ecologies of Architecture Research Group, 2024. 10. 07. https://www.youtube.com/watch?v=ksuSf13udfg (접속일 2025년 8월 2일)

39 Bernard Stiegler, *The Age of Disruption: Technology and Madness in Computational Capitalism*, Cambridge: Polity, 2019, p. 42.

계하고 통제할 뿐 아니라, 무엇이 보이고 이해되며 가치 있다고 여겨질지 결정하는 기준을 설정한다. 이들의 독점적 알고리즘은 우리가 무엇을 보고, 무엇을 느끼고, 무엇을 알고 있다고 판단하게 만드는 조건을 구성하지만, 그 작동 방식은 공적 감시로부터 벗어나 있다. 이러한 상황에서 도르센의 알고리즘 연극이 갖는 정치적 의미가 더욱 분명해진다. 그녀의 작업은 디지털 인프라 속에서 은폐되거나 자연스러운 것으로 간주되던 과정을 미학적 방식으로 드러내고 정동적으로 체감하게 하며, 기술적 해결주의의 이데올로기를 비판적으로 교란한다. 이는 알고리즘 시스템이 생산하는 데이터 기반의 비가시성을 폭로하고, 관객의 지각을 비판적 주의의 실천으로 재배치하는 작업이라 할 수 있다.

따라서 도르센의 알고리즘 연극은 계산적 시스템이 자연스럽게 획득한 권위를 문제화하며, 알고리즘과 그 기반 인프라가 정동과 지식을 어떻게 통치하는지 질문하도록 관객을 적극적으로 개입시킨다. 그녀의 작업은 디지털 기술을 둘러싼 과도한 기대와 상업적 서사를 가로지르며 다음과 같은 근본적 질문을 제기하도록 이끈다. "이 기술은 누구에게 이익을 주는가? 누구의 문화를 강화하는가? 그리고 그 비용은 누구에게 전가되는가?"[40] 디지털·데이터·AI 시대라고 불리는 오늘날, 알고리즘에 대한 적절한 윤리적, 정치적 틀이 여전히 부재한 상황에서 이러한 질문들은 더욱 절실한 의미를 갖는다. 루브로이가 말하듯 알고리즘은 점차 "알고리즘적 실재론algorithmic realism"[41]이라는 새로운 이데올로기로 작동하고 있으며, 맥킬란은 이를 사회적 삶을 구조화하는 기술-정치적

---

40 Annie Dorsen, "The Dangers of AI Intoxication: Can Theatre Artists Use the Tools of Big Tech to Dismantle Its Influence?," 2023.

41 Antoinette Rouvroy, "Algorithmic Realism: Anarchive or Utopia," 2024.

장치로 규정한다.[42] 이러한 맥락에서 〈The Great Outdoors〉와 〈Prometheus Firebringer〉는 연극이 비판적 사유를 촉발하는 공간을 넘어, 알고리즘 시대에 인간 주체성, 진실, 정동을 재구성하는 힘과 관객이 신체적으로 마주하는 미적, 연극적 장을 제공함을 보여 준다. 궁극적으로 두 작품은 보고, 해석하고, 느끼는 행위가 인간에게서 결코 환원될 수 없는 근본적인 능력이며, 바로 그 능력이 알고리즘 시대의 정치적 실천임을 상기시킨다.

---

42 Dan McQuillan, *Resisting AI: An Anti-fascist Approach to Artificial Intelligence*, p. 1.

참고문헌

Burrell, Jenna, "How the Machine 'thinks': Understanding Opacity in Machine Learning Algorithms." *Big Data & Society* January-June 2016, 1-12.

Cormen, Thomas H., Charles E. Leiserson, Ronald L. Rivest and Clifford Stein, *Introduction to Algorithms*. 2nd ed. Cambridge: MIT Press, 2022.

Chomsky, Noam, "The False Promise of ChatGPT," *The New York Times*, 2023. 03. 08. (접속일 2025년 6월 10일)

Dorsen, Annie, *Prometheus Firebringer: Project Press Dossier*, 2023. https://annie dorsen.com/wp/wp-content/uploads/2023/10/Prometheus-Firebringer-Press-Dossier_October-2023.pdf. PDF download

Dorsen, Annie, "On Algorithmic Theatre," *Theater: Yale's Journal of Criticism, Plays, and Reportage.* https://theatermagazine.org/web-features/article/algorithmic-theater/ (접속일 2025년 6월 1일)

Dorsen, Annie, "Plato, Procedures, and Artificial Everything," *TDR* 63-4, 2019, pp. 113-20.

Dorsen, Annie, "The Dangers of AI Intoxication: Can Theatre Artists Use the Tools of Big Tech to Dismantle Its Influence?," *American Theatre*, 2023. 08. 30. https://www.americantheatre.org/2023/08/30/the-dangers-of-ai-intoxication/ (접속일 2025년 6월 10일)

Dorsen, Annie, *The Great Outdoors: Project Dossier*, 2020. https://anniedorsen.com/wp/wp-content/uploads/2023/10/TGO-DOSSIER-2020.pdf, PDF download

Dorsen, Annie, director, "Prometheus Firebringer: Video Recording," *The Chocolate Factory Theatre*, New York, 2023. 05. 13. Vimeo. https://vimeo.com/873098931 (접속일 2025년 6월 11일)

Felston-Dansky, Miriam, "In Progress: An Interview with Annie Dorsen of The Great Outdoors," *We're Watching*, 2017. 03. 15. https://blogs.bard.edu/wearewatching/2017/03/15/in-progress-an-interview-with-annie-dorsen-of-the-great-outdoors/ (접속일 2025년 6월 11일)

Felston-Dansky, Miriam, "The Algorithmic Spectator: Watching Annie Dorsen's work," *TDR* 63-4, 2019, pp. 66-87.

Grene, David and Richmond Lattimore, eds., *Greek Tragedies* 1, 2nd ed, U of Chicago P, 1991.

Grogan, Molly, "Review: The Great Outdoors at FIAF Florence Gould Hall," *Exeunt*, 2017. 09. 29. https://exeuntmagazine.com/reviews/review-great-outdoors-fiaf-florence-gould-hall/ (접속일 2025년 6월 10일)

Holdren, Sara, "Did a Bot Write This Review of Prometheus Firgebringer? No, and Here's Why Not," *New York Magazine*, 2023. 09. 19. https://www.vulture.com/2023/09/theater-review-prometheus-firebringer-annie-dorsen.html (접속일 2025년 7월 19일)

Kant, Immanuel, *Critique of Judgment*, Pluhar, Werner S. trans., ndianapolis: Hackett, 1987.

Marx, Paris, host, Why We Must Resist AI w/ Dan McQuillan." Tech Won't Save US, 2023. 03. 09., Transript. https://techwontsave.us/episode/158_why_we_must_resist_ai_w_dan_mcquillan (접속일 2025년 7월 19일)

McQuillan, Dan, *Resisting AI: An Anti-fascist Approach to Artificial Intelligence*, Bristol: Bristol UP, 2022.

Morrison, Elise, Tavia Nyong'o and Joseph Roach, "Algorithms and Performance: An Introduction," *TDR* 63-4, 2019, pp. 8-13.

Muldoon, James, Mark Graham, Callum Cant, *Feeding the Machine: The Hidden Human Labour Powering AI*, Manchester: Manchester UP, 2023.

Lazzarato, Maurizio, "'Semiotic Pluralism' and the New Government of Signs: Homage to Félix Guattarim," Mary O'Neil trans., *transversal texts*, 2006. 06. http://eipcp.net/transversal/0107/lazzarato/en (접속일 2025년 7월 21일)

Odimba, Chinonyerem, Nina Segal and OpenAI's GPT-3, perf. AI. By Jennifer Tang, Young Vic Theatre, London, 2021. 08. 23-25, Performance.

Pizzo, Antonio, Vincenzo Lombardo and Rossana Damiano, "Algorithms and Interoperability between Drama and Artificial Intelligence," *TDR* 63-4, 2019, pp. 14-32.

Rancière, Jacques, *The Politics of Aesthetics*. Trans. Gabriel Rockhill, London:

Continuum, 2004.

Rouvroy, Antoinette, "Algorithmic Realism: Anarchive or Utopia," YouTube, uploaded by Ecologies of Architecture Research Group, 2024. 10. 07. https://www.youtube.com/watch?v=ksuSf13udfg (접속일 2025년 8월 2일)

Rouvroy, Antoinette and Thomas Berns, "Algorithmic Governmentality and Prospects of Emancipation," Liz Carey-Libbrecht trans, *Réseaux* 177, 2013, pp. 163-196.

Stiegler, Bernard, *The Age of Disruption: Technology and Madness in Computational Capitalism*, Cambridge: Polity, 2019.

Tibble, Christopher, "Algorithms Are Artists: An Interview with Annie Dorsen, Whose *The Great Outdoors* Takes the Public on an Intergalactic Voyage," *Medium*, 2017. 10. 09. https://medium.com/artsculturebeat18/algorithms-are-artists-b7b15f81a128 (접속일 2025년 8월 10일)

현대미술에서 재점화된 알레고리

: 티노 세갈, 피에르 위그, 마이클 크레버를 중심으로

| 홍순환 |

이 글은 학술지 《기초조형학연구》 24권 1호(2023)에 게재된 원고를 수정 및 보완하여 재수록한 것이다.

예술언어가 구축하는 일시성의 영원성 확보는 보는 이들에게 심미안審美眼을 작동시키는 동시에 예술의 아이러니를 경험하게 한다. 이때의 '심미'는 보는 이들이 자신만의 세계와 마주하는 방법이자 존재론적 시도라고 할 수 있다. 여기서 본다는 것은 예술에서 받은 메시지를 해독하려는 보는 이들의 초월적인 권리라고 할 수 있으며, 당면한 현실을 넘어선 그들만의 복잡한 이데올로기라고 할 수 있다. 이로 인해 예측할 수 없는 의미 산정의 아이러니는 불가피하게 발생할 수밖에 없다. 보는 행위에서 비롯된 이러한 수수께끼 같은 암호성의 의미생산은 현대미술을 둘러싼 무수한 논쟁 속에 유영하면서 새로운 의미 읽기를 부추기고 있다. 이와 관련해 '다르게 보고 다르게 해석하기'라는 의미로 통용되는 '알레고리Allegory'는 현대미술을 각별히 더 복잡한 형태로 이끄는 주제어 중 하나로서 역할을 하고 있다.

알레고리는 현대미술이 보여 주는 불확실한 이미지 기호에 의한 의미의 모호성으로 인해 작금에 와서 그 개념의 탄생 지점보다 훨씬 더 주목받고 있다. 고대의 수사법으로 시작돼 바로크를 기점으로 여러 예술 장르에서 극점을 보여 주던 알레고리가 모더니즘 시기에 잠시 주춤하다가 오늘날에 와서 재점화된 것이다. 작금의 미술가들은 알레고리를 통해 각각의 시점으로 선택적 세상보기를 극단으로 실현하고 있다. 때문에 관객들은 각각 다른 나름의 수행적 보기를 불가피하게 할 수밖에 없게 되었다. 이러한 수행적 보기는 보는 이들에게 의식적 또는 무의식적으로 자기지시성에서 벗어나게 하면서 차별화된 의미 산출을 이행하게 만들었다. 그렇다 보니 현대미술은 과거에 이뤄진, 즉 표현된 어떤 대상에 중점을 두는 데서 나아가 '어떻게 표현하느냐'라는 자율성에 기반한 조형 방법을 중요한 이슈로 대두시키고 있다. 이러한 상황은 결국 예술가의 제작 의도에서 보는 이들이 이탈하게 만드는 사태를 만들고 있다.

일각에서 제기되고 있는 '예술은 커뮤니케이션을 의도하지 않는다'라는 '의도론의 오류Intentional fallacy'는 예술 작품이 예술가의 의도에 의해서 만들어지는 것이 아니라는, 1940년대 전후부터 제기된 신비평new criticism의 비평 개념이다[1]. 신비평 이론가인 윔서트William Kurtz Wimsatt(1907~)와 비어즐리Monroe C. Beardsley(1915~)가 공동 집필한 논문 〈의도론의 오류The Intentional Fallacy〉(1946)에 의하면, 예술 작품에서 작가의 의도를 이해해야만 한다는 과거의 개념은 오류를 유발할 수 있다는 것이다.[2] 이 이론에 의하면 작품 자체가 갖고 있는 의미와 작가가 작품에서 표현하려고 의도한 의미를 구별하지 않으면 의도론의 오류에 빠질 수 있다. 이는 작가의 표현 의도와 작품에 나타난 결과가 항상 일치해야 한다는 표현론적 관점에서 탈피한 입장이다.[3] 때문에 의도의 오류에 의한 예술은 작가에게서 보는 이를 해방시키며 그들에게 해석의 무한한 자유로움을 안겨 준다. 무엇보다 이 주장의 핵심은 예술이 작품 자체의 물리적인 형식 구조 안에 포괄적으로 은닉되어 있기 때문에 예술가의 주관적인 의도와는 유리된다는 것이다. 이로 인해 현대미술의 가시적인 면면은 감춰진 어떤 이면의 총체적 침묵과 등가치等價値되면서 명시성에서 벗어날 수밖에 없다. 바로 여기에 내포된 침묵이 알레고리이다.

고전적 알레고리가 다면적 시각성 아래 은닉된 중층의 화면을 추구했다면, 오늘날의 알레고리는 다의적 해석을 무한정 요청한다. 후자의 논리는 후기구조주의 개념과 상통한다. 이는 해석학적인 텍스트 개념

---

1 Kawano, Hiroshi, *Art Symbol Information*, Jin, Jungkwon trans., Book Publishing Joongwon Culture, 2010, p. 99.

2 William Kurtz Wimsatt · Monroe C. Beardsley, "The Intentional Fallacy", *The Sewanee Review*, Vol. 54, No. 3, The Johns Hopkins University Press, 1946, pp. 468-488.

3 Lee Sangsup, *Literary Criticism Glossary*, Minumsa, 2001, pp. 627-628.

과는 접근 방식이 다른 해체적 개념이다. 특히 작품에서 작가의 의도는 그 명징성에서 이탈해 어떤 것에도 구체적으로 결부되지 않는다는 후기구조주의자 데리다Jacques Derrida(1930~2004)의 이론과 만난다. 데리다는 기의가 그것의 흔적인 기표로서 나타나는 것이 아니라고 주장하면서 기표의 대표성을 인정하지 않는다.[4] 기호의 정체성을 인정하지 않는 이러한 데리다의 논리는, 기표가 기의를 대표한다는 소쉬르Ferdinand de Saussure(1857~1913)의 고전적 기호 개념을 전복시키는 해체미학으로 오늘날 읽히고 있다.

유럽의 전통적인 미학 이론에 반기를 든 해체미학은 기존의 예술을 거부하면서 '새로운 그 어떤 것'을 요구한다는 공통점을 지니고 있다. 니체F. W. Nietzsche(1844~1900)를 필두로 한 해체미학은 20세기를 관통하면서 후기구조주의가 보여 주는 텍스트의 해체 및 주체의 해체, 또는 '죽음'과 관련된 여러 개념에 다양하게 나타난다. 살펴보면, 서양 철학의 근간이었던 이성중심주의와 결별한 니체는 비극을 통해 승화한 '권력(힘)에의 의지'라는 철학적 개념을 내놓는다. 여기서 비극은 삶의 의지를 존속시키는 힘이자 이를 표현할 수 있는 예술형식으로 이해할 수 있다. 여기서 니체는 '창조하면서도 몰락하는 자'를 초인이라 칭한다. 그리고 초인의 의지를 불완전한 세계를 모순으로 또는 불완전하게 그려 내는 힘으로 상정한다. 즉, 초인의 의지는 삶의 의지와 몰락의 의지가 중첩되는 불완전성을 지칭하므로, 이때의 초인을 다른 견지에서는 예술가로 의미할 수 있다. 그러므로 니체의 개념은 새로운 미적 가상을 요구한다고 할 수 있다.[5] 한마디로 미적 가상을 그려 내는 이가 바로 예술가인

---

4 J. Pi, *Aesthetics of Deconstruction*, Book Publishing Roots and Leaves, 2005, p. 227.

5 J. Pi, *Aesthetics of Deconstruction*, pp. 9-18.

셈이다. 이러한 '새로운 미' 개념은 현대미술을 일구는 알레고리라는 범
주 안에서 논의될 수 있다.

알레고리 개념은 데리다의 해체와 차연差延, différance에서 확고히 드
러난다. 데리다에 의한 신조어 차연은 '다르다differ'와 '연기하다defer'라
는 의미를 모두 내포하면서 해체미학의 핵심 개념인 알레고리의 관건
이 된다. 차연은 차이와 시간성을 두루 포괄하면서 어떤 순간에도 단편
적인 의미로 환원되지 않는 알레고리적 양상을 보여 주게 되므로 고정
된 의미는 자연스럽게 해체된다. 데리다에 의하면, 기표들의 연쇄 작용
은 기의를 항상 지연시키며 영원히 새로운 의미생산을 가능하게 한다.
이러한 까닭으로 데리다의 차연은 알레고리가 가진 다의성으로도 변역
될 수 있다. 따라서 데리다의 차연은 현대미술이 나타내는 역설적 면모
를 부재성에 빗대 설명할 수 있는 구심점이 된다. 왜냐하면 의미의 다변
화는 결국 '부재'하기에 성립하는 것이기 때문이다. 그러니까 현대미술
이 보여 주는 이미지는 있으나 존재성은 없는, 바로 이러한 이미지의 역
설은 의미를 열린 구조로 이끌기는 하지만, 실상 의미의 부재성은 불가
피한 것이 된다.

이와 관련해 크리스테바Julia Kristeva(1941~) 또한 현대예술의 여러 의
미구조가 개방적 형태를 취하면서 작가와 보는 이의 수직적인 관계를
단절시키고 있다고 주장한다. 그럼에도 불구하고 크리스테바는 이러한
열린 구조성이 무한정 해체·분열을 꾀한다고는 생각하지 않는다. 노엘
맥아피의《경계에 선 줄리아 크리스테바》(2004)에 의하면, 크리스테바는
역동적인 의미화 과정을 설명하는 오늘날의 현상으로, 주체와 타자·욕
망·해체·탈주·전복 등의 포스트post적 화두를 내놓는다. 이는 오늘날
의 예술이 전통적 사유 체계를 무너뜨리며 새로운 패러다임을 지향한
다는 주장이다. 이러한 크리스테바의 발언은 이질적 타자성을 내포하는

데, 여기서 이질성은 '서로 다름'을 말한다. 다르다는 것은 해체성을 가짐과 동시에 데리다에 의한 '차연'에서처럼 경계의 양극단 사이의 균형 또한 놓치지 않는다는 것이다.[6] 이러한 까닭으로 작품에서 생산된 의미는 불일치한다는 결론에 이른다. 바꿔 말해 이는 현대미술 한편이 연출하는 알레고리적 양상이라고 할 수 있다.

현대미술에서의 알레고리는 대부분 순연한 체계를 따르지 않고, 돌발적으로 나타나거나 일시적 흔적으로 나타나기를 반복한다. 앞서 언급한 바처럼, 이러한 알레고리의 제스처는 기표를 추적하고 그것으로 말미암아 기의를 고정시키는 행위를 무의미하게 만든다. 본문에서 논의하는 티노 세갈Tino Sehgal(1976~), 피에르 위그Pierre Huyghe(1962~), 마이클 크레버Michael Krebber(1954~) 등은 이러한 개념성을 드러내는 대표적 작가들로 볼 수 있다. 궁극적으로 그들이 그려 낸 불완전하고 불명확한 조형 언어들은 과거의 조형 개념을 전복시키면서 오늘날의 미술 세계 한편을 다채롭게 이끌고 있다.

예를 들어 세갈은 자신의 대표작 〈키스〉에서 다방면적 행위자들을 대동해 그들의 개별적 충동을 억제시킨 채 이러한 행위를 기계적으로 반복하게 함으로써 시각예술에서의 외연 확장을 이루고 있다. 이처럼 일시성을 띤 세갈의 작품은 물리적 흔적을 남기지 않기 때문에 보는 이들에 의해 여러 의미와 무의미로 새겨진다. 바로 알레고리적 해석으로 인해 나타나는 다중성이다. 현대미술의 이러한 알레고리적 해석 장치는 형상과 의미의 관계가 자의적恣意的이라는 사실에 직면하게 하면서 무의미성으로 귀결된다. 다양한 조형 매체에 의해 구축되는 위그의 가상

---

6 Noëlle McAfee, *Julia Christeva on the Border*, Lee, Busoon trans., LP Book, 2004/2007, pp. 5-11.

성 또한 알레고리의 극단적 모습으로 확인된다. 특히 그의 영상 작품이 보여 주는 불명확한 기표는 허구성을 드러내며 실제와 가상의 경계를 모호하게 만든다. 무엇보다 위그의 작품은 실재를 해체시키면서 예측불가능한 해석에 의한 의미를 생산하게 한다. 이러한 까닭으로 위그의 화면은 보드리야르Jean Baudrillard(1929~2007)가 언급한 시뮬라크르simulacre로 볼 수 있다. 또한 위그에게서 보여지는 실재와 가상 또는 부재의 화면은 시뮬라크르적 환상을 작동시키며 하이퍼리얼리티hyperreality라는 새로운 리얼리즘을 탄생시킨다.

크레버 역시 자신의 회화 작품에서 창작기계로서의 작가적 노고 또한 중단되어야 한다고 주장하면서 그 노고를 조장한 부르주아지에 대해 비판하는 어조의 메타회화를 제작한다. 크레버는 회화의 중심을 비워 두거나 주변의 것들을 중심에 대치시키는 전략을 구사해 공허해지는 회화 공간을 연출한다. 이러한 크레버의 조형 전략은 창작 과정까지도 작품에 포함시키면서 포스트적 알레고리 공간을 일궈 내는 데 주력하고 있다. 이처럼 오늘날 미술의 알레고리는 추상적 개념을 형상적으로 더 강력하게 그려 내면서 현대미술 전반에서 재점화되고 있다.

티노 세갈,
일시성의 전략

1976년 런던에서 태어나 베를린에 본거지를 둔 티노 세갈은 물질성을 넘어선 작품을 통해 알레고리적 화면을 구성하는 작가이다. 그는 일시성으로서의 흔적만을 남기는 전략을 통해 예술과 관객의 사회적 관계성에 도전하는 작품을 구성한다. 작가와 작품의 일치성에 기반한 전통적 방법론을 과감하게 지양하는 세갈은 이러한 개념을 통해 관객과의 독창적 소통을 시도한다. 그는 비정형적이면서도 다원적으로 접근할 수 있는 자신만의 아이디어를 현대무용의 체계를 원용해 대입시킨 작품을 선보인다. 그래서 그의 작업에서는 다수의 행위자들이 등장한다. 그들은 세갈의 지시에 따라 축약되고 상징화된 언어와 몸짓을 통해 관객들의 감각을 자극시킨다. 이처럼 명백하게 시간예술을 지향하는 세갈의 작업 방식은 물질을 조형적으로 변환시키거나, 구체적이고 지속가능한 개념의 반복 저장을 통해 그 위계를 확보하던 이전의 방식과는 확연하게 다르게 진행된다.

세갈은 2001년 스톡홀름미술관에서의 작품을 시작으로 특정한 이슈작들을 연이어 발표한다. 특히 2003년 베니스비엔날레 참가를 기점으로 그의 작품은 국제 미술계에서 위상을 드높이며, 그의 이름을 알리는 계기를 만들었다. 세갈의 작품은 현재 상당한 주목과 동시에 현대미술의 외연을 끊임없이 확장시키고 있다는 평가를 받고 있다. 2010년 뉴욕의 구겐하임미술관에서 공연된 〈키스Kiss〉는 그의 대표작이다(그림 1, 2, 3). 이 주제는 세갈의 대표 레퍼토리 중 하나이며, 현재까지 세계의 여러 미술관에서 동시다발적으로 발표되고 있다. 세갈에 의해 직접 고용된 행위자들은 작가가 정한 규칙에 따라 키스를 반복한다. 물론 그들은 사전 리허설을 통해 이 행위를 반복하는 것에 익숙해져 있는 상태로 작품에 투입된다. 다시 말해 그들은 개별적인 충동이 억제된 채, 작가의 엄격한 행위에 의한 매뉴얼을 반복하는 것이다.

티노 세갈은 이 행위자들을 작품의 해석자로 칭한다. 사전에 오디션을 통해 발탁된 행위자들, 그러니까 세갈에 의한 해석자들은 이후 충분한 시간을 거쳐 그의 작품을 이해한 후 작업에 투입된다. "작가가 제시한 행위예술의 개념은 각 참여자의 몸을 빌려 조금씩 다르게 해석된

| 그림 1 | 티노 세갈, 〈키스〉

2010, Stedelijk Museum. 출처: https://www.artlyst.com/features/top-10-memorable-kisses-art/tino-sehgal-kiss/

| 그림 2 | 티노 세갈, 〈키스〉

2007, MCA Chicago. 출처: https://www.flickr.com/photos/everywhereatonce/4382293991

| 그림 3 | 티노 세갈, 〈키스〉

Venice biennale. 출처: https://universes.art/en/venice-biennale /2013/tour/palazzo-enciclopedico-2/19-rog er-caillois

다. 이때 자신의 작업을 기록으로 남기지 않는다는 원칙에 따라 그의 작품은 오로지 참여자와 관람자의 기억에만 의존한다. 인간의 근본적 표현 방식을 활용해 연출된 실제 상황이 온전히 인간에 의해 전수되고 보존되는 것이다."[7] 행위자들은 고된 리허설을 반복하면서 세갈의 예술적 요소로 변환된다. 즉, 세갈에 의한 행위자이면서 해석자인 그들은 감정·호흡·시선 등 매우 세심한 부분까지도 작가에 의해 통제되면서 완벽하고 충실한 예술적 요소로 거듭나는 것이다. 하지만 행위자들은 작가의 물질적인 속성을 대리하고는 있지만, 장소특정성에는 반응할 수밖에 없는 구조를 보인다. 다시 말해 행위자들은 매회 달라지는 외부 환경으로 인해 자신의 내적 심리 파동을 제어할 수 없게 되는데, 이러한 그들의 심리(욕구)는 작품에 자연스럽게 반영된다. 이는 세갈의 작품이 갖는 또 하나의 특수성으로 이해할 수 있다. 그래서 세갈의 작품은 절대로 고정될 수 없는 상태를 지속하게 된다. 이는 일반적인 무용 미학과도 관

---

7 Young-baek Jeon, "Jeon Young-baek's transformation of ideas-a work that remains only in memory without substance," *Dong-A Ilbo*, 2015. 07. 07.

련이 있다.[8]

　무용에서 행위자 논제는 행위와 의식의 관계라는 아주 보편적 문제를 수반한다. 그런데 행위와 의식의 관계는 현장 행위 논제보다는 행위자 논제와 더 밀접하게 연관된다. 왜냐하면 춤의 대표적 매체가 몸의 움직임이고, 그 움직임은 언제나 행위자 의식과의 연관성 내에서 이뤄지기 때문이다. 따라서 악기의 소리를 동원하는 음악이나 일정한 대사를 준수하는 연극에 비해, 춤에서 매체와 의식의 관계는 훨씬 심층적이다.[9] 세갈의 작품에서 보이는 것과 마찬가지로 무용의 물리적 구조는 일회적인 특성을 지닌다. 즉 공연이 종료된 후, 시공간의 특성을 드러내던 내외부적인 환경은 영원히 소멸되고 다시 반복되지 않는다. 세갈은 이러한 일시적인 무용의 예술적 과정에 주목하면서 자신의 작품 또한 완성되고 고착화된 상태를 지양한다. 다시 말해 세갈은 작품과 관련된 어떠한 기록물도 남기지 않는다는 원칙을 고수한다. 물론 그의 작품을 감상하는 관객에 의해 그의 작업은 기록돼 소개되고 있기는 하다. 본문에서 소개하는 작품들 또한 이러한 경로로 얻은 것들이다. 어쨌든 그의 작업 태도는 오늘날의 미술이 지향하는 일시성과 장소특정성을 고스란히 보여 주면서 보는 이들의 경험과 기억에 저장되고 있다.

　크레이그 오웬스의 〈알레고리적 충동: 포스트모더니즘의 이론을 향하여〉(1980)에 의하면, 현대미술에 알레고리적인 동기를 부여하는 일은 금단의 영역을 향한 모험과도 같은 일이다. 세갈의 작품에 나타난 모험

8　Kim, C., "Contemporary Art and Aesthetics-The Thesis of Dance Aesthetics and the Singularity of Dance," Aesthetics University Publications, *Contemporary Art and Aesthetics*, Seoul National University Press, 2007, p. 149.

9　Kim, C., *Contemporary Art and Aesthetics*, p. 149.

적 시도 또한 그렇다. 세갈의 시도는 자신만의 예술적 태도이며 과정이
고 지각 활동으로 이해할 수 있다. 특히 세갈의 작품에 나타난 끊임없이
단편적이고 불완전하며 미완성적인 행위자들의 이미지는 하나의 가상
적 상像으로서 보는 이들과 마주한다. 무엇보다 주변 환경에 물리적으
로 융합된 세갈의 작품 속 행위자들은 앞서 밝혔듯이, 장소특정성에 반
응하면서 고정되지 않는 의미구조를 연출하게 된다. 대지미술처럼 장소
특정성을 지닌 작품들과 마찬가지로 세갈의 작품 또한 모든 현상의 덧
없음과 일시성을 상징하면서 오늘날 '죽음에 관한 상징물'로도 기록되
고 있다. 이러한 비연속성으로 인해 장소특정성에 기반한 작품들은 사
진 등 여러 매체를 통해 기록되고 있다. 주지하듯 세갈은 이마저도 지향
하지 않지만, 보는 이들은 나름의 기록 장치를 통해 세갈의 작품을 세
상 밖으로 내놓고 있다. 이처럼 행위의 일시성에 대해 이해하고 그것을
영원성으로 보존하려는 관심은 알레고리의 가장 강력한 충동이라고 할
수 있다. 바로 세갈은 이러한 알레고리적 충동의 한가운데에 서 있는 작
가라고 할 수 있다.[10]

들뢰즈Gilles Deleuze(1925~1995)에 의하면 예술 작품이 보존하는 것은
재료가 아니라, 재료가 도달해 엮어 낸 지각과 정서이다. 이러한 관점에
서 보자면 재료의 물리적 성질이 얼마나 오래 지속되는지는 중요한 문
제가 아니다. 예를 들어 연극에서의 단역배우나 어떤 노래의 짧은 후렴
구처럼 재료가 단 몇 초만 지속되는 경우에도 재료는 감각과 공존하는
영원성 속에서 존재할 수 있는 능력, 바로 그 자체로 보존될 수 있는 능

---

10 Owens, Craig, "The Allegorical Impulse: Toward a Theory of Postmodernism," October 12,
    Yoon Nanji trans., eyes, 1980/1999, pp. 59~80.

력을 부여받는다.[11] 때문에 특정한 시공간에서 일어나거나 일어났던 사건이 명문화·구조화된 체계 속에서 온전하게 유지될 수 있는가 하는 의심은 오늘날의 미술에서 공통적으로 나타나는 현상으로 볼 수 있다.

티노 세갈은 자신의 작품을 연출된 상황이라고 설명한다. 그러니까 자신의 작품은 자의적 강고함이 수반되지 않은 느슨한 연출에 의한다는 것이다. 이를 세갈은 자신의 작품이 가지는 핵심이라고 설명하는데, 여기서 그의 작품의 미학적 맥락은 보다 분명해진다. 예를 들면, 인간의 몸은 독립된 소우주이다. 또한 인간의 몸은 물질적 단위 구조이면서 동시에 정신적 지평을 아우르기 때문에 어떤 특정한 논리에 경도되지 않는 속성을 가지고 있다. 그러므로 세갈의 작품은 그의 연출에 의한 결과물로도 볼 수 있지만, 그것에 대입되는 각 요소들의 유동적인 관계들은 물질적인 회로에 귀착될 수 없는 당연한 결말로 받아들여진다. 결과적으로 이러한 세갈의 조형 의지와 결과물들은 특정한 장소와 시간을 벗어나면 포말처럼 흩어진다. 즉, 세갈의 작품 속 본인의 의지는 비정형적으로 흐르다가 결국 사라지는데, 바로 그 요소들이 그의 작품을 특징짓는 핵심이라는 것이다. 이렇듯 그 무엇도 물리적으로 제작하지 않고 어떠한 흔적을 남기는 것조차 제어하는 세갈의 작품은, 보는 이들에게 한없이 미끄러지는 기표들의 극단을 확인하게 한다. 이는 알레고리적 상황에서 경험할 수 있는 기표들의 자유분방한 몸짓에 의한, 의미구조의 해방된 장면으로 설명할 수 있다.

다른 한편에서 세갈의 작품이 특별한 또 하나의 이유를 찾을 수 있는데, 그것은 과거의 미술이 지향하던 관례에 대해 자신의 작품을 통해 무

---

11 Sung, Kihyun, "Aesthetics of Deleuze-Sense," *Art, Politics*, Greenbee, 2019, p. 221.

수히 계획된 저항을 하고 있다는 사실이다. 그의 저항은 미술의 이면에 도사리고 있는 정치 및 자본의 부조리한 입장들을 표면화시키려는 데에서 출발한다. 세갈의 이러한 의도는 모든 것을 물질적인 바로미터를 통해 진실을 확인하려는 현대인들의 태도에 항거한 입장으로도 볼 수 있다. 이러한 까닭으로 현재 그의 비판적 의지는 성공적이라고 회자되고 있다. 무엇보다 이를 성공이라고 부를 수 있는 가장 큰 이유는 세갈의 작품이 물질적 거래를 불가능하게 만든다는 것이며, 이 때문에 보는 이들의 소유 욕망을 불편하게 만든다는 사실이다.

또 다른 작품인 세갈의 〈상황The Situation〉은 2009년 2월 뉴욕의 마리안 굿맨 갤러리에서 발표된다. 몇 해 뒤 파리 퐁피두센터는 이 작품을 고가로 구매한다. 이때 퐁피두센터는 구체적인 구매 조건이 성립되지 않은 세갈의 작품을 구매하면서 이슈의 중심에 서게 된다. 당시 판매 당사자인 세갈은 서류로 된 계약서나 매뉴얼을 하나도 제공하지 않은 채, 단지 구두로 된 설명만을 전달하면서 계약을 성사시킨다. 물론 세갈은 자신의 작품이 가진 구조적인 특성으로 인해 재현 가능한 상태가 아니라는 입장을 미리 퐁피두센터에 알리긴 했다고 전해진다. 또한 그는 자신의 작품이 사진으로조차 유포되는 것을 금한다고 밝히면서 자신의 작품성을 강조했다. 한 마디로 퐁피두센터는 세갈의 '보이지 않는 작품'을 구매한 것이다. 세갈의 이 에피소드는 자본주의사회를 관통하고 있는 부르주아지의 익숙한 관행들을 돌아보게 만드는 구심점을 만들어 냈다. 더불어 이 상황은 미술에 대한 기대의 본질을 고착화할 수 없는 유동성의 차원으로 이동시키는 역할까지 담당했다. 이러한 까닭으로 그의 작품 속 공간은 프레임을 확정시킬 수 없는 모호함이 가득한 곳으로 변환되면서 알레고리적 공간으로 명명되고 있다.

세갈이 자신의 작품에 대해 그 어떠한 기록도 불허하는 것은 이원론적인 해석을 가능케 한다. 먼저, 작품이 태생적으로 내포하고 있는 구조의 타당성에 대한 자발적 추인追認이다. 여기서 새삼 주목되는 것은 전통 예술의 소통과 교환에 대한 담론이다. 앞서 거론한, 프랑스의 대표적 공공 전시기관인 퐁피두센터와 관련된 에피소드처럼, 물질적 기반이 절대적으로 취약한 무형의 작품을 매입하기 위해 고액의 공공 기금을 지출한 것이 타당한가[12]라는 문제를 촉발시킨 것이다. 이 문제는 예술이 수요자들의 배타적 위계에 흡수되던 전통적 관례를 무너뜨리는 상황을 발생시킨다. 결과적으로, 예술 및 예술가의 독점적 권리를 퐁피두센터로 대표되는 공공 부르주아지가 오히려 수용하면서 새로운 패러다임을 펼쳐낸 것이다.

이 논점은 미술관의 역할과 직결되는 문제를 발생시켰다. 예컨대 평론가 스미스Roberta Smith(1948~)가 널리 화제가 된《뉴욕타임스》기고 기사에서 다룬 대상은 미술관 방문객이 아니라, 미술관 자체—미술관은 왜 존재하는가—이다. 여기서 스미스는 '미술관은 무엇을 원하는가?'라고 묻는다. 즉, 미술관들이 '단지 미술관에 머물기를 원하는' 것처럼 보이는 시대에, 스미스는 자신의 질문을 절박하게 쏟아낸다. 스미스의 이러한 질문과 마찬가지로, 세갈이 취하고 있는 정치·사회적 저항이 보여준 개념성은 앞서 언급한 퐁피두센터의 자세로 인해 현대미술의 중요한 한 페이지에 머물고 있다.

---

12 *Le Monde*, January 17, 2011.

3부 _ 인프라 미학 267

피에르 위그,
해체의 판타지

　피에르 위그의 조형적 스펙트럼은 무척 넓다. 그는 설치뿐만 아니라 비디오, 영화 등 다양한 조형 형태를 활용하면서 미술을 형이상학의 극단으로 밀어붙이는 작가이다. 위그가 가장 집중하는 분야는 오늘날 미술가들의 주요 전략과 패턴이 된 멀티플레이어이다. 그의 주된 전략은 심리학과 결부된, 실재와 환영 사이의 경계에 관한 것이다. 그는 자신의 작품을 통해 해독 불가능한 작금의 세계를 제시하면서 유토피아와 디스토피아에 관한 탐구를 감상자들에게 제안한다. 그의 작품들은 그 형식의 다양성만큼이나 다루어지는 주제의 방향도 종잡을 수가 없다. 이는 동시대 미술의 지표들이 획일적이지 않으며, 각각의 조형적 카테고리가 파편적으로 설정되고 있음의 방증이기도 하다. 예컨대 위그의 작품은 과거의 위계를 전복시키거나 통상적인 믿음을 배반하는 방식으로 실재를 넘어선 가상을 그린다. 그의 작품들에서 공통적으로 보이는 것은 일반화·범례화된 관념의 해체이다. 그의 해체적 이미지는 순차적인 인식의 궤도를 이탈하거나 변형되어 나타난다. 특히 역사적 사실들과 그의 상상에 의해 만들어진 가공의 이야기들은 맥락이 불분명한 내러티브에 수용되면서 해체성 강한 화면을 만들어 낸다. 해체에 관련된 그의 판타지는 교묘한 위장에 의해 실재보다 더 위력적인 권위를 행사한다. 이는 시뮬라크르가 현존을 무색하게 만드는 현대사회의 모습과 상통한다. 즉 위그의 시뮬라크르적 화면은 보드리야르가 제시한 하이퍼리얼리티의 공간을 만들어 낸다. 리얼리티reality에 접목된 하이퍼hyper는 더 이상 리얼리티를 가능하지 않게 한다. 그렇다 보니 위그의 화면은 실재를 넘어선 실재보다 더 실재 같은, 그렇지만 실재가 아닌 공간성을 보여 준다.

　이러한 위그의 하이퍼적 공간성은 로잘린드 크라우스Rosalid Krauss의 〈확장된 장場에서의 조각〉(1978)을 통해 설명할 수 있다. 크라우스의 주장에 의하면 대략 1970년 전후부터 끝에 텔레비전 모니터가 놓인 좁다란 복도, 어떤 일상을 기록한 커다란 사진들, 다양한 시점으로 확인할 수 있는 여러 각도의 거울들, 또는 사막 한복판에 그려진 일시적인 선들 등 다소 생소한 이미지들이 무한한 범주에서 또는 신축성 있게 조각의 개념에서 논의되고 있다. 나아가 바닥 위에 한 무더기 실로 엉킨 쓰레기, 미술관 내부로 굴러들어 온 나무둥치, 사막에서 파낸 수 톤의 흙더미 등이 조각의 개념으로 들어오면서 조각은 확장된 장에서 논의할 수 있는 구심점을 확보하게 되었다. 위그의 작품은 확장된 장으로서의 조각 개념에 대입할 수 있다. 포스트모더니즘의 영역을 특징짓는 확장된 장으로서의 조각 개념은 주어진 공간적 실체 위에 다양한 매체성을 가미하면서 성립된다.[13] 때문에 위그가 제시한 공간 구성과 여기서 펼쳐낸 조형성은 확장된 조각 개념으로 설명될 수 있다. 그랬을 때, 위그의 확장된 조각으로서의 공간은 하이퍼리얼한 가상의 개념성을 얻게 된다. 때문에 그의 가상은 알레고리를 더욱 견고히 구축하는 장치가 된다. 따라서 위그의 화면 또한 오늘날의 미술이 보여 주는 알레고리가 재점화되는 사안으로 논의할 수 있다.

　위그는 2017년 뮌스터 프로젝트에서 〈앞으로의 삶 이후After Alive Ahead〉(그림 4)라는 기념비적인 작품을 발표한다. 뮌스터 외곽에 용도폐기된 오래된 아이스링크장을 발견한 그는 문명의 소산을 재맥락화하

---

[13]　Yoon, N., 2004, pp. 276-290.

| 그림 4 | 피에르 위그, 〈앞으로의 삶 이후〉

2017, Sculpture Projekte Muenster. 출처: https://news.artnet.com/
art-world/skulpture-projekte-2017-highlights-988964

는 계획에 착수한다. 거대한 물리적 구조가 유지되고는 있지만 정지된
상태였던 당시의 아이스링크장은 은밀한 생태계를 조성하기에 적절했
다. 여기서 위그는 개폐형 천장과 맨흙을 노출시키고 물이 상존할 수 있
도록 하는 토목, 그리고 의도된 생물들이 서식할 수 있는 최소한의 조
건을 조성했다. 그는 바닥의 콘크리트를 해체하고 벌집과 어항을 설치
한 뒤 독성을 가진 청자고둥류Conus Textile와 유전자 변형에 의해 배양된
작은 어류 및 세포들의 서식 기반을 구축했다. 이렇게 구축된 공간에서
온전하게 별개의 생태계가 주체적으로 유지되어야 한다는 것이 피에르
위그의 조형적 전제였던 것이다. 물론 독성이 있거나 해서 사람의 출입
을 제어해야 하는 경우에는 필요한 매뉴얼이 실행되었다. 이러한 매뉴
얼에 의해 관리자가 고용되었고, 그들에 의해 이 공간 속의 생태계는 외
부의 일방적인 위계에 의해 훼손되지 않게 관리되었다. 관객들은 이 공
간을 조망하는 관찰자로서 위그에 의해 구축된 새로운 공간을 확장된
장으로서의 조각으로 인식하게 된다. 이러한 확장성은 이 공간을 하이

퍼리얼리티의 공간으로 상정하게 함으로써 가상성을 확보하게 한다.

결과적으로 그에 의해 조성된 아이스링크장은 낯설고 기이한 현실로 나타난다. 이처럼 위그의 작품에 나타난 이미지는 존재하는 아이스링크장인 실재와 위그에 의해 구축된 가상이 겹치고 교차하는 상태를 반복하면서 시뮬라크르들이 운집하는 공간성을 보여 준다. 이러한 부분은 레이코프George Lakoff와 존슨Mark Johnson을 중심으로 하는 인지언어학자들의 은유 이론을 대입해 살펴볼 수 있다. 그들의 개념은 인간이 순수하게 객관적인 세계를 알 수 없다는 주장에서 출발한다. 그들에 의하면, 인간은 신체를 통해 세계와 상호작용하며, 이 과정에서 경험한 것을 토대로 개념을 형성한다. 그리고 이렇게 형성된 개념들을 통해 인간은 비로소 세계를 이해하는 존재가 된다. 따라서 인간이 세계를 이해하는 첫 단계는 세계를 종류별로 구분하는 것, 즉 범주화하는 것이다. 이처럼 인간은 다양한 방식으로 세계를 범주화한다. 다시 말해, 이들 인지언어학자들의 이론은, 감각기관을 통해 들어오는 자극을 토대로 지각적으로 대상을 범주화한다는 것, 그리고 인간은 세계와의 상호작용을 통해 대상을 범주화하면서 재현과 세계의 은유적 관계를 이해한다는 것이다.[14]

그런데 위그는 인간의 경험과 관련된 이런 세계의 범주를 지양하면서 예측 불가능한 새로운 환경을 구축하고 있다. 이를 통해 인간 내면의 관성적인 층위들을 혼란스럽게 만들며 실재와 가상(환영)에 대한 대응을 무디게 만들고 있는 것이다. 이러한 측면에서 〈앞으로의 삶 이후〉는 실재와 가상이 공존하거나 동시에 부재한 공간으로 상정된다. 이러한 그의 이미지에는 거대하지만 황폐한 문명의 소산과 미시적인 것들

---

14 S. Kang, "Representation and Metaphor: Representational Structure of Metaphor," OH, J., et al., *Aesthetics Discusses Representation*, Seoul National University Press, 2019, p. 247.

이 불안하게 부딪히면서 나타나는, 즉 비현실성이 자아내는 가늠할 수 없는 멜랑콜리가 작품 전반을 떠돌고 있다. 여기서 멜랑콜리는 알레고리로 역할하면서 위그의 화면을 더욱 복잡한 구조로 일궈 낸다. 즉, 위그에 의한 가공된 생태계는 긍정적인 면과 부정적인 비전이 동시에 나타나거나 동시에 사라지면서 실재와 가상의 경계가 모호해진 알레고리적 공간이 된 것이다. 이는 위그가 자신이 제시했던 기존의 작업들에 대한 부정을 마다하지 않는 데에서 선명해진다.

그에게 있어서 통합적으로 일원화된 작가관은 오히려 거추장스러운 굴레인 것이다. 그런데 그의 작품에서 보이는 스스로 내적 분열을 인정하는 듯한 이런 태도는 오늘날의 작가들에게서 흔히 나타나는 양태이기도 하다. 이는 고정된 하나의 위치에서 세계를 조망하고 감각하는 오만함을 버리기 위해서 작가 스스로 인격을 분열시키는 작업이다. 다른 식으로 말하자면, 세계와 마주하면서 외부의 영향을 수용하고 교류하기 위해 작가의 창조적 자아들이 나타났다가 사라지는 모습인 것이다.

한편 위그는 자신의 영상 작품들에서 허구의 이면을 일관적으로 보여 주고 있다. 그의 작업은 경계가 불분명한 기표, 즉 기억이 변형되거나 순서가 뒤바뀐 현실을 통해 허구의 징후를 드러낸다. 그의 단편영화 〈스트림사이드 데이Streamside Day〉(그림 5, 6)에서 무대가 되는 도시는 계획적으로 설계된 것으로 완전히 허구의 범주에 속해 있다. 이러한 허구의 알레고리는 관점에 따라 흐릿한 경계를 넘나든다. 여기에 나타난 알레고리는 불명확한 은유의 총체인 동시에, 실재와 가상이 교차됨으로써 나타나는 불명확한 세계인 것이다.

이를 위그는 '픽션을 해체시킨다'라고 말한다. 이 말은 보편적 세계관에서는 분명한 역설이다. 해체는 본질적 존재 의미가 지연되면서 차이를 만드는 데리다의 '차연'이나 중층적인 은유에 의해 기호와 의미가

| 그림 5 · 그림 6 | 피에르 위그, 〈스트림사이드 데이〉

26분 스틸 컷 중, 2003. 출처: https://www.bing.com/images/search

| 그림 7 · 그림 8 | 피에르 위그, 〈휴먼 마스크〉

one take, 2014. 출처: https://www.marymacgregor-reid.com/

파생적으로 생산되는 상황이라고 할 수 있다. 그의 〈휴먼 마스크Human Mask〉(그림 7, 8)는 2011년 후쿠시마 원전 사고와 관련이 깊다. 당시의 재해로 인한 비극적인 상태가 이 작품의 단초가 되었다. 그런데 〈휴먼 마스크〉에서의 디스토피아 상황은 인간의 실종에 대해 언급하고 있다. 그것에 대치된 것은 다름 아닌 원숭이 소녀이다. 이 원숭이 소녀는 고립된 공간에서 인간의 양식을 흉내 내는 일들을 무심하게 실천한다. 19분 분량의 이 비디오 작품은 기이하고 낯설지만, 복잡하거나 난해하게 나타나지는 않는다. 황폐하고 텅 빈 어느 곳에 위치한 선술집에 인간의 탈을 쓴 원숭이 종업원이 출연하면서 내러티브는 시작된다. 표면적으로 작품은 형식과 내용이라는 정형화된 2개의 트랙을 따라 흐른다. 보기에 따라 서로 다른 기표들이 알레고리를 담지한 채, 닫힌 구조를 유지하는 것처럼 보인다. 원숭이, 사람의 탈, 더는 사람이 살지 않는 거리에 문이 반쯤 열린 선술집, 기계적으로 대응하는 원숭이 인간의 서비스 등이 이 작품의 주요 기표들이다. 이것들은 〈휴먼 마스크〉의 구조를 복잡하게 이끄는 구조를 형성한다. 그 외 미장센 도구들은 영상의 흐름을 적절하게 조율하면서 내러티브를 완성하는 역할을 한다. 위그의 〈휴먼 마스크〉는 조장된 가상에 근접해 있으므로 시뮬라크르로 상정할 수 있다.

보드리야르에게 있어 '시뮬라크르'는 기술적 매체들이 만들어 내는 가상적 세계이다. 좀 더 나아가 실재의 가상성을 감추기 위한 고도의 전략이다. 보드리야르는 디지털 가상과 같은 시뮬라크르의 등장이 실재의 소멸을 야기한다고 주장한다. 그에 의하면 지시체가 없는 디지털 이미지는 마지막 단계의 시뮬라크르에 해당한다. 실재가 지시 대상과 전혀 연관성을 찾을 수 없는 자립적이면서도 순수한 최고조의 시뮬라크르의 단계가 바로 위그의 〈휴먼 마스크〉에 등장한 것이다.

특히 위그의 〈휴먼 마스크〉는 가상과 실재의 간극을 잠재적으로 조율하는 상태, 혹은 그 사이를 미끄러지면서 새로운 차원의 실재를 제안한다고 볼 수 있다. 이런 추론이 가능한 이유는, 위그의 여타 작품들에서 일관적으로 나타나는 허구(비현실이거나 초현실적인 층위들)에 대한 제시들이 실재에 대한 일말의 전제나 환기로 나타나지 않기 때문이다. 여기에 들뢰즈의 시뮬라크르적 관점을 대입해 봐도 역시 위그의 허구는 동일성의 위계에 사로잡혀 있는 복제와 재현이 아닌, 차이를 기반으로 새롭게 나타나는 탈형상화라고 할 수 있다. 이로 인해 위그의 작품은 탈구성적 텍스트를 가질 수밖에 없다. 여기서의 텍스트는 무언가를 실제로 지시하면서 나타나는 게 아니라, 보는 이들에 의해 임의적으로 생산되는 텍스트이다. 결과적으로 새로운 리얼리티를 이뤄 낸 위그의 탈구성적 형태로서의 〈휴먼 마스크〉는 하이퍼리얼리티의 공간성을 작동시키면서 일관적이고 동일한 의미생산에서는 멀어진 것이다.

보드리야르에 의하면 초실재와 관련된 하이퍼리얼리티는 시뮬라시옹의 과정을 통해 나타난다. 즉, 실재는 사실성에 힘입었지만 결국 시뮬라시옹에 의해 리얼리티와는 무관한 상태의 하이퍼리얼리티가 되는 것이다. 하이퍼리얼리티는 이 지점에서 그치지 않고 독립성을 완벽하게 갖춘 새로운 정체성을 구축한다. 여기서 문제는, 이 차원에서 흡수와 해체가 돌발적으로 발생하면서 관성적으로 익숙해 있던 세계의 규칙을 비튼다는 사실이다. 〈휴먼 마스크〉 또한 어떤 관점에서 바라보느냐에 따라 전혀 다른 맥락이 발생한다. 이는 들뢰즈가 제시한 '욕망하는 기계로서의 몸'에 관한 것이기도 하다. 욕망은 항상 생산된다는 점에서 해부학적인 몸이 아닌, 유기체를 생산하기 위한 몸이다. 하지만 유기체적 생산과정에서 욕망하는 몸은 역설적으로 끊임없이 절단·접합을 반복하면서 조직을 상실하게 된다. 이러한 절단과 접합의 연속 과정은 파괴와 해체, 그리고 그 흔적들의 극단적인 조합으로 진행된다. 그런데 욕망하는 몸은 들뢰즈가 또 한편 제시한 '기관 없는 몸'과 대립적이면서도 서로 중첩된다. 한 마디로 기관 없는 몸은 생물학적인 외연의 몸과 구별되는 내포적인 몸이다. 여기서 욕망하는 몸이 기관 없는 몸과 중첩된다는 것은 둘 다 끊임없는 흐름을 가지고 있기 때문이다. 그런데 기관 없는 몸은 자기 파괴라는 부정 속에서 새로운 생성이라는 가능성을 열어두고 있기 때문에, 기관 없는 몸의 극단적인 형식은 욕망하는 몸과의 새로운 결합을 유도하면서 '새로움'을 탄생시킬 수 있다.[15] 이것은 알레고

15　Pi, J., *Aesthetics of Deconstruction*, pp. 282-285.

리 개념 속에 내재된 파괴와 해체, 그리고 각각의 관점에 따른 흔적들의 조합에서의 의미 생성과 맞물린다. 이러한 까닭으로 위그의 이미지들은 알레고리가 첨단화된 화면으로 읽어 낼 수 있다.

마이클 크레버, 저항의 메타회화

마이클 크레버는 '멈춤과 머뭇거림'을 그의 회화에서 지속적으로 시도한다. 그래서 고의로 작가의 책임과 지위를 방기하는 것처럼 보이기도 한다. 하지만 이처럼 매우 기이한 의도로 비치기도 하는 크레버의 멈춤과 머뭇거림의 작업 방식은 그의 조형적 의지를 특징짓는 요소라고 할 수 있다. 때문에 회화를 각 요소들의 통합적 관계로 해석하던 전통적 입장에서는 크레버의 작품이 마치 미완성된 것처럼 보이면서 일종의 조롱의 대상이 되기도 한다. 이런 인식의 간극에도 불구하고 크레버의 회화는 오늘날 미술에서 독립적인 지위를 획득하고 있다.

크레버는 창작물뿐만 아니라, 창작의 주체인 작가도 해체할 수 있다고 믿는다. 그는 작가가 창작기계로서의 노고를 중단해야 한다고 주장한다. 창작기계로서의 노고란, 그 노고를 부여한 부조리한 주체를 전제하는 것이다. 바로 미술의 역사에서 부르주아지의 욕망에 관한 것이다. 그리고 그가 말한 창작기계로서의 노고를 중단한다는 것은, 예술가의 영감을 제도적으로 획책하고 전용하는 부르주아지의 불순한 의도에서 벗어나겠다는 의지이다. 이러한 자구책으로 크레버는 자신의 회화가 덜 그려졌거나 그리기를 머뭇거리고 있다는 사실을 명확하게 표명한다. 이런 사실 때문에 보는 이들은 작품 감상에 대한 정당한 요청을 거절당한

| 그림 9 | 마이클 크레버,
〈KAN IN CHEN 8〉

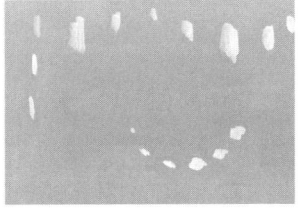

2020, Acrylic on linen, 50,8×76,2cm
출처: https://www.greenenaftaligallery.com/
artists/michael-krebber

| 그림 10 | 마이클 크레버,
〈MP-KREBM-00088〉
〈MP-KREBM-00090〉

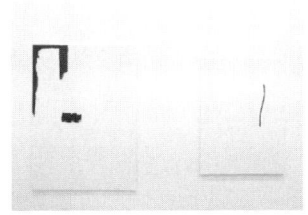

2015. 출처: https://artviewer.org/michael-
krebber-at-maureen-paley/

| 그림 11 | 마이클 크레버,
〈MK-M-2014-14〉

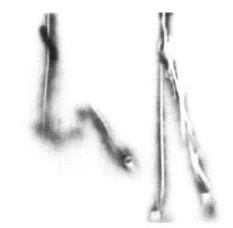

2014, Spray paint On Canvas, 120×160cm
출처: https://www.contemporaryartdaily.
com/project/michael-krebber-at-galerie-
buchholz-berlin-8506

것 같은 낭패감에 사로잡히곤 한다. 그런데 감상자들의 이 곤혹스러움이야말로 관습적인 가치에 대한 반성을 유도하는 중요한 단서가 된다. 바로 그 정당하면서도 부당한 요청에 대해 크레버는 개념적으로 대응하고 있는 것이다. 더불어 스스로의 작업에 타당성을 부여하면서 작가적 목적을 달성하고 있는 것이다.

크레버는 작가가 미술품을 생산하기도 하지만, 미술품 혹은 그것이 위치한 환경이 작가를 악의적으로 침탈하고 훼손시킬 수도 있다고 믿는다. 즉 미술관, 비평가, 미디어, 컬렉터 등 창작을 둘러싸고 있는 외연들이 각각의 구미에 맞는 목표를 두면서 작가에게 압력을 행사한다는 것이다. 이런 견지에서 보자면, 크레버의 멈춤과 머뭇거림의 회화는 순수하지도 합리적이지도 않은 구조적 부조리에 대한 작가 개인의 극복 방식인 것이다.

독일 쾰른 출생인 크레버는 1980년대 이후 자신만의 독창적인 작업 개념으로 인해 빠르게 주목받게 된다. 그의 주된 조형적 입장을 대변하는 수식어들은 일반적인 관행을 벗어난 지점에서 성립된다. 의심·지연·철회·망설임 등의 개념으로 진행되는 그의 작업들은 얼핏 보기에 퇴행적 회화로 여겨질 수 있다. 크레버의 회화를 퇴행적이라고 보는 이유는 도상적 유혹이 약해서이다. 전통적으로 도상적 유혹은 회화를 구성하는 가장 중요한 부분이었다. 그렇기에 크레버의 의도 아래 제작된 멈춤과 머뭇거리는 듯한 형태의 도상은 퇴행적 회화라는 평가를 받을 수 있다.

마르틴 졸리Martine Joly(1943~2016)는 도상적 유혹과 관련해, 인식하는 것보다 훨씬 강력한 해석과 의미 작용을 유도하는 시각적 메시지의 조형적 측면을 주장한다. 시각적 메시지 앞에 존재하는 순간부터 갖게 되는 세계의 오브제를 인식하고자 하는 필요성을 그는 '도상적 유혹'이라고 부른다. 그에 의하면 도상적 유혹은 메시지의 도상적 내용 또는 그 표현의 차원을 망각하고 '이건 이렇고 저건 저렇다'라고 말하거나, 이미지를 '이해한다'는 인상을 갖기 위해 메시지의 조형적 차원을 즉각적으로 뛰어넘는다. 사실, 이미지가 도상적인 혹은 형상적인 '소명'에서 멀어지면 멀어질수록 이미지는 더 이해할 수 없게 된다.[16] 마찬가지로, 작가의 의도 아래 '도상적 유혹'이 간과된 상태로 그려진 크레버의 이미지는 이해할 수 있는 범주를 넘어 여러 개념을 넘나들 수밖에 없게 된다.

크레버의 회화는 두 방향성을 가진다. 하나는 존재와 관련된 문제의식이다. 크레버는 작업 과정에 대해 강조하는 프로세스적 조형 전략을 가진다. 그의 회화는 시작하자마자 멈추거나 시작과 과정이 생략된 채 사라져 가는, 구체성이 결여된 이미지가 주를 이룬다. 이렇다 보니 그의

---

16   M. Jolie, *Images and Symbols*, Lee, Sunhyeong trans., DongMoonseon, 2004, p. 211.

회화가 개념적으로 읽히는 것은 당연하다고 할 수 있다. 예컨대 크레버는 조형 매체의 지속적인 존재론에 대해 의문을 제기하면서 최소한의 회화적 제스처만 남긴다거나, 조형적 과정과 배치되는 양식을 무심하게 전용하는 등 개념의 증폭을 일구는 일련의 행위를 거듭한다. 크레버의 이러한 개념적 접근으로 말미암아 그의 작업은 회화의 발전을 이루려는 긍정적 시도로 이해되기도 한다. 그래서 예술과 사회와의 관계를 새롭게 정비하려는 그의 시도로도 읽혀진다. 이러한 까닭으로 크레버의 회화는 회화에 대한 메타회화로 규정된다.

풀어내면, 크레버는 회화의 중심, 즉 도상적 유혹이 위치해야 하는 곳을 비워 두거나 주변의 것들을 중심에 대치시키는 전략을 구사한다. 이를 통해 크레버는 그가 위치한 예술적 환경에 대한 숙고와 예술가의 진정한 책무를 고심하는 듯 보인다. 그런데 이런 상황은 관객들에게 크레버의 이미지가 선사하는 드라마틱한 울림들을 발견하는 계기를 제공하고 그것이 곧 그의 조형적 전략임을 간파하게 한다. 바로 이러한 과정까지도 작업에 포함시키는 크레버의 조형 의지를 읽어 내는 것이다. 결과적으로 크레버는 어떤 규범과도 영합하지 않는 모습을 보여 준다. 다시 말해 스스로의 목적을 명시적으로 드러내지는 않지만, 그의 미세한 제스처들은 없음과 있음 또는 결핍과 확장을 동시에 상정하는 마법과 같은 효과를 보여 준다. 크레버는 1980년대에 키펜베르거Martin Kippenberger(1953~1997)의 조수로 활동하며 작품을 협업했다. 다소 터무니없어 보이는 작품성은 당시 키펜베르거에게서 받은 영향이라고도 할 수 있다.

그림 12에서 보이는 것처럼, 키펜베르거는 예술의 전형을 거부하거나 전복시키는 것에 몰두한 작가이다. 특히 자본과 연루된 미술 시장에 노골적인 적대감을 드러내면서 회화, 판화, 조각, 설치 등 다방면에

| 그림 12 | 마르틴 키펜베르거,
⟨Untitled, from the series, Jacqueline: The Paintings Pablo Couldn't Paint Anymore⟩

1996, oil On Canvas, MoCA LA 출처: https:// artmap. com/mocala/exhibition/martin-kippenberger-2008

걸쳐 활약한 것으로도 유명하다. 이것은 키펜베르거가 미술사·정치사, 그리고 그의 삶에서 얻은 경험에 바탕을 둔 것이다. 그는 미술에서 새로운 어떤 것도 내놓을 수 없다고 주장한다.[17] 특히 키펜베르그는 다양한 질료, 매체 등을 통해 다소 엉뚱한 작업 방식들을 일삼았다. 예컨대 버려진 도축장을 미술관으로 사용한다거나 하는 것인데, 이는 크레버의 멈춤 내지 끄적거림 같은 행위에 대입해서 비교할 수 있다. 어쨌든 키펜베르거나 크레버는 그들의 작품이 발표되던 당시 많은 반향과 의구심을 불러냈다. 물론 이들의 작품은 지금에 와서도 새로운 리얼리티로 고찰되고 있는 게 사실이다.

하지만 키펜베르거에 비해 크레버의 방식은 조금은 온건해 보인다. 과잉된 것에서 비전을 획득하려 했던 키펜베르거에 비해, 크레버는 결손된 것에서 비전을 찾기 때문이다. 풀어내면, 크레버의 회화는 비어 있지만 비어 있음이 견인해 내는 개념적인 담론들을 염두에 두게 만들면서 이를 감상하게 만든다. 이것은 전통적으로 몰두해 온 형식론을 부분

---

17 Stepjen Farthing, *501 The Great Painter,* Marronnier Books, 2009, p. 579.

적으로 파괴시킴으로써 얻을 수 있는 것들이다. 어쩌면 크레버의 회화는 도상적 유혹과 관련된 도상기호론iconic sign theory을 비판하는 입장에서 있다고 할 수 있다. 크레버는 도상에서 읽을 수 있는 기호의 기능과 본성, 그리고 의미 작용과 표현 등에 관한 도상기호론에 반反하는 작업을 내놓고 있기 때문이다. 그래서인지, 크레버의 회화는 의미론적으로 더 강력하고 조밀한 구조를 보인다. 예컨대 그의 작품 속에는 어떠한 기표도, 예시되는 어떠한 속성도 차별되지 않는 모습을 보인다. 이러한 특성은 의미를 더 풍성하게 엮어 낼 수 있는 기반이 된다. 바로 다의미의 구조성을 품고 있는 알레고리의 작용이 크레버의 작품 안에서 유영하고 있다. 따라서 그의 작품 속 서사는 무한정적인 언어를 쏟아 낸다. 때문에 그의 회화가 어떤 속성을 예시하거나 표현하는지 알아내는 일은 눈금 없는 계량기를 적용하는 것과 같은 무모한 일이 된다.[18]

이러한 크레버의 이미지는 보이지 않는 어떤 구조를 한없이 열려 있는 상황으로 이끌고 있다고 할 수 있다. 특히 그의 작품에 녹아 있는 내적 복합성이 그의 회화를 가변적으로 확장시키고 있다. 즉, 크레버는 보이지 않는 것을 보이게, 또는 보이는 것을 더 과잉으로 보여 주는 현대미술의 어떤 한편과는 또 다른 전략을 사용하고 있는 것이다. 결국 이러한 크레버의 알레고리는 그를 현대미술의 심장부로 진입시킨다.

---

18 Yookyung, Hwang, *Art Semiotics: Aesthetics of Goodman and Elgin*, Seoul National University Press, 2015, p. 519.

결론

    현대미술은 인간 사회를 둘러싼 환경의 총합과 밀접하게 연동하면서 진행되고 있다. 그래서 예술은 세계의 본질을 궁구하는 숙명을 띨 수밖에 없다. 이러한 상황에서 인간 환경의 변화는 세계의 본질을 검토하는 새로운 방식과 예술적 관점을 대두시키는데, 이것은 지극히 자연스러운 현상일 수밖에 없다. 이러한 흐름에서 현대미술은 알레고리의 다층적 구조를 배경으로 탈구성과 이에 의한 복잡한 의미구조를 보여 주고 있다. 그 중심에 티노 세갈, 피에르 위그, 마이클 크레버 등이 있다.

    세갈의 경우, 재현과 일정한 거리를 두는 전략을 취한다. 이러한 그의 예술적 태도는 전통적 입장에서의 객관화된 조형 의지와는 확연히 구분된다. 그의 작품에서 확인할 수 있는 것은 선행하는 것과 그 배후에 존재하는 것의 구분이 모호한 상태인, 그 무엇이다. 전통적이고 보편적인 미술에 있어서 선행되는 것은 물질을 기반으로 한 형식이다. 흔히 이것은 회화적 지시에 의한 기호 체계를 일컫는다. 그런데 세갈은 그 배후에 놓인 개념과 내용의 관계들을 새로운 차원으로 전이시킨다. 그래서 그의 작품은 더 이상 재현의 형식과 관계가 없어진다. 즉, 회화적 체계에 의한 묘사적 도식의 사라짐인 것이다. 이것은 재현의 구속을 떠난 영역이 예술의 위계에서 제일 높은 지위를 점하는 식이다. 바로 오늘날의 미술이 지향하는 일시성과 장소특정성을 고스란히 보여 주는 세갈의 작업 태도는 자신만의 작업 형식을 만들면서 자신만의 알레고리적인 작품을 탄생시킨다.

    위그는 가상과 환영의 경계를 추적하면서 그러한 가치적 세계의 위계를 재편한다. 그가 조형적 목표로 삼은 것은 세계 간 경계의 지평이 또 다른 실제적 세계로 보여지는 것이다. 즉, 단선적·수직적 규칙들에 상반되는 그의 작업 구조는 일상성에 고립된 관객의 강박을 해방시키는 작용을 한다. 그래서 관객은 그의 작품을 통해 일상적 경험과 예술적 경험 둘 사이를 변증법적으로 사유할 수 있게 된다. 멀티플레이어까지 섭렵한 조형적 스펙트럼에서 예견되듯, 위그의 작품들은 그 형식의 다양성만큼이나 다루는 주제도 광범위하다. 이는 그의 조형적 카테고리들이 획일적이지 않고 파편적이라는 사실의 방증이기도 하다. 무엇보다 그의 예측 불가한 연출을 통한 전통 미술의 위계 전복과 가상 현실의 접목이 이를 잘 설명하고 있다. 경계가 무너지고 해체된 그의 작품들의 관념적 이미지는 일반적 인식에서 이탈하면서 시뮬라크르의 영역으로 진입할 수밖에 없다. 이처럼 위그가 제시한 가상적 공간은 이미 현대미학의 범주에서 알레고리적 상황으로 간주된다. 그에 의해 만들어진 '실재'는 시뮬라시옹에 의한 하이퍼리얼리티로 전개되면서 새로운 정체성의 미학을 구축한다. 즉, 위그의 초실재는 한 발 더 나아가, 대상의 해체를 모의하면서 보편적 규칙을 비틀어 버린다. 이러한 까닭으로 그의 작품은 어떤 관점에서 보느냐에 따라 전혀 다른 맥락을 발생시킨다. 궁극적으로 위그의 기호들은 보는 이에 의한 각기 다른 알레고리적 수용을 이끌어 내면서 오늘날 미학의 한 축을 일구고 있다.

크레버는 예술과 예술 주변의 조건과 상황들을 동시에 관찰한다. 그는 관습에 저항하면서 비어 있음을 견인해 내는 개념적인 담론들을 생산한다. 그는 어떤 규범과도 영합하지 않는 모습으로 자신의 시대에 연루된 정치·사회·자본 등의 실체가 예술과 어떤 상관관계에 놓여 있는지를 검토하는 이미지를 내놓는다. 이 부분은 그가 예술의 시대정신에 부응하고 있는 것으로도 보이는 지점이다. 그는 전통적 형식론에 저항하면서 아울러 도상기호론에 맞서는 태도를 자신의 작업에 녹여 내고 있다. 이러한 크레버의 반反형식론의 추구는, 그가 제시하는 그 어떤 기표도, 그 어떤 예시적 속성도 동등한 위치에 세울 수밖에 없는 힘을 행사한다. 때문에 그의 회화는 한없이 열려 있으면서도 또 다른 확장성을 예고하게 한다. 결국 그의 이러한 측면은 오늘날 미술의 무한 가능성을 예고한다.

티노 세갈, 피에르 위그, 마이클 크레버 등의 작품에서처럼 작금의 미술이 내보내는 메시지는 무척이나 모호하고 불명확하면서 불안정적이다. 그들이 보낸 이러한 조형적 신호는 현대미술이 알레고리를 강력하게 점화시킨 것으로 설명될 것이다. 궁극적으로 그들의 작품은 이후 미래에 되새겨지면서 21세기의 미적 자료로 열람될 것이다.

참고문헌

"An examination of Pierre Huyghe's 'Human Mask'," YouTube, n.d.. https://www. marymacgregor-reid.com/ (접속일 2022년 12월 22일)

501 great painter, *Martin Kippenberger*, n.d.. https://terms.naver.com/entry.naver? docId=967716&cid=44533&categoryId=44533 (접속일 2022년 12월 30일)

Art for Black Lives, *Contemporary Art Daily*, n.d.. https://www.contemporaryartdaily. com/project/michael-krebber-at-galerie-buchholz-berlin-8506 (접속일 2022년 12월 23일)

Art Viewer, *SPECIAL FEATURE: In Conversation with Skygolpe* February 14, 2023, n.d.. https://artviewer.org/michael-krebber-at-maureen-paley/ (접속일 2022년 12월 30일)

Artlyst, *Tino-sehgal-kiss*, n.d.. https://www.artlyst.com/features/top-10-memor able-kisses-art/tino-sehgal-kiss/ (접속일 2022년 12월 20일)

Artnet Artists Alerts, *Sine up for Artist Alerts from Artnet*, n.d.. http://www.artnet. com/artists/pierre-huyghe/ (접속일 2022년 12월 30일)

Artnet new, *Looking for qualified art buyers? They're on Artnet*, n.d.. https://news. artnet.com/art-world/skulpture-projekte-2017-highlights-988964 (접속일 2022년 12월 30일)

Colin Hughes, *flickr*, n.d.. https://www.flickr.com/photos/everywhereatonce /4382293991 (접속일 2022년 12월 30일)

Debre, Regis, *Life and Death of Images*, Jinguk Jeong trans., Vision and Language, 1994.

Farthing, Stepjen, *501 The Great Painter*, Marronnier Books, 2009.

Greene Naftali, *Michael Krebbe*, n.d.. https://www.greenenaftaligallery.com/artists/ michael-krebber (접속일 2022년 12월 10일)

Guggenheim, *Collection Online*, n.d.. https://www.guggenheim.org/artwork/artist/ tinosehgal (접속일 2022년 12월 30일)

Hwang, Yookyung, *Art Semiotics: Aesthetics of Goodman and Elgin*, Seoul National

University Press, 2015.

Jeon, Young-baek, "Jeon Young-baek's transformation of ideas-a work that remains only in memory without substance," *Dong-A Ilbo*, 2015. 07. 07.

Jolie, M., *Images and Symbols*, Lee, Sunhyeong trans., DongMoonseon, 2004.

Kang, S., "Representation and Metaphor: Representational Structure of Metaphor," OH, J., et al., *Aesthetics Discusses Representation*, Seoul National University Press, 2019.

Kawano, Hiroshi, *Art Symbol Information*, Jin, Jungkwon trans., Book Publishing Joongwon Culture, 2010.

Kim, C., "Contemporary Art and Aesthetics-The Thesis of Dance Aesthetics and the Singularity of Dance," Aesthetics University Publications, *Contemporary Art and Aesthetics*, Seoul National University Press, 2007.

Lee Sangsup, *Literary Criticism Glossary*, Minumsa, 2001.

McAfee, Noëlle, *Julia Christeva on the Border*, Lee, Busoon trans., LP Book, 2004/2007.

Owens, Craig, *The Allegorical Impulse: Toward a Theory of Postmodernism*, October 12, Yoon Nanji trans., eyes, 1980/1999.

Pi, J., *Aesthetics of Deconstruction*, Book Publishing Roots and Leaves, 2005.

Sung, Kihyun, *Aesthetics of Deleuze-Sense, Art, Politics*, Greenbee, 2019.

World of Art, *Venice Biennale* 2013, n.d., https://universes.art/en/venice-biennale /2013/ tour/palazzo-enciclopedico-2/19-roger-caillois (접속일 2022년 12월 9일)

디지털 매체 예술에서의
스크린 미학

| 권아람 |

이 글은 《기초조형학연구》 통권 105호(2021 .6.)에 게재된 원고를 수정 및 보완하여 재수록한 것이다.

포스트-미디어 시대
매체 개념의 변화

비디오와 영화는 각기 다른 매체적 특성을 바탕으로 발전해 왔다. 영화산업의 틀을 벗어나 촬영·편집·상영 방식을 새롭게 변주하며 전통적 문법을 거부한 확장영화와 실험영화가 있었고, 영상 기술의 인지적 기능을 탐구하여 작가의 주제의식을 드러낸 비디오아트가 그 예이다. 두 영역은 모두 시간을 다루는 기술이라는 공통의 제작 과정을 공유하지만, 서로 다른 문제의식으로 출발하여 미술관과 극장이라는 다른 공간에 자리 잡았다.

그러나 1990년대 이후 포스트-미디어post-media 시대가 도래하면서 상황은 달라졌다. 포스트-미디어 시대란, 텔레비전으로 상징되는 대중매체의 획일화에서 벗어나 인터넷이라는 분산형 네트워크를 활용하는 능동적 주체가 등장한 시기를 가리킨다.[1] 디지털 영상 기술이 다양해지고 스크리닝 환경이 물리적 공간에서 네트워크로 옮겨 가면서 창작 방식과 문법, 장르의 경계도 점차 유연해졌다.

이러한 기술 매체의 발전은 예술 개념의 변화를 이끄는 배경이 된다. 1970년대 클레멘트 그린버그Clement Greenberg(1909~1994)가 주장한 '매체 특정성'은 매체의 물리적 실체가 각 예술의 고유성을 규정한다는 모더니즘적 관점이었다. 그러나 오늘날 디지털 이미지가 모니터와 각종 스크린, 그리고 휴대폰을 오가며 투사되는 현상은 이 테제를 더 이상 유효하지 않게 만든다. 이는 보리스 그로이스Boris Groys(1947~)의 매체 특정

---

1 이광석, 《데이터 사회 미학: 테크노자본주의 시대 아티비즘》, 미디어버스, 2017, 23쪽.

성 종언과 로잘린드 크라우스Rosalind E. Krauss(1941~)의 포스트-미디어 담론으로도 뒷받침된다.[2]

두 이론가의 매체 해석은 오늘날 쌍방향 네트워킹 시스템과 분산적 영상 플랫폼을 통해 개별 예술 형식이 다시 규정될 수 있다는 점을 보여 준다. 과거 스크린은 영상 정보를 고정적으로 투영하는 막, 혹은 텔레비전과 컴퓨터 화면을 뜻하거나 더 나아가 영화 자체를 의미했다. 그러나 오늘날의 스크린은 정보를 전달하고 파생시키는 정거장이자 교차점으로 그 의미가 달라진다. 영상이 드러나는 방식이 빠른 이동과 전송을 가능하게 하는 상호작용적 인터페이스를 기반으로 전환되면서, 물리적 스크린은 미술관에서 작품을 보여 주는 형식적 장치로 의미를 지니게 된다. 동시에 시간과 장소에 제한되지 않는 영상 데이터의 복제·재생·파생 과정은 관람자의 지위를 예술가와 동등한 잠재적 창작자로 재정의한다. 따라서 동시대 예술 현장 내부에서 나타나는 담론의 변화와 외부 기술 환경이 만들어 낸 매체 형식의 전환은 영화와 미술의 유사성을 낳으며, 영상 예술의 중요한 전환점을 이끌고 있다.

이에 따라 이 글은 현대 매체 기술의 변화 속에서 영화와 비디오아트가 보이는 복합적 유사성에 주목하고 영상 예술을 새롭게 정의할 기준이 필요하다는 문제의식을 바탕으로, 스크린을 해부적 구조로 분석하여 미적 대상으로 고찰하는 것을 목적으로 한다.

본문에서는 변화하는 환경 속에서 공통적으로 드러나는 재료, 곧 사물로서의 스크린과 그 안팎에서 나타나는 현상적 특징에 주목한다. 먼저 영상 프레임 내부의 이미지가 갖는 동시대적 개념과 창작 방식의 변화를

---

2 김지훈, 〈매체를 넘어선 매체: 로잘린드 크라우스의 '포스트-매체' 담론〉,《미학》82-1, 2016, 75~77쪽.

살펴보고, 그것이 오늘날 미디어 환경과 어떻게 작동하는지 살펴본다.

팬데믹pandemic 시대와 함께 확산된 인터넷 스트리밍 서비스 '오버 더 톱Over The Top'은 영상의 유통 방식과 개념을 데이터 기반으로 전환시켰고, 웹 공간을 하나의 생태계로 이해하는 인식을 보편화시켰다. 또한 디스플레이 장치의 다양화는 이미지를 수용하는 방식을 바꾸었고, 이는 프레임 밖, 곧 스크린 외부 차원에서의 변화를 불러왔다. 이처럼 스크린은 내·외부에서 발생하는 변화의 현상을 흡수하고 연결한다. 따라서 전통적 매체 개념만으로는 오늘날의 영상 예술을 설명하기 어렵다. 이 글은 매체 형식에 근거해 영상 예술의 발전 양상을 미학적 관점에서 탐구하고, 이를 통해 예술의 가치를 새로운 기준에서 발견할 수 있음을 밝히고자 한다.

디지털 이미지의 파생과 민주화

역사적으로 이미지는 평면 위에 사상事象을 시각적으로 드러내는 방식으로 이해되었다. 단면의 드로잉과 회화, 사진이 그 예이며, 나아가 이미지를 연속적으로 교차시켜 움직임처럼 보이게 한 무빙 이미지도 포함된다. 그러나 포스트-미디어 시대로 이행하면서 이미지는 무형의 데이터로 네트워크에 존재하며 사용자의 행위에 따라 파생 이미지로 증식할 잠재력을 지니게 되었다.

과거에는 이미지 생산자가 한정적이었지만, 이제는 편집 기술과 소프트웨어, 전송 플랫폼이 다양해지면서 누구나 손 안에서 이미지를 생산할 수 있게 되었기 때문이다. 수용자에게 도달한 1차 이미지는 다시 2

차 이미지로 재가공되어 또 다른 수용자에게 전달될 수 있다. 이 과정과 다수의 사용자를 고려하면 경우의 수만큼 무한한 이미지가 파생될 수 있음을 유추해볼 수 있다. 창작 구조가 생산과 수용의 수직적 관계에서 경계 없는 순환 구조로 바뀌었기 때문이다. 즉, 하나의 이미지는 유사 이미지로 가공되거나 전혀 새로운 이미지로 재탄생할 수 있다. 이는 다시 말해 이미지 자원이 풍부해졌음을 뜻하며, 동시에 수용과 접근의 길이 크게 확장되었음을 뜻하기도 한다.

더불어 사진과 영화가 현실을 근거로 원본과 복제의 위계를 세웠던 것과 달리, 컴퓨터 그래픽 기술은 이 질서를 뒤집는다. 가상 기반으로 제작된 이미지는 그 자체로 원본의 의미를 가지기 때문이다. 기록 매체로서 사진과 영화가 현실을 복제해 이미지를 생산했다면, 디지털 이미지는 가상 공간을 모태로 삼아 소프트웨어의 프레임 안에서 순수 형상을 만들어내기 때문이다. 이는 현실과는 다른 새로운 세계가 구현됨을 뜻한다. 예를 들어 기억 속 인물을 되살린 증강현실AR: Augmented Reality이나 3D 애니메이션 속 가상 캐릭터들은 화면 속에서 인간의 감정을 움직인다. 이미지는 더 이상 현실을 보조하는 매체가 아니라 또 다른 현실이 될 수 있음을 의미하는 것이다. 다시 말해 네트워크는 하나의 공간으로 기능하며 데이터는 포맷에 따라 각기 다른 종족처럼 나뉜다. 비물질은 이 과정을 통해 비로소 감각될 수 있는 형태로 존재하게 된다.

한편 이미지는 자기복제와 변형, 파생이 가능한 생물학적 성격을 지닐 뿐 아니라 정치적 성향도 드러낸다. 미디어 아티스트 히토 슈타이얼 Hito Steyerl(1966~)은 작품 〈November〉(2004)에서 터키 경찰에 의해 사살된 뒤 흔적 없이 사라진 친구의 궤적을 따라간다. 그 과정에서 친구의 사진이 쿠르드족Kurd에 의해 저항의 아이콘으로 복제·이용되는 장면을 마주하며 이미지가 지닌 존재론적 힘을 탐구한다. 즉, 하나의 이미지가

| 그림 1 | 히토 슈타이얼, 〈November〉, 2004

출처: www.esthershipper.com

특정 집단의 이념과 목적에 의해 가공·전파되며 강력한 상징성을 획득할 수 있음을 발견한다. 이후 슈타이얼은 미디어와 이미지가 지니는 정치적 힘, 개인의 무력함, 그리고 예술·정치·경제가 맺는 결속 관계를 고찰한다.

미술사학자 데이비드 조슬릿David Joselit(1990~) 역시 네트워크 시대가 텔레비전과 함께 이미지의 존재 방식을 바꾸어 놓았다고 보았다. 그는 디지털 이미지의 순환을 생태학적으로 해석한다. 이미지가 어디에나 침투하는 바이러스와 같으며, 누구나 취할 수 있는 인공보철적prosthetic 아바타avatar라고 은유한다.[3] 조슬릿은 이를 '이미지-사건image-event'이라 부르며 이미지를 생태계로 바라보는 '생태형식주의eco-formalism' 방법론을 제시했다. 이를 통해 20세기 미술사를 새롭게 조망한 것이다.

이러한 은유는 이미지가 기존 사회 시스템에 영향력을 행사하는 능동적 주체가 될 수 있으며, 그 자체로 정체성을 가질 수 있음을 보여 준다. 전통 예술이 독립된 일품masterpiece으로 지위를 보존했다면, 디지털 시대의 예술은 원본의 권위를 흔드는 복제의 독립성에 의해 담론을 이

---

3   데이비드 조슬릿, 《피드백 노이즈 바이러스》, 안대훈·이홍관 옮김, 현실문화, 2016, 11쪽.

어 간다. 나아가 이미지의 민주화는 미술 형식의 자유화를 열어 주는 중요한 배경으로 작용하게 된다.

매체 형식에서
데이터 형식으로

디지털 환경을 모태로 삼는 데이터 기반 예술은 '아우라 없는 아우라 Aura ohne Aura'를 창출한다. 이는 원본이 존재하지 않는 디지털 예술 작품에서 물질적 단서 대신 장소, 흔적, 사건 등을 지각할 때 발생하는 아우라적 경험을 뜻한다.[4] 1936년 발터 벤야민Walter Benjamin이 기술복제 시대에 주장한 '아우라의 붕괴'는 순수 디지털 창작이 가능해진 오늘날에는 더 이상 유효하지 않다. 앞서 언급한 복제 원리에 따른 2차 이미지 가공, 그리고 순수 디지털 작품을 설명하는 동시대 이론들이 이를 뒷받침한다.

이러한 변화는 미국 AI 스타트업 브러드Brud가 2016년 제작한 가상 인물 릴 미켈라Lil Miquela를 통해 확인된다. 이 가상 인물은 음반을 발매하고 유명 브랜드와 협업하는 등 SNS에서 수많은 팔로워를 확보하며 대중적 영향력을 행사하는 인플루언서influencer로 활동한다. 2000년대 초반까지 가상 인물이 단순한 아바타, 즉 사이버 공간의 대리물이나 분신에 머물렀다면, 렌더링된 가상 인물은 어느새 현실의 존재를 능가하는 영향력을 갖게 된 것이다. 이는 디지털 환경이 인간의 삶에 깊이 체화되

---

4 심혜련,《아우라의 진화》, 미학사, 2017, 279~288쪽.

고 콘텐츠와 맺는 심리적 교감이 강화되었음을 보여 준다.

이 현상은 그래픽 이미지 기술의 발달, 상호작용 서비스의 확장, 그리고 손쉬운 네트워크 접속 덕분에 가능해졌다. 그 결과, 현 세대는 실제와 가상이 중첩된 세계 속에서 비물질을 물질처럼 지각하고 있다. 동시에 인터넷 중독과 같은 부작용은 디지털 환경이 실제 환경만큼 인간의 의식에 깊이 각인되었음을 드러낸다.

포스트모더니즘이 기존의 창작 원리와 형식을 거부하며 등장했던 것처럼, 포스트-미디어 시대의 예술은 거대 통신망 속을 유영하는 비물질로 존재한다. 네트워크를 유영하는 이미지와 영상, 하이퍼텍스트와 링크, 프로그래밍 언어는 모두 데이터로만 존재하기 때문이다. 과거 미술이 재료적 특수성으로 장르를 구분했다면, 디지털 정보의 특수성은 파일의 확장자filename extension로 이해할 수 있다. 형식은 디지털 포맷으로, 크기는 디지털 규격으로, 공간 범위는 가상의 차원(3D)으로 변한다. 단일 스크린에서만 상영되던 영상은 이제 웹을 통해 동시에 수많은 화면에 나타나며, 이는 곧 디지털 이미지의 민주화와 시대적 기술 변화에 기초한다.

형식과 급격한 기술 발전은 전통적으로 주제와 양식을 중심으로 서술되던 예술사의 구분을 더 이상 유효하지 않게 만들었다. 따라서 본문에서는 영상 예술이 인접 기술과 인지 환경을 수용하며 근본적 존재 방식을 어떻게 바꾸어 가는지에 주목한다. 특히 실제와 가상을 매개하는 창으로서 스크린을 미적 대상으로 삼아 분석하고자 한다.

효과와 기술이 곧 내용이자 존재 방식이 되는 지금, 스크린을 중심으로 창작 방식과 표현 양상을 탐구하는 접근은 영상 예술을 새롭게 정의하는 중요한 기제가 될 수 있다. 이에 따라 스크린을 영상 예술의 미학적 준거로 설정하고, '스크린 미학'이라는 개념을 새롭게 제시하고자 한다.

해부적 관점에서의
스크린 미학

　영상 예술은 영화와 미술의 갈래 아래 서로의 표현 방식을 수렴하고 모방하며 현대적 흐름을 형성해 왔다. 이는 촬영·편집 기법을 매뉴얼에서 벗어나 변주하거나, 영상 스크리닝screening의 방식을 바꾸어 영화의 경계를 탐구한 경우, 그리고 물리적 스크린의 건축적 구성 속에서 지각 방식을 실험한 초기 비디오 설치 작품들에 의해 이루어졌다. 예로, 1970년대 스탠 브래키지James Stanley Brakhage(1933~2003)와 리즈 로즈Lis Rhodes(1942~)는 서사 구조에서 벗어나 필름에 물리적 조작을 가해 지각적 이미지를 탐구했다. 반면 아이작 줄리언Isaac Julien(1960~)과 더그 에이트킨Doug Aitken(1968~)은 미술관이라는 물리적 공간 안에 영화적 서사를 멀티채널 스크린으로 확장시켰다.

　이렇듯 영화에서 미술적 기법을 도입하거나, 미술에서 영화적 기법을 끌어온 두 흐름 아래 영상 문법은 서사적 실험과 물질적 실험이라는 두 가지 방식으로 전개되었다. 서사적 실험은 프레임frame이라는 화면 공간 안에서 촬영·편집 기법을 활용해 내러티브를 해체하거나 이미지를 재활용해 주제를 전달하는 방식이다. 반면 물질적 실험은 스크린 밖, 즉 프로젝터·디지털 스크린·물리적 공간과 관객의 관계를 탐구한다. 이에 더해 팬데믹을 거치며 그 중요성이 더욱 두드러진 네트워크 환경은 소통의 경로로서 역할하는 스크린을 한층 더 부각시켰다. 이처럼 스크린은 물리적 공간과 디지털 공간을 매개하며 영상 예술의 형식적 경계를 규정하는 핵심 요소임을 보여 준다.

　과거 소수의 유선 방송국에서 단일 영상을 다수에게 전달하던 TV 브라운관 스크린은 고정된 포맷으로 일방적 취향을 주입하는 매체이자

| 그림 2 | 데이비드 크로넨버그, 〈비디오드롬〉, 1983

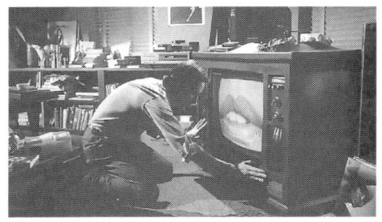 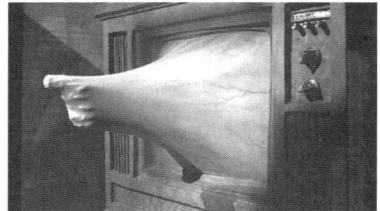

출처: www.cine21.com

이미지의 종착지 역할을 했다. 그러나 오늘날의 스크린은 관람자, 곧 시청자의 개인적 의사와 취향을 적극적으로 반영한다. 데이비드 크로넨버그David Cronenberg(1943~)의 영화 〈비디오드롬Videodrome〉(1983)에서 주인공이 TV 화면 속으로 빨려 들어갔다가 다시 스크린을 뚫고 나오는 장면은 이를 상징적으로 보여 준다. 미디어 산업이 주목하지 못한 개인의 내밀한 욕망과 욕구가 신체의 기이한 변형으로 드러나며, 현실과 미디어의 세계를 폭력적으로 뒤섞는 것이다.

오늘날의 터치스크린, 인터넷 시스템, 알고리즘 기술을 통해 사용자 맞춤형 정보가 제시되는 것도 이러한 욕망과 자본이 결합한 결과다. 이미지의 종착지이자 출력 매체에 불과했던 스크린은 이제 입력과 출력을 동시에 담당하며, 수동적이던 관람자를 능동적이고 주도적인 행위자로 만든다. 따라서 스크린은 단순히 상을 투사하는 고정 사물이 아니라, 현실의 일부가 된 가상과 물리적 현실을 연결하는 교차로crossroad이자 소통 과정을 담는 장치interface로 자리매김한다.

스크린의 내부에서

　스크린 내부, 즉 프레임 속 장면의 제작 방식은 두 가지로 나눌 수 있다. 첫째는 카메라로 현실을 촬영하거나 기존 촬영된 이미지를 디지털 파일로 변환·재활용한 영상 이미지이고, 두번째는 디지털 환경을 모태로 삼아 탄생한 순수 디지털 이미지다. 전자는 영화와 사진 또는 다른 매체 속 이미지를 편집·합성하는 행위처럼 재가공되는 '재생산 이미지'로 설명할 수 있다.[5] 후자는 디지털 공간을 본토로 삼아, 픽셀pixel을 유전자 삼아 만들어 낸 2D·3D 그래픽과 알고리즘 이미지 등을 포함한다.

　아이작 줄리언Isaac Julien(1960~)은 실사 촬영을 기반으로 영화적 문법을 따르는 대표적 사례다. 그는 작품 〈플레이타임Playtime〉(2014), 〈캐피탈Kapital〉(2013)에서 성소수자의 정체성과 도시 자본주의의 관계를 영화적 서사와 다채널 영상 설치로 풀어낸다. 더그 에이트킨Doug Aitken(1968~) 또한 실제 퍼포먼스와 음악을 함께 편집한 영상을 다중 스크린과 건축

| 그림 3 | 아이작 줄리언, 〈플레이타임〉, 2014

출처: www.publicdelivery.org

5　니꼴라 부리요, 《포스트 프로덕션》, 정연심·손부경 옮김, 그래파이트온핑크, 2016, 31~46쪽

| 그림 4 | 크리스천 마클레이, 〈시계〉, 2010~2011

출처: www.macm.org, www.moma.org

외관에 투사해 몽환적 서사를 극대화한다. 앞의 두 작가가 현실 대상을 직접 촬영해 영화적 문법으로 작품을 창작했다면, 크리스천 마클레이 Christian Marclay(1955~)는 기존 영화의 장면들을 전유하여 새로운 시간성을 창출한다. 작품 〈시계The Clock〉(2010~2011)는 4,000여 편의 영화에서 '시간'을 가리키는 장면을 모아 24시간으로 편집해 실제 시간과 일치하도록 상영함으로써 스크린 속 시간과 현실의 시간을 중첩시킨다. 이 작품은 아이작 줄리언이나 더그 에이트킨처럼 직접 촬영한 영상을 사용하지 않으며, 모두 기존에 제작된 다른 영화의 장면들을 재활용했다.

이처럼 기존 영상을 편집해 새로운 작품을 만드는 방식을 '파운드 푸티지Found Footage'라 부르는데, 왜곡diversion, 편집compilation, 콜라주collage, 아상블라주assemblage 등이 이에 속한다.[6] 마클레이의 경우, 편집된 영화 속 시간이 현실의 시간과 겹치고, 아카이브된 필름은 현재로 소환되며 새로운 시간성이라는 의미를 획득한다. 즉, 기존 이미지는 작가의 의도에 따라 전유appropriation되며, 새로운 맥락 아래 다시 놓이게 된다.

6 민진영,《파운드 푸티지》, 전남대학교출판부, 2017, 17쪽.

| 그림 5 | 애드 앳킨스, 〈세이프 컨덕트〉, 2016

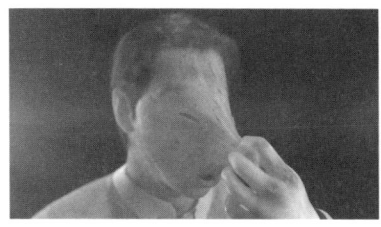 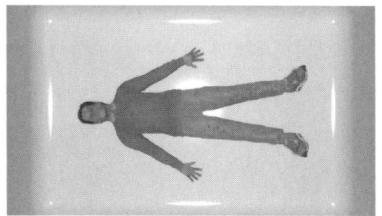

출처: www.artviewer.org

위와 같이 영상 예술에서 창작과 전유는 예술가의 의도와 카메라 사용 여부에 따라 결정된다 해도 과언이 아니다. 이러한 경향은 영상 소스의 출처에 따라 1950~1960년대 현실 이미지를 사용한 작가군과, 1980년대 이후 순수하게 소프트웨어에 의존해 디지털 세계를 건설한 작가군으로 다시 나누어 볼 수 있다.

디지털 공간을 모태로 순수 그래픽 이미지로 작업하는 애드 앳킨스 Ed Atkins(1982~)는 디지털 시대 신체의 의미와 개인의 정체성을 탐구한다. 그는 모션 캡처와 CGI 기술을 활용한 3D 애니메이션, 그리고 압도적인 스크린 설치 작업을 통해 이를 표현한다. 작품 〈세이프 컨덕트Safe Conduct〉(2016)에서는 공항 검색대에서 컴퓨터 그래픽으로 구현된 남성 캐릭터의 신체가 분해되는 장면을 통해, 시스템에 의해 조각 나는 개인의 정체성을 드러낸다. 또한 세실 에반스Cecile B. Evans(1983~) 역시 기술·이데올로기·신체 사이에서 감정이 지닌 가치를 주제로 삼아 3D 애니메이션으로 풀어낸다. 이들 작품의 디지털 공간에 등장하는 CGI와 3D 기술로 탄생한 순수 디지털 이미지는 실사 영상이나 재생산 이미지와 달리 철저히 인위적이고 인공적이다. 이는 1990~2000년대 컴퓨터 그래픽 콘텐츠가 급증하던 시기, 디지털 감각을 형상한 세대적 변화를 나타낸다. 앞선 세대가 자본주의의 가속화에 따른 도시 변화와 개인의

| 그림 6 | 존 라프만, 〈A Man Digging〉, 2013

출처: www.jonrafman.com

정체성을 다루었다면, 네트워크와 함께 성장한 후세대는 정보의 세계화와 무한한 표현의 자유를 경험의 바탕으로 삼는다. 그 결과, 물리적 한계를 벗어나 작품의 주제와 표현 기법에서 새로운 변화를 이끌어 내고 있음을 확인할 수 있다.

나아가 존 라프만John Rafman(1982~)은 카메라 대신 '구글 스트리트 뷰Street View'로 촬영 된 세계 각지의 사진 중 기이한 장면들만을 모아 〈아홉 개의 눈Nine-Eyes〉(2008)을 발표해 인지도를 얻은 바 있다. 이 작품 또한 파운드 푸티지와 같이 카메라를 사용하지 않고 웹 기반의 제공된 이미지를 사용한다. 여기서 나아가 디지털 세계를 상징하는 코드를 차용하여 온라인에서 나타나는 기이한 현상과 개인의 정체성을 주제로 삼는 그의 또 다른 작품 〈A Man Digging〉(2013)은 '머시니마Machinima' 기법을 활용한다. 머시니마는 기계Machine와 영화Cinema의 합성어로 게임 엔진 기반의 애니메이션 영화를 제작하는 기법[7]인데, 주목할 점은 인접 매체를 전유한 마클레이처럼 그가 게임이라는 타 매체 이미지를 재전유한다는 사실이다.

---

7 Martin Picard, "Machinima: Video Game as an Art Form?," *Journal of the Canadian Game Studies Association* 1-1, p. 3.

두 작가는 복제와 재가공이 손쉬운 이미지의 특성을 활용해 이를 샘플처럼 사용하고 리믹스remix한다. 여기서 전통적 창작 방식을 넘어서는 저자성authority의 전복과, 새롭게 태동하는 예술 생산의 패러다임이 발견된다. 이러한 흐름은 포스트-미디어 시대의 자율 테크놀로지 속에서 가능해졌다. 정보의 민주화가 이루어지고 데이터 생산자와 소비자 사이의 권력이 재배치되었기 때문이다. 원본과 복사 모두 재생산 과정에서 생긴 산물이라고 주장한 조너선 스턴Jonathan Sterne의 견해도 이를 뒷받침한다. 그는 발터 벤야민의 논의가 전통적 도식에 불과하며, 복제물 역시 원본과 동등한 가치와 아우라를 지닌다고 보았다.[8]

앞서 살펴본 것처럼 영상 예술의 이미지 생산방식의 변화는 시대의 기술 발전에 따라 촬영된 이미지와 순수 디지털 이미지로 나눌 수 있으며, 이는 다시 순수 디지털 창작과 전유 기법으로 구분된다. 이어서 스크린 외부에서 나타나는 스크리닝 방식과 관람자의 수용 방식을 다양한 사례를 통해 살펴보고, 영상 전달 방식과 스크린 설치의 변화를 분석하고자 한다.

스크린의 외부에서

앞에서 스크린 내부의 양상으로 프레임 속 영상 이미지가 어떻게 생산되는지 살펴보았다면, 이제는 외부 요인에 주목할 수 있다. 영상 예술을 미학적 관점으로 관찰할 수 있는 외부 요인은 스크린의 설계와 스크

---

8 데이비드 건켈,《리믹솔로지에 대하여》, 문순표·박동수·최봉실 옮김, 포스트카, 2018.

리닝 방식이다. 미술관에서 영상 작품을 전시하는 방식은 크게 두 방식으로 나타난다. 첫째는 화이트 큐브White Cube 공간에서 TV 브라운관이나 LED 스크린을 조각처럼 배치한 비디오 설치이고, 두 번째는 공간을 암전된 블랙 큐브Black Cube로 전환해 빛을 투사하는 비디오 프로젝션이다. 여기에 더해 디지털 장비를 활용해 공간을 점유하고 물리적 형태를 확장하려는 시도도 다양하게 나타난다. 단일 영상을 빔 프로젝션이나 평면 액정 스크린에 투사하는 단채널single channel 영상부터, 스크린을 병치하거나 분할해 다수의 채널을 구성하는 다중채널multi-channel 영상까지 스크린의 복수화와 건축화 양상이 전개된다. 이때 프로젝션 빛의 입자와 스크린의 물리적 구조는 작품 내용과 결부해 관객의 몰입을 심화시키는 요소로 작용한다.

댄 그레이엄Dan Graham(1942~)은 작품에서 시공간을 조작하고 관객의 인식을 교란하는 주체적 장치로 스크린을 활용한다. 그의 작품〈Time Delay Room〉(1974)은 분할된 공간에서 관객의 모습을 실시간으로 촬영해 일정한 시간차를 두고 송출한다. 이로써 관객은 현재의 시간을 정확

| 그림 7 | 댄 그레이엄, 〈Time Delay Room〉, 1974

출처: www.medienkunstnetz.de

| 그림 8 | 아이작 줄리언, 〈Playtime〉, 2014　　| 그림 9 | 더그 에이트킨, 〈SONG1〉, 2018

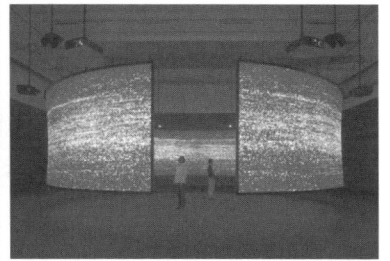

출처: www.publicdelivery.org　　　　출처: www.artsy.net

히 인지하지 못한 채, 현실 감각이 교란된다. 이때 스크린은 단순한 물리적 지지체가 아니라 주변 환경과 상호작용하며 관람자의 지각을 변동시키는 주체적 존재임을 드러낸다.

　반대로 대표적인 스크린의 복수화와 건축화 양상은 아이작 줄리언과 더그 에이트킨의 작업에서 확인할 수 있다. 이들은 영상을 멀티채널로 편집해 다각도로 배치된 스크린에 투사하고, 관객이 이동하는 위치에 따라 서로 다른 장면을 감상하도록 유도한다. 즉, 영화의 서사를 공간 안에 분산적으로 설계하는 것이다.

　이때 관객의 동선을 고려한 다중 스크린의 건축성은 조각적 성격을 띠며, 대중매체에 길들여진 관습적 지각을 해체한다.[9] 스크린은 납작한 표면이지만 종횡으로 배치될 수 있는 물성을 지니며, 이는 곧 조형적 탐구로 이어진다. 다중 스크린에 펼쳐진 형상은 관객의 주위를 배회하며 다양한 사건과 시간의 변조를 가능하게 한다. 예를 들어, 아이작 줄리언은 카메라의 시점과 스크린의 배치를 통해 관객의 시선을 작품 속 인물

9　백영주, 〈스크린 기반 설치미술의 공간 체계와 관객성 스크린 기반 설치미술의 공간 체계와 관객성 – 초기 스크린 기반 설치미술 작품을 중심으로 –〉, 《기초조형학연구》 46, 2011, 205쪽.

과 일치시키고, 영상 속 공간과 전시 공간을 하나로 겹쳐 낸다. 반면 더
그 에이트킨은 규격화된 비율의 스크린 대신 조이트로프Zoetrope처럼 인
간의 시야각을 고려한 원형 스크린으로 관객을 감싼다. 특히 불빛이 스
크린 전체로 흐르는 마지막 장면은 관객의 몰입을 영상 속 공간으로 완
전히 인도하기도 한다. 결국 카메라가 평면적으로 포착한 영상은 스크
린의 건축적 탐구를 통해 물리적으로 재구현되며, 작품의 공간성을 새
롭게 탄생시킨다.

   그러나 이러한 프로젝션 방식의 단점은 외부의 빛이 유입될 경우 투
사되는 빛이 소실된다는 점인데, 애드 앳킨스는 비디오 프로젝션에서
증발되는 이러한 빛의 한계를 디지털 스크린으로 보완한다. 뿐만 아니
라 디지털 스크린의 물성을 재료적 차원에서 접근해 공간을 새롭게 재
건축한다. 앞선 작가들이 스크린을 건축적 요소로 활용했다면, 앳킨스
는 디지털 스크린이 발산하는 인공적 빛과 LED 스크린의 물성을 서사
를 비유하는 매개로 사용한다. 〈세이프 컨덕트Safe Conduct〉(2016)에서는
컨베이어에 매달린 세 개의 대형 스크린을 통해 압도적이면서도 무기
력한 감각을 관객에게 전달한다. 그의 작품에서 스크린은 단순한 매체

| 그림 10 | 애드 앳킨스, 〈세이프 컨덕트〉, 2016　　| 그림 11 | 애드 앳킨스, 〈올드 푸드〉, 2017

출처: www.mmk.art　　　　　　　　　출처: www.singer-akustik.de

| 그림 12 | 존 라프만, 〈Transdimensional Serpent〉, 2016, Mixed Media with VR Video

출처: www.artsy.com

를 넘어, 작품 내용을 물리적으로 소환하는 메타포metaphor이자 알레고리allegory로 기능한다. 이는 〈올드 푸드Old Food〉(2017)에서 인간이 '플라스틱'과 맺는 내밀한 이중적 욕망을 컴퓨터 그래픽으로 만든 신화적 인물에 투영하고, 플라스틱 표면을 닮은 디지털 액정을 통해 드러냄으로써 알레고리적 효과를 강화하는 방식으로도 나타난다.

영상과 스크린에 기반한 이러한 접근은 새로운 디지털 미디어 기술과 함께 점점 더 다양한 갈래로 확장되고 있다. 존 라프만은 〈Transdimensional Serpent〉(2016)에서 HMDHead Mounted Display를 활용해 스크린을 관람자의 망막으로 옮겼다. 국내에서는 장영혜중공업이 웹 기반 멀티미디어 아트의 궤적 속에서 자신의 홈페이지에 작품을 공개하는 방식을 실현하며 네트워크를 작품의 기반으로 삼았다. 이를 통해 관객은 PC와 휴대폰으로 언제 어디서든 작품을 감상할 수 있게 되었다. 물리적 전시 공간이 휴대용 디스플레이로 이동하면서 예술은 시간과 공간의 제약을 벗어나게 된 것이다. 팬데믹 이후 온라인 공간에 대한 체화도가 높아지면서 가상에 대한 주목은 더욱 필연적으로 커졌다. 온라인 전시와 공연 중계, 나아가 인터넷 방송까지 예술 형식으로 포섭되는 현상은 이러한 흐름을 단적으로 보여 준다.

레프 마노비치Lev Manovich는 포스트-미디어 시대의 미학을 하드웨어에서 소프트웨어로의 전환에서 찾는다.[10] 다시 말해 디지털 매체 예술에서 작품의 경험은 기능이 아니라 데이터를 경험하는 방식으로 관점이 바뀌어야 한다는 것이다. 또한 니콜라 부리오Nicolas Bourriaud는 디지털 시대에는 정보 행위가 곧 예술의 주제가 되며, 포스트-매체 시대의 예술은 매체 형식이 아니라 정보의 생산방식과 과정으로 경험된다고 강조한다.[11] 결국 스크린 너머 데이터로 존재하는 예술 작품은 디지털의 혼성적 문화 속에서 무한한 공간의 자유를 얻으며 새로운 지위를 차지하게 되었다. 따라서 스크린을 매개로 한 영상 미학은 소프트웨어와 하드웨어의 연결, 나아가 이미지 환경과 생산방식의 관계 속에서 고찰될 필요가 있음을 보여 준다.

정리해 보면 위에서 언급한 스크린 내부와 외부의 표현 양상은 이미지 생산방식에 따라 구분될 수 있으며, 각 기법과 작가, 시기는 다음 페이지의 표로 정리해 볼 수 있다. 이를 통해 알 수 있듯 영상 예술의 생산·전달·수용 과정에서 스크린은 내용과 형식, 가상과 실재를 매개하는 교차점이자 정거장으로 기능한다는 점이다. 나아가 스크린은 이 전체의 과정을 미적 형식으로 결정짓는 중요한 틀이 된다.

박해천은 "스크린 내부에는 수행성의 인과적 쾌락 원칙에 따라 프로그램된 사용자 친화적 인터페이스가, 스크린 외부에는 프레임과 클릭 장치를 제외하곤 제약을 받지 않는 시스루see-through 재질의 플라스틱

---

10 Lev Manovich, "Post-media Aesthetics," University of California Press, 2014, pp. 6-8.
11 니꼴라 부리요, 《포스트 프로덕션》, 88쪽.

조형물이 존재한다"고 설명한다.[12] 이처럼 스크린의 내·외부는 동등하게 역할을 분담하며, 동시에 고유한 미적 기준을 세운다. 앞으로 디지털 매체는 더욱 향상된 인터페이스와 출력 기능을 갖춘 기계로 발전할 것이다. 이에 따라 창작자는 매체를 단순한 관습적 도구로 사용하지 않고, 기술의 내·외부 현상에서 새로운 규칙을 찾아내며 의미를 변주할 것이다. 결국 포스트-미디어 시대 예술의 규정은 창작에 의해 다시 쓰이게 된다.

질베르 시몽동Gilbert Simondon(1924~1989)은 인간과 기술적 대상의 적합한 관계를 위해서는 먼저 기술적 대상의 고유한 존재 방식을 이해해야 한다고 보았다. 그는 기술적 대상이 단순한 사용 도구가 아니라 생명

| 표 1 | 해부학적 스크린 관점에 따른 이미지 제작 방식과 기술

해부적 구조	이미지 생산방식		기법	작가	시기
스크린 내부	현실 기반 이미지	촬영된 이미지	창작	· 아이작 줄리언 · 더그 에이트킨 · 양푸동	1950~1960 1950~1960
		파운드 푸티지	전유	· 크리스천 마클레이	
	순수 디지털 이미지	그래픽 엔진 (2D, 3D)	창작, 생성	· 애드 앳킨스 · 세실 에반스 · 이안 쳉	1980~ 1980~
		머시니마	전유	· 존 라프만	
스크린 외부	물리적 기반	프로젝션	단일, 다중	· 더그 에이트킨	1950~1980
		디지털 스크린	단일, 다중	· 애드 앳킨스	1950~1980
	가상 기반	물리적 채널	가상 영상표시 장치	· 존 라프만	1980~ 1980~
		가상채널	네트워크 기반		

---

12 박해천, 《인터페이스 연대기 – 인간, 디자인, 테크놀로지》, 디자인플럭스, 2009, 180쪽.

체처럼 발생과 진화를 겪으며 개체화된 것이라고 주장했다.[13] 이에 따르면 질료(내용·소프트웨어)와 형상(틀·하드웨어)은 주종 관계가 아니라 상호작용하는 힘의 균형 속에서 조절된다. 이미지 역시 단순한 도구나 표현 대상이 아니라 가상 생태계의 주체가 된다. 기술적 지지체와 창작자의 개입을 통해 원재료에서 무한히 파생되고 증식하는 생명력을 획득하기 때문이다.

나아가 인간은 파생된 이미지를 복합적으로 지각하며, 이를 통해 또 다른 창작의 전환을 이어 간다. 인간의 지성은 실재의 본질을 파악하는 사변적 능력이라기보다, 물질을 다루고 재구성하려는 제작 기능에 뿌리를 두기 때문이다.[14] 따라서 포스트-미디어 시대로의 이행과 함께 이루어지는 동시대 이미지 창작 방식의 변화를 주시하고 분석하는 일은 앞으로의 변화를 가늠하는 중요한 기준이 될 것이다.

스크린 미학의 준거 너머

본 글은 복잡하고 다양해지는 기술 매체와 예술의 표현 양식 속에서 스크린이 영상 예술의 현재를 파악하는 중요한 기준이 될 수 있음을 규명하고자 했다. 특히 새로운 매체 시대에 태어난 세대일수록 무형의 소프트웨어 기술과 네트워크에 유연하게 대응하며, 작품의 주제와 형식을 능숙하게 다루는 양상이 주목된다. 이러한 맥락에서 동시대 작가들의 작품을 통해 살펴본 스크린의 내·외부 표현 양상은 영상 예술의 현 지

---

13 김재희,《시몽동의 기술철학》, 아카넷, 2017, 65쪽.

14 김재희,《시몽동의 기술철학》, 91쪽.

형을 이해하는 중요한 미학적 기준이 된다. 다시 말해 스크린은 단순한 투사 장치를 넘어, 매체 형식과 창작 방식을 동시에 결정짓는 핵심 매개체인 것이다.

따라서 본 글은 기술 매체의 급속한 발전, 새로운 예술 세대의 등장, 창작 문법의 변화에 따라 작품을 해석하는 기준 또한 시대에 맞게 변해야 한다는 점에서 스크린을 미학적 준거로 제시하였다. 스크린은 디지털 생태계와 현실 세계 사이에서 창작 언어가 상호작용하며 새로운 예술 지형을 여는 과정에서 중요한 역할을 담당한다. 결국 스크린의 매체 형식에 근거한 미학적 관점은 급변하는 동시대 영상 예술을 이해하는 데 중요한 단서와 기준이 될 것이다. 앞으로 예술은 형식에 구애받지 않고 인접 매체와 기술을 변주하며 변화해 나갈 것이다. 다만 매체 형식에 집중하여 논의를 전개했기에, 다루지 못한 기술 매체의 세부적 특성이나 예술의 사회적·주제적 차원은 향후 연구에서 더 심층적으로 탐구해야 할 과제로 남는다.

참고문헌

김재희,《시몽동의 기술철학》, 아카넷, 2017.

김지훈, 〈매체를 넘어선 매체: 로잘린드 크라우스의 '포스트-매체' 담론〉,《미학》82-1, 2016.

니꼴라 부리요,《포스트 프로덕션》, 정연심·손부경 옮김, 그레파이트온핑크, 2016.

데이비드 건켈,《리믹솔로지에 대하여》, 문순표·박동수·최봉실 옮김, 포스트카드, 2018.

데이비드 조슬릿,《피드백 노이즈 바이러스》, 안대훈·이홍관 옮김, 현실문화, 2016.

민진영,《파운드 푸티지》, 전남대학교출판부, 2017.

박해천,《인터페이스 연대기 – 인간, 디자인, 테크놀로지》, 디자인플럭스, 2009.

백영주, 〈스크린 기반 설치미술의 공간 체계와 관객성 스크린 기반 설치미술의 공간 체계와 관객성 – 초기 스크린 기반 설치미술 작품을 중심으로 – 〉,《기초조형학연구》46, 2011.

심혜련,《아우라의 진화》, 미학사, 2017.

이광석,《데이터 사회 미학 : 테크노자본주의 시대 아티비즘》, 미디어버스, 2017.

Lev Manovich, "Post-media Aesthetics," University of California Press, 2014.

Martin Picard, "Machinima: Video Game as an Art Form?," *Journal of the Canadian Game Studies Association*. 1-1.

인프라
인문학
텍스트

2025년 12월 31일   초판 1쇄 발행

지은이 | 이진형 전원근 백승한 김주영 양명심
          우연희 박해리 홍순환 권아람
펴낸이 | 노경인 · 김주영

펴낸곳 | 도서출판 앨피   출판등록 | 2004년 11월 23일
주소 | (01545) 경기도 고양시 덕양구 향동로 218(향동동, 현대테라타워DMC) B동 942호
전화 | 02-710-5526   팩스 | 0505-115-0525   블로그 | blog.naver.com/lpbook12
전자우편 | lpbook12@naver.com

ISBN 979-11-92647-77-7
